天

Borderless

下

天下，在乎正义和你

天
Borderless
下

不一样的答案

桑本谦 著

法律出版社 LAW PRESS · CHINA
北京

图书在版编目（CIP）数据

不一样的答案 / 桑本谦著. -- 北京 : 法律出版社, 2025. -- ISBN 978-7-5244-0506-1

Ⅰ. I267.1

中国国家版本馆CIP数据核字第2025ES5436号

不一样的答案
BUYIYANG DE DAAN

桑本谦 著

责任编辑 张心萌
特约编辑 袁 方
装帧设计 鲍龙卉

出版发行 法律出版社
编辑统筹 学术·对外出版分社
责任校对 晁明慧
责任印制 胡晓雅 宋万春
经　　销 新华书店

开本 A5
印张 10.125 **字数** 242千
版本 2025年8月第1版
印次 2025年8月第1次印刷
印刷 保定市中画美凯印刷有限公司

地址：北京市丰台区莲花池西里7号（100073）
网址：www.lawpress.com.cn
投稿邮箱：info@lawpress.com.cn
举报盗版邮箱：jbwq@lawpress.com.cn

销售电话：010-83938349
客服电话：010-83938350
咨询电话：010-63939796

书号：ISBN 978-7-5244-0506-1
定价：69.00元

凡购买本社图书，如有印装错误，我社负责退换。电话：010-83938349

桑本谦

中国海洋大学法学院教授，国家“万人计划”哲学社会科学领军人才。学术作品涉及法理学、法律史、刑法、民商法、行政法、经济法、诉讼法等多个领域。著有《法律简史：人类制度文明的深层逻辑》《理论法学的迷雾：以轰动案例为素材》《私人之间的监控与惩罚》等。

序

本书汇集的学术随笔，可以呈现一个法律人思考问题的套路。所思所想不限于法律，问题五花八门，很难一言以蔽之，但思考的套路却是相对固定的——以不变应万变，也因此可以进一步呈现，这一思考套路究竟能应对多少问题？它的边界在哪里？我承认，思考的套路也是思考的枷锁，想象力是一只飘浮的风筝，它看上去在飞，其实是被拴住的。

2014 年，微信公众号异军突起，我隐约预感到这一自媒体平台可能会改变人们的阅读习惯，随之和戴昕商议，打算赶上这股潮流，办个微信公众号，推送一些学术随笔类的原创性文章。文笔要生动活泼，内容要独具特色，主旨则是提供惊奇——“要从大家都熟悉的事里讲出大家还不熟悉的道理”。文章不要太长，要展现法律人不一样的思考，再短也不能让读者看开头就知道结尾。我们试图追求的效果，可用这样一个比喻来表达：“当你岔开双腿，弯下腰，向身后看去时，你将会看到一个熟悉但又陌生的世界。”

戴昕为公众号取名为“拍案集”。当时，“中国法律评论”的微信公众号已经在法律人的圈子里有了名气，我们打算“背靠大树好乘凉”，欲寻求合作，和袁方商量之后一拍即合——“拍案集”虽自立门户，但同时也成了“中国法律评论”的一个栏目。

尽管我们从没认为这个尝试注定成功，但还是低估了难度，现在想来，这个尝试是注定不成功的，因为稿源不可持续，潜在作者群的规模太小了。年轻学人的常规写作压力已经非常大了，哪有时间去写这种不算业绩的作品？更何况，学术随笔的写作门槛说高不高，说低也不低，要达到“提供惊奇”的标准，其实并不容易。论文尚有素材做掩盖，而此类随笔，则纯属“思想的裸奔”。让自己的思想裸奔，多少还是需要一点勇气的。在此我要向车浩、熊浩、王启梁和蓝荣杰等几位年轻学人（至少当年他们都很年轻）致谢，他们曾为“拍案集”贡献过自己的作品。

后来，我和戴昕突然忙碌了起来，没法保证及时更新，“拍案集”无疾而终。但偶尔，我还是抑制不住自己的写作冲动，陆陆续续写了不少随笔，大部分由“中国法律评论”微信公众号推送，有几篇在“雅理读书”，还有几篇随着“腾讯大家”的消失而消失了。我初衷不改，仍然坚持“从大家都熟悉的事里讲出大家还不熟悉的道理”。同样的问题，一定要给出“不一样的答案”——这是本书书名的由来。

将这些学术随笔汇集成册，也是为了做个告别。

在今后至少五年的时间里，我不得不克制并转移自己的写作兴趣，以便集中精力完成几本书的写作任务。一同告别的，还有我六年的院长生涯。从 2018 年到 2024 年，我在中国海洋大学法学院担任院长职务。在开学和毕业典礼上，我要发表开学致辞和毕业致辞，但恰逢特殊时期，不是每年都有。虽然致辞和随笔区别很大，但这些致辞并不空洞，每篇都会讲述一个道理。本书将这些致辞也一并汇编了。当然，告别只是暂时的，致辞不会再写了，但随笔——但凡将来有时间——我还会写下去，因此《不一样的答案》一定还会有续篇。

还要做个说明。“中国法律评论”微信公众号曾在 2019 年下半年到 2020 年上半年连续推送“法律前传系列”，但本书并未收入，因为那几篇文章是我专为完成《法律简史》而作。此外，虽然《法律简史》也染指了本书另外几篇随笔的部分内容，之所以没有删去，是为了呈现它们的原貌。

2025 年 8 月 15 日于威海金沙国际

CONTENTS

猜想与追问

电影与文学

社会与经济

祝福与忠告

猜想与追问

想象力是一只飘浮的风筝，

它看上去在飞，其实是被拴住的。

Conjecture
and
Inquiry

人类为什么会穿上衣服？（上）/ 一个猜想

衣服的起源应该涉及一个权力运作的过程。知识经济产生了知识壁垒，其结果便是知识反过来强化了权力。

CONJECTURE AND INQUIRY

在人类还赤身裸体的时代，最先穿上衣服的那一个人（或一小撮儿人）是出于什么动机？现成的答案是：御寒、遮羞或引诱异性。但这几个答案都经不起推敲。

质疑“避寒说”的一个明显事实是，生活在热带雨林里的族群并没有赤身裸体，他们多少还是穿了点什么的。并且，当夏天来临热得难受时，只要出门在外我们也不会脱个精光。此外，人体最怕冷的部位是前胸、后背和腹部，但最低限度的着装——以泳装设计为参考——却着眼于如何遮挡（而不是保护）不怎么怕冷的阴部、臀部和乳房。说到这里我们会发现，**衣服的起源肯定和性有关**。

虽然“遮羞说”涉及性，但也还是说不通。如果大家都光着身子，不可能有哪个人会感到羞耻。羞耻感不是天生的，它来自某种社会压力。当大家一起面对社会压力的时候，每个人分摊的压力就会大大减轻。倘若让我独自一人在大街上朗读报纸或是在广场上跳起秧歌，我会感到很羞怯；但若有一群人跟我一起干，胆子立刻就壮了起来。如果说人类穿上衣服是因为感到了羞耻，那么需要继续解释的问题是——谁创造了足以让一群人为裸体感到羞耻的社会压力？提出这个问题就会隐约发现，**衣服的起源应该涉及一个权力运作的过程**。

如果大家都赤身裸体，没有人会有压力，也无所谓羞耻；但若其中一个人试图用兽皮或用无花果的叶子把身体的敏感部位遮掩起来，反而要面对社会压力。不为别的，就因为他 / 她与众不同。谁敢穿着泳装去参加一个其他人都西装革履的宴会？但若是在澡堂子里、游泳池里或是在天体主义者聚集的沙滩上，社会压力就会调转矛头指向那个穿着风衣就下水的人。

“引诱说”的逻辑是，当大家都赤身裸体的时候，遮掩身体敏感部位会对异性产生诱惑——正如，当大家都把身体包裹起来的时候，暴露就会吸引异性眼球是一样的道理。然而，且不说这个逆向推理能否成立，即使能成立，即遮掩确实可以增加诱惑，这个与众不同的异端分子能否以及如何对抗“赤裸联盟”的社会压力也是令人费解的。除非他足够强大，否则“赤裸联盟”就会迫使他 / 她再次脱光。说到这里，我们会发现，第一个穿上衣服的那个人，或至多一小撮儿人，无论出于什么动机，都一定足够强大。然而，什么人最可能拥有“敢为天下先”的实力和胆量呢？

在远古时代的群居原始人中，那个最孔武有力的青壮年男人最可能成为首领；他拥有权力，也拥有性竞争的优势。但等到年老体衰，他的权力以及性竞争优势，都会被更年轻、更强壮的男人夺走。当身体的衰老和权力的弱化同步发生时，性竞争是赤裸裸的。在这种社会条件下，衣服起不到影响性竞争的作用。

然而，人类社会终究要进化出“知识经济”。最早的知识经济应该还是狩猎，确切地说，是技术含量比较高的“群猎”。群猎需要一个指挥者，而指挥者的经验和知识却不可能迅速扩散给其他人。这是一种依靠权力和地位获得的知识，其他人没有权力和地位，自然会缺少获得这种知识的机会。**知识经济产生了知识壁垒，其结果便是知识反过来强化了权力**。一旦知识因素介入了权力竞争，身体衰老和权力弱化就不再同步了。那个老男人——他是群猎的指挥者，也是原始人群中的首领——即使年老体衰，也能凭借他难以替代的知识垄断长期维持他的权力。只要有权力，就有企图也有能力保持他在性竞争中的优势。

然而，性毕竟不同于其他的物质利益，两情相悦还是很重要的，只靠权力获得的性难免索然无趣。老男人凭借知识垄断可以保住权力，但保住权力不等于保住魅力。知识转化成魅力至少要等人类再进化几十万年（也未必），而在此之前，性竞争市场上的硬通货肯定还是身体吸引力（好像至今还是这样）。

但衰老是阻挡不住的，肌肉的衰老还可以通过健身来延缓，身体敏感部位的衰老却必定回春无力，青春小鸟一去就再也不回来了。并且，在直立行走的条件下，这个衰老的体征是一望而知的。如果这个拥有权力的老男人还想尽力拖住青春的尾巴，那么最简单可行的办法，就是把他身体的敏感部位遮掩起来——与其释放负面的信号，不如不释放任何信号。让她们去猜吧，猜测的评价多半会高于观察的评价。说到这里，人类最先穿上衣服的那个（老男）人的动机就找到了。

遮遮掩掩只是防守型策略，进攻型策略是阻止性竞争对手（那些更年轻、更强壮的男人）释放魅力信号。因此，老男人除了率先垂范，更为进取的做法，是迫使所有年轻男人跟进、模仿，都把敏感部位遮掩起来。这是一个权力运作的过程，对立双方免不了一些复杂的博弈。但如果这个老男人成功地做到了这一步，穿衣服的社会规范就被创造出来了。

还可以把这个故事想象得更复杂一些：老男人可能联合其他老男人组成"遮掩同盟"，还可能设法瓦解"赤裸同盟"——提醒那个年轻的接班人要对未来的衰老做好长远打算，这不是个很好的说服理由吗？但不管怎样，总体上说，年轻男人应该是被迫穿上衣服的。**因为衣服制造了信息不对称，稀释了魅力信号，也缩小了他们和老男人之间的魅力差**。衣服起源之后，人类性竞争就开始复杂化了。

衣服的起源涉及性竞争、权力运作和知识经济。最初只是为了满足欺骗的需要（哦，这个功能至今仍在，所谓"美化"不就是欺骗的修辞嘛）。但说到这里，也只是解释了男人为什么会穿上衣服。女人呢？女人穿上衣服的原因又是什么？这个问题留给大家去猜。如果大家猜不出头绪，我就会在下一篇文章中公布答案，当然，所谓"答案"也只是我个人的猜想。不妨先提示一点，女人穿上衣服的原因和男人完全不同。

人类为什么会穿上衣服?(下)

/

另一个猜想

“保密”才是穿衣服的最初目的，无论男女，穿衣服的最初目的，都是为了保密，只是保密的动机和内容有所不同。

CONJECTURE AND INQUIRY

上一篇文章为衣服的起源提出了一种以性竞争为基础的“冲突论”解释，区别于御寒、遮羞或诱惑的“功能论”解释。本文解释女人为什么穿上衣服，仍沿着性竞争这条主线。

性竞争是动物世界的主旋律，并且总体上是建设性的。适度的性竞争可以优胜劣汰，加快物种的演化速度。然而，动物世界里的两大主题——生育和生产——至少在表面上经常是相互排斥的。倘若性竞争的烈度太高或持续时间太久，就会引发数量可怕的血腥搏斗，甚至危及物种的生存。虽然搏斗很快就能决出胜负，但若参与者为准备搏斗而付出的时间、心血和精力太多，就势必会压缩他们的生产性投入，主要是觅食挖穴所花费的时间和精力。为了避免性竞争摧毁生产力，动物世界进化出了两条途径。

一条途径是协调生育和生产的竞争关系，让生产能力直接转化成性竞争的筹码。织巢鸟是个成功的例子，雄鸟吸引异性的主要招牌，是通过辛勤劳动编织出来的精巧爱巢，因为雌鸟是不和没房子的“屌丝”谈婚论嫁的。性竞争和生产竞争在人类社会中更是高度统一，性资源（尤其是优质性资源）潮水般地流向资本密集的区域。但，这只是在社会制度（尤其是市场）建立之后才可能发生的事情。

另一条途径是抑制性竞争——或降低其烈度，或缩短其时间。降低性竞争烈度是个危险的选项，性欲降低或快感减少会削弱生育激励，而雄激素水平下降的严重后果，是种群内的雄性“娘化”，这要在太平盛世还问题不大，可一旦遇上战乱灾荒，它/他们的表现就不给力了。放眼于进化的历史尺度，“好色”和“好斗”——作为性激素旺盛的两个表现——是人类繁衍至今的两大法宝；“贪婪”和“吝啬”则是应对饥馑的美德，对两者的正面描述就是“开源节流”。

哺乳动物普遍进化出了“发情期”，这一事实验证了，对性竞争进行时间限制是最好的演化方案。发情期将性竞争限定在一段时间之内，短暂的执着、浪漫和疯狂不至于坏了大事，动物的主要活动还是觅食挖穴或哺育幼崽，如此两全其美，生育激励和生产激励都有了保证。发情期的长短变化，还可以在生育投入和生产投入之间寻找最优组合。对比而论，那些全天候投入性竞争的物种，要么停留在低级阶段，要么因经济基础崩溃而断子绝孙了。

发情期与雌性动物的受孕期吻合，这一生物学安排将性行为与生育捆绑在一起，与生育无关的个体层面的无效率性行为以及群体层面的无效率性竞争都被降到了最低限度。在动物世界里，只追求快感的性是一种奢侈品。

但人类却没有发情期，这至今还是个让生物学家感到困惑的问题。比较一致的观点认为，人类之所以没有发情期，是因为女人“隐瞒”了自己的排卵期体征（性器官红肿），而据说，采取这种“欺骗策略”的好处是，可以吸引男人和自己发生更多性行为以强化两性关系，并为男人的代际投资（抚养孩子）创造感情基础。

然而，这种说法是令人怀疑的。首先，从个体生态竞争的层面，那个“带头”隐瞒自己排卵期的女性变种很难表现出性竞争（也是生存竞争）的优势，男人一旦发现上当受骗了，就会改变目标——和那些诚实的女人更多发生性关系，才能提高性行为的生育效率。其次，即使隐瞒排卵期体征是有优势的，如果所有女人都采取了“欺骗策略”，就会给整个群体带来灾难。男人之间的性竞争会变得无休无止，一旦全天候争斗摧毁了这个群体的生产力，就会导致退化而非进化，而那些间断发情的克制种群，则会再次成为自然选择的宠儿。

因此，我猜测，隐瞒排卵期体征与没有发情期之间的因果关系是相反的，前者是后者的结果，而非其原因。所谓“隐瞒”，也只是描述了一种假想的动机。既然没有发情期，就必须发展出抑制性竞争的替代方案，并且这个方案只可能是社会性的，而不会是生物性的，因为“烈度控制”和“时间限制”的生物学选项都被排除了。

说到这里，我们就发现确立“性产权”有多么重要了——为性资源确定归属并划分界线，是人类社会解决性竞争难题的唯一选项。婚姻制度就是这样建立起来的，它本质上是一种性资源的产权制度；这个制度最重要的目的，不是为了促成两性之间的互助合作，而是为了阻止同性之间的相互争斗。

可以模仿卢梭来讲述一个关于婚姻制度起源的故事，如果某一天，某个有实力的男人指着某个或某几个女人说：“她（们）是属于我的”，并且，如果这个宣称获得了其他男人的认可（尽管多半是被迫的），那么，这个男人就是婚姻制度的真正奠基者。不用说，在原始的婚姻制度里，产权的主体只能是男人，女人只相当于男人的财产。但这对于女人并不是特别可悲的事情，因为，如果没有性产权，她们就要被迫陷入“公地悲剧”——只被使用，却不被养护；生下来的孩子也没有父爱，谁知道孩子的父亲是谁?

性产权（或至少类似性产权的现象）在灵长类动物种群中普遍存在，最强大的几个雄性猿猴差不多能够垄断群体内的全部性资源。由此可推测，性产权的历史大概比人类本身的历史还要久远。在类人猿完成向人类的进化之前，原始的性产权制度很可能已经萌芽，甚至已经成型了。

产权当然是需要保护的，除了使用暴力或以暴力相威胁，让女人穿上衣服就成为保护性产权许多辅助性措施之一。衣服的功能是掩盖女性的排卵期体征，从而以假乱真；如果潜在的性竞争对手搞不清楚从事性冒险的最佳机会，冒险的收益就会降低，冒险的动机就会削弱。**女人身上的衣服，在占有她的那个男人眼里，就像他自家房屋的窗帘**。

如果所有女人都穿上了衣服，排卵期的体征信号就不重要了，“发情期”也不再是个优势基因。此时，“全天候发情”的女人反而会成为性竞争（生态竞争）中的胜利者，她们能获得更多的性机会，更有条件和男人建立亲密关系，她们生育的孩子也能获得更多的父爱。当所有女性都能全天候发情的时候，人类的性行为就不再受发情期限制了。但这时，稳定的性产权制度已经足以担当起抑制人类性竞争的使命。

没错，女人最初是被迫穿上衣服的，但当所有女人都穿上衣服之后，穿衣服就不再是被迫的了。但这并不意味着在拥有全天候发情能力之后所有女人都丧失了暴露的欲望——少数性进取女性的暴露欲望还可能很强烈——只是这种欲望一直受到社会压力的抑制。禁止暴露的社会规范仍然是为了保护性产权，与之相应的针对男人的社会规范则是禁止偷窥。可以想象，几乎所有性冒险或性侵犯都是由视觉刺激引发的，因此，努力切断刺激源就是保护性产权的预防性措施。

现在，你明白性侵犯（强奸、猥亵、偷窥以及性骚扰）的受害人究竟是谁了吧？没错，是那个男人，他是性资源的产权人。

外在的社会规范内化到人们的心灵之中，日久天长就演变为“羞耻心”。当且仅当大家都穿上衣服之后，暴露才会让人感到羞耻。因而，所谓衣服起源的“遮羞说”，其实是对衣服起源之后的描述。**“保密”才是穿衣服的最初目的，无论男女，穿衣服的最初目的，都是为了保密，只是保密的动机和内容有所不同**。

提出关于衣服起源的“保密说”，并不否认衣服还具有其他功能；只不过遮羞、御寒、引诱、辟邪等，都是后来添加的。但伴随衣服功能的多样化，保密的初始功能会相对弱化，添加的功能后来居上或喧宾夺主也顺理成章。到了文明社会，衣服所具有的社会含义就更加复杂了。

你为什么会买奢侈品？

4

当你购买奢侈品的时候，你骨子里的真实目的，不是购买它的使用价值，也不是购买推销商津津乐道的“文化内涵”，而是购买一种炫耀财富的标识。

CONJECTURE AND INQUIRY

许多行为乍看不理性，但细究之下却高度理性。

奢侈品显然不是生活必需品，其技术之先进、工艺之精良、流程之复杂、原料之珍稀完全超出了人类生存发展的常态需要。既如此，为什么仍有那么多人为购买奢侈品慷慨解囊甚至趋之若鹜？这个问题颇费思量，但绝非“彰显尊贵”、“追求卓越”、“与众不同”或“文化内涵”之类的陈词滥调可以解释的。我想讨论一下的是，奢侈品消费的深层心理驱动力——那些积淀在遗传基因中但被文化表象所遮蔽的一些本能欲求。

炫 耀

直立行走是人类进化过程中的一个关键环节。但让人迷惑的是，在“两足猿”显然不比“四足猿”更“节能”、更善于奔跑的情况下，“两足猿”的竞争优势何在？进化论的基本假定是，物种的进化不会指向前景黯淡的方向。动物行为学家提出一种观点，认为直立行走有助于狒狒或猩猩暴露上躯，从而更容易向对手显示其肌肉的力量，孰强孰弱一目了然。较低的信息成本减少了种群内部的血腥搏斗——如果我明显打不过你，为什么还要和你拼命呢？“两足猿”相对于“四足猿”的竞争优势就在于降低了炫耀实力的信息成本，这使“两足猿”种群表现出更强的社会包容性。

军事演习和核武试验就是一个国家炫耀武力的策略，这与“两足猿”展示肌肉可谓异曲同工，目的都是不战而屈人之兵。领导人的权力也需要炫耀，开会和阅兵就是权力炫耀的经典仪式，其针对政治对手和服从者的潜台词是：“在这里，我说了算！”

财富的炫耀却有些吊诡。很多有钱人不想被别人识破其庐山真面目，他们衣着简朴，行事低调，这可以理解，很少有人愿意成为被土匪、盗窃犯或抢劫犯经常惦记的对象。但“藏富”（或“装穷”）的代价很高，在把握商机和社会交往方面难免吃亏。谁愿意和没有实力的商家做生意？谁愿意把自己的女儿嫁给一个家徒四壁的男人？有钱就得让人（尤其是有钱人）知道你有钱，否则财富的意义就要打折扣了。古人明白："富贵不还乡，如锦衣夜行。"

可是，怎样才能让别人知道你确实有钱？总不能走到哪里都提着一大箱钞票，或把自己的豪华别墅随时随地扛在肩上吧。财富的炫耀是有成本的，要把炫耀的信息成本控制在合理限度，就需要一种财富的"标识"，一望而知，就像远古武士的刺青和头饰一样。有需求就有供给，奢侈品供应商应运而生，奢侈品就是被当作财富标识来销售的。**当你购买奢侈品的时候，你骨子里的真实目的，不是购买它的使用价值，也不是购买推销商津津乐道的"文化内涵"，而是购买一种炫耀财富的标识**。

作为标识的奢侈品必须具有某种物质形态，一些看不见、摸不着的东西，比如教育，即使很昂贵，也不能成为奢侈品。奢侈品还必须能被安排在一个显而易见的位置，最好能够随身携带，让别人看得见才能有效传递信息。镶上一颗黄金假牙可以在咧嘴大笑时装饰门面，但你听说过用贵金属打造的心血管支架吗？

伪　装

动物世界里的伪装很常见，有种蜥蜴会把自己伪装成眼镜蛇头部的样子，尽管它们并非装备了那种致命的毒液。人类的伪装手法更加高超多样。某些政治运动热衷于采取准军事组织的形式开展——例如像希特勒上台以前的 S.A.（冲锋队）——即使他们的军火库空空如也，或实际上并不存在。据说通过挥舞玩具手枪，甚至翘起手指像口袋里有枪的样子去抢劫银行的案例确实发生过。想充当硬汉的人走路大摇大摆，并在胸前伪造刺青或胸毛。而在监狱里，即使非常孱弱的罪犯也会摆出一副凛然不可侵犯的面孔。

穷人通过精心打扮伪装成富人，在文学影视作品中是屡见不鲜的诱人题材。这种欺诈之所以能成功，得益于财富标识独立于财富本身的事实。既然拥有标识就被推断为拥有财富，那么一种成本合理的机会主义行为就是只购买财富的标识，而不获取财富本身。由此可见，穷人购买奢侈品的原始动机是想混进富人的圈子，本质上这是一种温和的欺骗，其性质多少有点类似于商标侵权。

但奢侈品毕竟不同于商标，前者是实实在在的商品，它本身就拥有不菲的价值。这一事实大大降低了标识失真的概率，同时让伪装成本变得极其高昂。更何况，奢侈品消费是系统性的，买一件就必须买另一件才能搭配成型，身着阿玛尼西装却套上一块北极星手表就看上去很不匹配了。

这也说明，奢侈品不仅仅是财富的标识，它是一整套财富检验的机制。要在这套检验机制之下蒙混过关可不是件容易的事情。倘若一位年薪 6 万元的白领女性贷款购买了宝马车、劳力士表、LV 包和一年四季的高档时装，那么，她在未来多少年就只能去喝西北风了。购买、消费和收藏奢侈品的游戏，是穷人的陷阱。

兵不厌诈。既然是伪装，就干脆把伪装进行到底。财富的“标识”是奢侈品，奢侈品的“标识”是奢侈品的商标。而“标识”是可以作假的。买不起奢侈品还买不起仿制品吗？这种下意识的机会主义需求让仿造奢侈品的产业繁荣兴旺。在当下的市场上，LV 的假货比真货不知要多多少倍！但**购买仿造品的消费者也许没有意识到，这种行为属于双重欺骗，好在没有人把他们诉至法庭**。

军备竞赛

在奢侈品的游戏中，倘若对局双方仅仅是富人和穷人，那么这个游戏实在不好玩；没几个回合穷人就会败下阵来，游戏也随之结束。在奢侈品游戏中，货真价实的玩家都是富人，正是富人和富人之间的对局，才让这个游戏拥有了持久的生命力。一个在奢侈品消费上花了大价钱的富人所获得的交际优势可能维持不了多久，当其他富人也购买那些奢侈品之后，这一优势就会荡然无存。如果他试图再造昔日的辉煌和荣耀，就必须在"追求卓越"的道路上越走越远，其他人为了避免被甩在后面也必须步步紧跟。最终，奢侈品的游戏就演变为富人和富人之间的"军备竞赛"。

相互敌对的两个国家之间经常会掀起一轮轮的军备竞赛。如果敌对国装配了某种性能极佳的武器，就会对本国构成严峻的军事威胁，这会迫使本国想方设法去搞到同样的武器。而一旦两个敌对国都拥有了这种武器，则它们面临的军事威胁有增无减，国民收入和政府财政却比过去更加拮据了。这就是被博弈理论家津津乐道的"囚徒困境"模型所揭示的悲剧性逻辑。

军备竞赛会发生在军事之外的许多领域。如果诉讼双方都聘用了庞大的律师团，原告和被告双方的诉讼费用就要大大增加，但结果呢，官司的胜负输赢一如既往。如今，大学毕业生很少穿着廉价西装去参加招聘企业的面试了，但如果所有毕业生都穿价值昂贵的西装去参加面试，那么，他们在外表方面的优劣排序与每个人都穿廉价衣服的结果是一样的。

日益高涨的衣着开支看似浪费，而一旦整容手术被拿来作为外貌竞赛的"武器"，赌注就会变得更高。尽管整容在美化外貌方面成效显著，但它的社会效用却值得怀疑。早有人发现，一旦整容手术成了常态，它的主要作用就只是改变了有关外貌的评价标准而已。许多曾经被其他人不经意形容为稍胖或是头发有点稀疏的人，现在会感受到很大的压力，觉得非得去做吸取脂肪或移植头发的手术不可。

奢侈品消费的浪潮也造成了类似的后果。衣着的标准在最近几十年屡屡提升，那些原本不打算购买高档服装的人越来越顶不住了，三年前还很体面的衣服现在穿在身上会显得很寒酸。寒酸和贫穷也许只是一种感觉，但它所产生的刺激却很真实。“贫困感”是一种心魔，它会像感冒一样迅速传染，既传染穷人，也传染富人。四处蔓延的“贫困感”给奢侈品消费奠定了广泛的群众基础。

“贫困感”是相对而言的，它只是“攀比心”的变形。但很少有人想到，“攀比心”抑或“嫉妒心”的根源是祖先遗传给我们的风险意识和忧患意识。强大和富有并不产生足够的安全感，比别人更强大、更富有才让人觉得安全。在漫长的人类进化史上，不知有多少强者都被更强者打败了，由此获得的惨痛教训是：“一定要盯紧跑在你前面的那些人，同时防止有人追上来！”这种风险意识，说得好听是“进取”，说得不好听就是“嫉妒”。嫉妒心是一种优势基因，我们绝大多数人之所以都会嫉妒，是因为不会嫉妒的人们因为缺乏风险意识而早早在生态竞争中被淘汰掉了，他们是进化过程中的一些失败的变种。

当然，从军备竞赛逻辑来看，奢侈品消费是一种巨大的社会浪费。庄子在两千多年前就已经为此忧心忡忡了，所以他主张：“掷玉毁珠”“焚符破玺”“塞瞽旷之耳”“胶离朱之目”“攦工倕之指”。对庄子这些话的一种肤浅理解是，纷争起于贪欲，贪欲源自诱惑；倘若摧毁所有奢侈品，就可以消灭诱惑，并最终实现天下太平（这个逻辑简直就是梦呓）。但若再往深里看一层，会发现庄子的目的其实是阻止“军备竞赛”，这与当年美国和苏联签约销毁一些战略进攻性武器（它们是军事上的奢侈品）是一样的逻辑。“不爱红装爱武装”的说法过时了吗？没有。许多学校还在强制学生穿校服呢，这不就是限制“军备竞赛”的做法？

促 销 术

即使某个国家能在军备竞赛中将敌国拖垮或在决战中把敌国打败，这个国家也不见得成为最后的赢家，“杀敌一千，自损八百”的结局很常见。从事军备竞赛，无异于参与一场危险的赌博。唯一稳操胜券的赢家大概只有军火商，无论是战争还是和平（和平只是准备战争的时刻），军火商都注定会赚得盆满钵满。其他领域中类似军火商的职业不在少数，时尚业、广告业、律师、考研辅导班、整容业，尤其是奢侈品行业，都是依托某种“军备竞赛”而繁荣起来的职业。

奢侈品供应商与军火商有许多类似的行业特征：都处在经济生物链的顶端，都拥有雄厚的资本和顶尖的人才，都身处卖方市场（购买者争先恐后），都拥有垄断地位并掌握卓越的生产技术，都会让产品不断升级换代从而令购买者应接不暇。甚至，他们在促销方面所编织的话语也十分相似。军火商宣称：他们出售的不是武器，是“安全”，还有国家崛起和民族复兴的希望。奢侈品供应商如法炮制的广告语也委婉动听：它们卖的不是商品，是“文化”，包括品位、地位、满足感、舒适度以及浪漫的情调。这种宣传暗示，不消费奢侈品是“文化”上的残缺。

此外，军火商和奢侈品供应商都懂得如何限量生产以便人为制造稀缺性。军火商多半受控于政治因素，奢侈品供应商却仅仅为了利润。制造稀缺可以在不增加生产成本的条件下让利润飙升。比如，手表供应商将某种牌子的手表推出了限量版，限定的数量只能满足 1/10 潜在消费者的购买欲。如果每一位潜在消费者都愿意付出其收入的相同比例来购买这份“特权”,则结果只能是收入排名在前 10% 的消费者能够如愿以偿。倘若他们的收入翻番,则得到这些手表的竞标者还是那些人,但供应商的利润却增长了不止一倍。

除了高技术垄断和限量版策略,奢侈品供应商在制造稀缺性方面还有一张王牌,那就是在选择原材料上采取一些硬性指标。钻石成为众多奢侈品供应商热衷选用的原材料,原因就在于稀缺。倘论客观的装饰效果,钻石能比水晶甚至比玻璃好到哪里?某种顶级葡萄酒的生产商就宣称,酿造这种葡萄酒的原料非得是某个产地的数量稀缺的葡萄不可。这样一来,一旦该生产商控制或买断了全部原材料,竞争厂家想复制这种葡萄酒的冲动就被彻底打消了。

特定产地的葡萄与其他优质葡萄酿造出来的葡萄酒有差别吗?肯定有,至少在植物学和化学意义上有,但差别只是细微的,绝大多数人的味蕾是分辨不出来的。葡萄酒供应商却一定要把这一丁点儿差别无限放大并细分层级,他们还会出版专业性书籍教导你如何辨认出这点差别。也许确实有人辨认出来了,但这些人的味觉肯定经过了长期而系统的规训,甚至被纳入了一个高度制度化的组织体系和权力结构之中。在顶级葡萄酒的消费支出当中,很大一部分是消费者自愿交出来的培训费。

如果你要问那些顶级葡萄酒的消费者,你们能品尝出这种葡萄酒的独特之处吗?多数消费者的回答是肯定的,但我敢打赌,肯定有不少人在撒谎,撒谎的动机不言而喻。还有不少人在真诚地撒谎,这也不奇怪,经过媒体、广告商和供应商的巧妙引导和暗示,人们很容易对自己的味觉产生虚假的自信。不信,你蒙上他们的眼睛做个试验再看看结果如何。

占 有 欲

我养过一条狗，还给它买了个狗窝（一个中间凹陷的棉垫子）。夏天太热，狗弃窝而出，睡在地板上。我妻子趁机就把狗窝洗干净了拿出去晾晒。没想到这个善意的举动竟给狗造成了恐慌，那一夜它四处徘徊，寻寻觅觅，还不时骚扰我们。它为狗窝不知去向而惴惴不安，尽管实际上它并不需要。可见，在狗看来，有窝不进是一回事，没窝可进是另一回事。

同样的道理，消费是一回事，拥有是另外一回事。如果商品仅仅用来满足人们的使用需求，世界上就没有奢侈品，普通商品足以取而代之。如果奢侈品仅仅用来满足人们的消费欲望，奢侈品的销量就不会膨胀到如今的规模。大量消费者购买奢侈品的动机不是源于消费的欲望，而是来自占有的欲望——先买来放在家里，看着安心，至于用还是不用，就不重要了。欧莱雅商家显然深谙此道，所以它打出的广告语是："你值得拥有"。

远古时代的人类就产生了储存财富的欲望，其动机是应对未来的风险。在进化过程中，那些占有欲更强从而储存了更多财富的人们，无疑会在应对意外风险的时候显现出生存竞争的优势。于是占有欲就在漫长进化过程中逐渐积淀为一个优势基因，并代代相传至今。当一个消费者在购买第四辆豪华跑车的时候，表面上他是被跑车的优越性能所吸引，但在骨子里，他的远古祖先遗传下来的占有欲和风险意识也在暗中推波助澜。

在金属冶炼技术被掌握之前，储存什么财富是个难题。食物容易腐烂发霉，富含蛋白的肉类即使风干了也存不了半年。所以，贝壳或好看的石头之类的东西就成了那个时代的奢侈品，部落酋长的女儿把一串贝壳挂在脖子上就成了地位尊贵的象征。当然，贝壳或好看的石头必须是罕见的，海边的部落就不可能把贝壳当回事。

虽然现代人储存财富有了更多的选择，但究竟储存什么仍然是件伤脑筋的事情。纸币和股票显然不靠谱；黄金、白银、房地产都出现了泡沫；更别提买古玩了，有几个买家没有上当受骗过？自然而然的，奢侈品就成了一个可欲的选项。没错，奢侈品不仅是财富的标识，它本身就是财富的组成部分。何况在最近几十年，奢侈品的价格一路飙升，其增长的速度远远超过了平均通胀率。如今，中国的奢侈品销量已经让全世界感到震惊，先别高兴，这多半是通胀预期、地产泡沫、股市低迷、贵金属价格翻番以及制造业经营环境全面恶化等综合原因的先兆或结果。财富需要寻找避难所，可是，奢侈品这个避难所真的安全可靠吗？

一旦战争、灾荒、饥饿或瘟疫再次袭击我们的世界，以至于“活下来”再次成为人类的美好憧憬，奢侈品的好运就走到了尽头。一双鞋就是一双鞋，谁有闲情去看它的品牌；名牌西装不见得比一件破棉袄更加抢手，因为前者透风不保暖。品牌的价值几乎归零，“文化内涵”也烟消云散，经济运行又回到了以使用价值为参照系的基本面。但是，我们渴望这样的世界吗？

“乱世黄金，盛世古玩。”奢侈品在今天走俏，至少从一个侧面印证了天下太平。富人购买奢侈品不是什么坏事，且不说创造了多少就业机会，更重要的是，社会的多余财富被分散到政治上安全的途径上来了；在这个意义上，奢侈品似乎还具有促进政治稳定的功能。想想看，如果这些多余财富被用来购买枪支弹药，或者拿去招兵买马，世界将会变成什么样子？

色情是个什么问题?

色情的最大危害既不是诱发滥交和性暴力，也不是诱导形成关于性行为的错误认知，而是提高人们（尤其是男性）性唤起的阈值，而恰恰是后者，又会引发一系列的社会问题和社会风险。

CONJECTURE AND INQUIRY

1

色情在人类文明的背面一直暗流涌动，与此同时，禁止或抑制色情的社会规范也源远流长。“色情禁忌”普遍存在于不同社会的不同历史时段，至于它是怎样形成的，功能又是什么，却并非一目了然的问题。绝大多数人承认色情是有害的，诸如“腐蚀心灵”或“败坏风气”的说法很常见，但也很空泛，相对严肃的说法是色情会诱发淫乱或性侵。

色情对于未成年人的害处很容易说清楚，未成年人很可能会因为接触色情而过早发生性行为，或对真实性行为形成错误认知，或因缺少自控力而在性幻想和性搜寻方面花费太多精力，以致不务正业，妨碍正常的学习和生活。但对于成年人，色情的危害就不容易形成共识，有没有危害都很难说。然而，色情禁忌却并非仅仅针对未成年人，它同时也指向成年人，只是相对宽松而已。电影分级以及诸如“18禁”“少儿不宜”之类的限制就反映了这种区别对待，甚至“成人”因此成了色情的别称。

为什么色情禁忌会把成年人卷入？一个可能的解释是，每个人都对他人（作为潜在的性竞争对手）接触色情感受到某种忧虑和恐慌，因而，色情禁忌成为控制群体内部性竞争烈度的一个制度安排。但这个解释却很难成立，因为人们（当然主要是男人们）通常不会为了谋求较低烈度的性竞争环境而宁愿抑制自己接触色情物品的渴望。

2015年，快播案发生之后的网络民意是一边倒的，当时有个著名的口号——“今夜，我们都是快播人！”快播被举报，腾讯和乐视都急于撇清自己，生怕网民将怒气发到自己头上。网络民意可以验证一个思想实验：如果让人投票来决定法律是否应该禁止色情物品的生产和传播，绝大多数男人都会投反对票。不仅如此，男人们在关系亲密的伙伴之间分享色情物品的行为很常见，似乎不太担心同性伙伴因接触色情物品而给其带来潜在的威胁。这意味着，**色情禁忌不可能起始于一个大范围的社会契约**。

那么，女人的态度呢？尽管相当数量的女人对色情物品兴趣索然（早期研究如此，但新近色情网站的大数据结论则有不同)，甚至表示反感(估计数量不多，如果把心理上反感和意识形态意义上的反感区别开来的话，某些激进的女权主义者对色情的反感更多属于后者)，但她们对于男人接触色情物品却通常不会强烈反对。倘若半夜起床发现自己的丈夫或男友偷偷观看色情视频，大多数女性虽嗤之以鼻，但总体上仍可视而不见。

女性对于色情的模棱两可不难理解，虽然担心自己的丈夫 / 男友因过多接触色情而可能削弱对自己的“性趣”，但她们也可以在另一方面获得安慰——色情物品可能会让他们变得更安分一些，男人们的性多样化需求可以在虚拟的色情世界里获得替代性满足。实际上，即使女性普遍敌视色情，她们也无力左右法律和社会规范对待色情的态度，这是由女性在社会中的地位和实力决定的。只要男人想要色情，单靠女人的力量是阻止不了的。

如果色情禁忌不可能起始于社会契约的形态，那么家长主义的因素就浮出了水面。扮演家长角色的，可能是家庭或家族中的长者，也可能是部落酋长、部落联盟的首领或国家的统治者，当然，也包括现代国家的政府。“家长们”之所以能够禁止或抑制色情，是因为他们拥有权力；“家长”之所以有动机这么做，是因为他们足够深谋远虑，已经认识到色情的危害(不论真假)，从而断然采取了对社会负责任的措施。至于“家长们”自身是否还拥有对色情的渴望以及他们在下达禁令之后能否继续接触色情之类的问题，就无需考虑了。

只要“家长们”相信，家庭成员或社会成员有可能会因为沉迷于色情而妨碍实现其他更为重要的目标(通常是圣洁或崇高的)，就足以促使他们发出“禁色令”。与此同时，被家长们左右的社会舆论也会把色情描绘为“淫秽”(带有“肮脏”的意思)；而“淫秽物品”，也就自然成为

"腐蚀心灵"或"败坏风气"的"洪水猛兽"了。由于越是集权体制的统治者就越需要被统治者保持"纯洁"的心灵，所以毫不奇怪，在集权体制的国家里，我们可以观察到对待色情更为敌视的态度。此外，由于性压抑意味着减少性信息的供给量和流动性，所以较之性放纵的社会，我们可以在性压抑的社会里观察到对色情物品更为强劲的需求。

2

但在最近几十年，随着色情物品越来越多，越来越容易获得，人们对待色情的态度反而变得越来越宽容了。这种态度的转变是全球性的，也是跨文化的。除了法律领域，"淫秽"这个词基本不用了，代之以"色情""情色""成人"等不含或略含贬义的词语。二三十年前几乎没人敢于公开说自己曾经看过色情影片，如今的情形却倒过来了，坦率承认曾经接触过色情已经不再令人羞愧，而公开声明自己从未看过色情视频，反倒特别需要一些勇气（主要是担心自己的性取向受到怀疑）。司空见惯或习以为常只是一方面，另一方面是人们经验性地觉察到，色情其实没那么可怕，色情泛滥并没有增加人们（包括男人和女人）在性侵犯或性竞争方面的不安全感。

然而，至今仍有很多人会把色情和滥交、性暴力联系在一起，这种印象多半来自官方宣传中那些青少年性罪犯的夸张供述——他们会说，自己犯罪是因为之前接触了色情物品。但这种供述并不可靠，因为案犯被抓获之后都希望把自己描述成一个受害者的角色，以争取怜悯或分散责任。但重要的是，几乎所有年轻人都接触过色情物品，他们中的绝大多数却从未涉嫌任何性犯罪。

事实上，许多心理学和统计学的研究表明，所谓色情的危害在很大程度上是虚构的，色情并不拥有“腐蚀心灵”或“败坏风气”的力量，与滥交和性暴力也没有相关性统计。还有些研究发现色情对人还有些好处（提供娱乐，缓解性饥渴，替代并减少性侵，并有利于让妇女从一本正经的社会规范禁锢中解放出来），美国疾控中心的数据表明，在网络色情泛滥以后，不负责任的性行为反而有减无增。对此，国内有专家认为，国外的调查数据不说明中国的情况，理由是国外的性教育搞得好，但实际上这和性教育好坏没多大关系，真正的原因将在下文揭示。

在 1973 年开展的一个心理学实验中，由 23 个年轻人组成的实验对象连续 15 天接触色情物品，每天持续 90 分钟。实验结果显示，实验对象的行为和态度都没有因为接触色情物品而发生实质性改变。色情是无辜的，公众对于色情的敌视态度缺乏实验依据。

当然，实验组织者也承认，这个实验结果还不足以为色情物品彻底翻案，由于不能将妇女和未成年人作为实验对象，所以色情物品对她（他）们的影响不得而知。此外，由于实验本身是受限制的，短短 15 天的实验期还不能检测长期接触色情物品对人可能产生的生理和心理影响。但问题恰恰就出在这里。

尽管色情是个古老的问题，但网络时代的色情泛滥却是人类社会从未面对过的挑战，实际上，直到网络色情泛滥之后，人们才认识到，**色情的最大危害既不是诱发滥交和性暴力，也不是诱导形成关于性行为的错误认知，而是提高了人们（尤其是男性）性唤起的阈值，而恰恰是后者，又会引发一系列的社会问题和社会风险**。

3

互联网已经成为可以满足各种色情消费口味的虚拟快感超市。传统的色情小说、春宫画或色情图片早已退居二线，引领潮流的是那些画质越来越高清的色情视频。1997 年，在万维网诞生后的第 6 个年头，就出现了大约 900 个在线色情网站。到了 2005 年，就有超过一万部完整的商业色情片投放市场。如今至少有上百万家公司和分销商在互联网上直接生产色情片，直播视频的数量多到根本无法精确统计。据说，在谷歌上搜索“porn”，就会得到成百上千万的结果，其中位于搜索页面首页的网站，全部提供免费色情视频。很多色情视频网站针对男性群体喜好量身定制，尽可能满足不同网民的口味和偏好。

在我国，尽管网络审查制度和防火墙技术在一定程度上遏制了网络色情的泛滥，但由于色情经销商的网络服务器一般安置在国外，且频繁变换域名，所以在十年前的很长一段时期，网络监控部门和警方对网络色情的传播几乎无计可施。快播服务器借助其在当时领先的 P2P 技术为色情搜寻者提供便捷服务，尽管其被查封给网民下载色情视频带来了许多不便，但直到 2015 年年末之前，只需非常简单的检索方法，色情视频仍可以从网络空间的一些隐蔽角落里唾手可得。此后国内的网络空间逐渐净化，但 VPN 的使用者越来越多（据估计不下数千万），使“防火墙”至少在大学校园里已经形同虚设。

如今要说年轻男孩们有谁从没接触过网络色情，估计是没人相信了。许多试图搞清楚色情的生理和心理影响的实验研究很难开展，因为实验组织者几乎找不到“干净”的对照组。谁的电脑和网络储存器里没有几部 A 片？“看片”的意思就是“看 A 片”，各大网站论坛里经常问的一句话就是“种子在哪？”日本色情女星虽未在版税上获益于中国网民，但源源不断的商业活动却给她们带来了意外的收入。想想苍井空在中国自媒体平台一夜走红，就能大概明白色情视频的隐蔽传播有多么广泛。如今“苍老师”的微博粉丝已超过 1900 万，人气之旺堪比国内二线女星。大量资深色情消费者能对众多 AV 女优的姓名如数家珍，以致网络上曾经流传过测试网民色情知识的“A 片四、六级考试”。

网络色情很难屏蔽，但最近几年网络上的色情话题却明显趋冷，这不太可能是因为网络空间被净化了，而更可能是受众看得多了也看腻了。网络色情泛滥确实没有引起人们过去所担心的那些社会风险（滥交或性暴力），但一个与之相反、貌似无关紧要，但却不容忽视进而细思极恐的群体性生理现象却已悄然呈现——**色情视频看得多了，性唤起的阈值就会提高，同时降低性冲动的频率和程度**。这一生理变化在前文提及的那个心理学实验中已经发生了，只是没有引起研究者的重视。

色情视频是一种虚拟的刺激源，但对于诱发性冲动，虚拟的刺激源同样有效甚至更加有效。真实的刺激源不可能像虚拟世界中的刺激源那样花样翻新且唾手可得。但重复的刺激会让有机体脱敏，要想获得原来的反应强度，就非得提高刺激强度或变换刺激源不可。在美国的一个脱口秀节目中，女演员讲述了她频繁接触色情视频的后果——“口味变得越来越重”，她说“不过还好”，网络上总能找得到“口味更重”的视频来满足她“越来越重的口味”。可以想象，当口味越来越重时，她对真实性刺激会作何反应就不言而喻了。一旦对虚拟性刺激产生依赖，就很容易形成更强的依赖性。这种导致网络色情成瘾的恶性循环在男性那里更为常见，因为色情的主流消费者从来都是男性，而不是女性。

如今，越来越多的男孩缺乏和异性约会的动机，虚拟世界中的性满足成了真实世界中建立和发展两性关系的廉价替代品。而与此同时，男孩们变得越来越“高冷”，越来越“宅”，和前辈们相比，男孩们对异性的渴望锐减，但对相貌和身材却更加挑剔了。上了年纪的男人们至今还记得，他们年轻时只要见到裸露胳膊的女孩都会激动得浑身战栗，而如今的男孩们，在网络上早已“惯看秋月春风”，即使亲眼目睹身穿比基尼甚至完全赤裸的女性身体，也已经无动于衷了。《花花公子》(*Playboy*)杂志自 1953 年创刊以来一直以刊登美貌裸女照片作为其最大卖点，但在网络色情的冲击之下，这本著名的成人杂志的销量持续下滑（从巅峰时期的 500 多万份锐减到十年前几十万份，如今纸质版已经停止发售），且不得不从 2016 年 3 月开始就不再刊登裸女照片了。

十年前，日本家庭规划协会就报告说，16～19 岁的年轻男性中有超过 1/3 的人对性毫无兴趣，比 2008 年时的估计翻了一番。每 10 对已婚夫妇中有 4 对报告在一个月或更长的时间里没有性生活。这些现象十分普遍，以致这些男人有了自己的称呼——“食草族”，那些仍然对性感兴趣的男人则是“食肉族”。可以预料，一旦出现刺激饱和，人们对色情也会逐渐失去兴趣。据说，日本色情影视产业的高峰期是 2000 年前后，而最近这十几年来却一直呈现萎缩的态势，这固然和日本社会的高龄化和少子化有关，但更重要的原因应该是刺激饱和让色情失去了它原先的吸引力。

与性欲减退相伴而生的另一个现象是性功能障碍。色情消费提高了男性性唤起的阈值，使他们在真实的两性关系中因缺少性冲动而显得力不从心，持续的色情刺激会减少多巴胺的分泌量（这会导致阳痿），从而导致大脑的边缘系统呈现一种与毒品成瘾相似的症状。网络色情泛滥导致的后果之一，就是性功能障碍的比例开始上升。

性行为是两性之间建立亲密关系的最重要的催化剂。在享受性快感的过程中，两性关系的亲密度和信任度迅速提升（这得益于催产素的生化反应）。在这个意义上，性生活不仅是“消费”，而且是重要的“感情投资”，所谓“少年夫妻老来伴”就隐含这个意思。然而色情诱发的性行为（自慰）对于建立和维持长期稳定的两性关系却是毫无助益。已有不少研究发现，过度的色情消费会削弱建立亲密两性关系的意愿，导致社交退缩。

没有耕耘，就没有收获。省却了经营两性关系的各种努力，“白头偕老”就越来越可能变成传说。而一旦性爱机器人的技术发展到某种程度，婚姻关系就可能变得十分松散，甚至名存实亡。据说这个时刻并不是遥远的未来，而是可能在一两代人的时间里就会成为现实，但却不知我们的社会能否为迎接生育、教育、抚养、赡养以及社会保障和人口减少等挑战做好充分的准备。

虚拟性资源的充沛供应会缓解性竞争的烈度，其好处是可能会减少一些社会冲突，但坏处却可能是人们（尤其是男人们）的进取心也会随之减退。“冲冠一怒为红颜”，当男人们不再为红颜发怒的时候，也就不大可能为红颜拼搏了。满足性饥渴是人类行为的一种重要的驱动力，而一旦人类永远告别性饥渴，伴随男孩们斗志下降、进取心衰减，整个社会就可能变得暮气沉沉。

如今，全世界范围内的中学和大学校园都出现了“阴盛阳衰”的现象。一个针对300多个研究的元分析收集了超过50万名男生和60万名女生的学习成绩，结果发现几十年来全世界范围内的女生在所有科目的成绩都比男生好。在我国，“阴盛阳衰”的现象也相当明显，女生在大学录取的比例上持续上升，而在公务员的招录考试中，用人单位最常抱怨的就是入围复试的几乎全是女生。尽管校园内外“阴盛阳衰”不见得全是网络色情泛滥所致，但两者之间的相关性却似乎越来越紧密。美国心理学家菲利·普津巴多和尼基塔·库隆布在其《雄性衰落》一书中，就认为网络游戏和网络色情就是造成“雄性衰落”的两大杀手。

怎样拓宽主旋律的渠道？

要想培育“高级红”，主旋律的渠道就必须足够宽阔，至少容得下“低级黑”。主旋律的渠道太窄，就会扼杀主旋律。

CONJECTURE AND INQUIRY

这些天憋在家里，重温了一部老电影，由此联想到了“低级黑”和“高级红”的话题。

我们的宣传部门很敏感，早就注意到了“高级黑”和“低级红”的现象，还发现了两者关系密切，“高级黑”总是借“低级红”来打个掩护。“低级红”是个智力问题，但“高级黑”却是居心叵测。这些发现当然很重要，但不能就此止步，还要进一步挖掘。对应于“高级黑”和“低级红”的另一面是“低级黑”和“高级红”，这才是更重要、更有建设性的问题。

我还是先说说这部老电影吧，《卡桑德拉大桥》，想必大家都看过。一列开往斯德哥尔摩的火车上突现疫情，病毒在乘客中蔓延，预计感染病毒的致死率高达 40%。当局感到大祸临头，迅速下了集体谋杀令，列车随之被军管、被密封、被强制驶向年久失修的卡桑德拉大桥。当局的目的很明确，就是将病毒“一键删除”，整列火车的乘客因此要为病毒殉葬。当然每逢危急时刻，必有英雄现身，去对抗强大的当局，这是好莱坞电影的老套路。

英雄可能是个间谍、警察或魔术师，也可能是个心存善念的职业杀手，或是有一技之长的街头混混，还可能只是个普通的丈夫或父亲，他们凭借自己的力量去伸张正义。但当局经常要扮演不光彩的角色，一伙人做着各种阴暗勾当，向大众撒谎，逃避媒体曝光，必要时还可能杀人灭口。电影《卡桑德拉大桥》中的英雄是位医生，他带领大家展开了自救，经过一系列惊心动魄的斗争，大多数旅客绝处逢生。在力捧一个英雄的同时，电影抹黑了当局，代表当局的“将军”是电影中的反派。

但是且慢，当局真的就被电影抹黑了吗？似是而非。非但没被抹黑，反而被暗暗捧红，这就是“名黑实红”，或叫“明贬实褒”。

虽然基于人道主义的立场，电影对当局的决断持批评态度，但批评的基础却是剧情反转，医生发现病毒其实并不致命，感染者发烧一段时间可以不治自愈。但剧情的反转本身就是奇迹，是出于商业考虑而回避了矛盾。如果病毒确实像开始估计的那么致命，医生还是英雄吗？将军还是反派吗？这都是电影留给观众的思考。

看电影的时候，大家都会愤怒，骂将军，骂当局，这是人之常情。但回到家里，冷静下来，大家就会下意识地发觉，当局这么做实属迫不得已。将一列火车上的乘客团灭，既残忍，又邪恶，但如果不这么做，后果更加不堪设想，说国破家亡一点都不过分。而为了保护广大人民群众的健康和生命安全，当局狠心做了“刽子手”，这不就是有担当嘛！

口头上当然要骂，但在内心深处，人们却会感到庆幸，感到生命有保障，安全有保障，因为有个阴暗的当局在时刻提防着各种危机。不知不觉中，电影让人们增进了对当局的理解和信任。在这个意义上，《卡桑德拉大桥》是一部不折不扣的主旋律电影，是以“低级黑”为幌子的“高级红”作品。

老百姓不是政客，政客需要表态，表态可以释放政治信号，属于扎扎实实的“行动”。但老百姓的表态是没意义的，是骂是赞都没意义，政府需要争取的，是老百姓的理解和信任。因而真心的责骂要比虚伪的赞歌好得多。**可怕的不是骂声，而是没有骂声**。

人性是复杂的。**人们嘴上说的，不见得是心里想的；心里想的，不见得是骨子里认的；骨子里认的，不见得能意识到，更不见得能说出来，但却可以实实在在地影响行动**。所以说宣传教育工作，攻心为上，其次润脑，封口为下。

《卡桑德拉大桥》之类的电影，其教育意义是很显著的。英雄有英雄的理由，当局有当局的使命，两者之间的冲突是创作剧情的素材。剧情的冲突可以让大家明白，社会是复杂的，不是非黑即白，国家的决策必须在很多彼此冲突的目标之间寻求艰难的妥协。

面对疫情，宣传部门应该致力于让人们清楚政府决策的艰难。只有把决策背后的复杂考量耐心细致地展现出来，人们才会发现，不少广受指责的决策失误其实不是失误。把道理讲清楚要比唱赞歌重要得多。宣传教育的目标不能只停留在营造氛围的水平上，要教育民众学会思考，让整个民族的心智和精神更加健全。

要达到这个目标，宣传教育就要讲究技巧，很多话说出来就变味了，暗示往往比明示效果更好。正如“高级黑”总是搭配“低级红”，“高级红”也通常离不开“低级黑”。孤阳不生，独阴不长。要想获得“高级红”，就得容忍“低级黑”。要红不要黑的最好结果，也就是“中级红”，“中级红”乍看是红色，细看其实是无色的，并且只有“高级红”才能克制“高级黑”，“中级红”如果遭遇“高级黑”，那一定是“车祸现场”。

我们新时代的宣传教育工作，不能满足于“中级红”，必须要有追求“高级红”的进取心。要开创宣传教育的新天地，就不能故步自封，更不能走老路。但要想培育“高级红”，主旋律的渠道就必须足够宽阔，至少容得下“低级黑”。主旋律的渠道太窄，就会扼杀主旋律。砍掉树枝和树叶，树干就长不高。如果连根拔掉，整棵树就死了。林子大了什么鸟都有，这很正常，也只有什么鸟都有的林子才能算大林子。**只有一种鸟的林子是生态脆弱的**。什么鸟都有，就没有哪种鸟能翻得了林子。

价值判断和事实判断之间真有鸿沟吗？

从事实判断上升为价值判断，可以降低表达的成本，但同时也要以减损表达的精确性为代价，因而这是一种以精确性换效率的划算的认知策略。

CONJECTURE AND INQUIRY

1

在道德哲学家眼里，“价值”是个神圣的字眼儿，甚至有人宣称，“**人是唯一追求价值的动物**”。果真如此吗？

从许多动物的**行为**来看，这个宣称是很可疑的。请注意，我们只能观察到动物的行为，而不能观察它们的心智，正如我们无法观察人类的心智。在追求勇敢、忠诚、忠贞、奉献、节制、执着复仇以及安分守己地服从社会秩序等令人称颂的美德方面，许多动物——例如狼、狗、田鼠、蜜蜂、乌龟、穿山甲以及众多膜翅类的昆虫——做得并不比人类逊色。

你也许会指责我偷换了概念——动物和人岂能相提并论？价值追求只能用来描述人类的心智，而与动物的行为模式毫不相干。好吧，算我错了。但是，如果"价值"的概念被如此定义，宣称"人是唯一追求价值的动物"岂不成了同义反复的语言游戏？

我看不出狗的忠诚和人的忠诚有什么**根本性**的差异。如果说有差异的话，最显著的一点，就是狗比人更忠诚，或者说，在忠诚方面，狗比人表现出了更强的原则性和更少的灵活性。差异显然来自人狗之间的智力悬殊，智力主要表现为获取和处理信息的能力，人有能力通过择机伪装忠诚来谋取额外的利益，但一条机会主义的狗却肯定不会生活得更好；搞不清背叛的恰当时机是十分危险的，假面具很可能会在某个关键时刻掉下来。而在进化过程中，由于自然选择会更青睐于那些绝对忠诚的狗和那些不绝对忠诚的人，所以，在人狗之间的智力悬殊保持不变的条件下，两者之间的忠诚度差异最终就在种群层面系统性地呈现出来了。

我无意贬低人类，也不否认忠诚于国家和人民与仅仅忠诚于自己的主人是没有可比性的。我只是试图说明一个道理——**人类所有神圣、崇高、纯洁、美好的价值追求，都不过是个体或群体生存竞争的产物，是被各种现实条件制约或塑造的结果，并且本质上也都是策略性的。**甚至我**们用"神圣""崇高""纯洁""美好"之类的词语来描述这些价值，这本身就是一种策略，目的是通过奖赏声誉鼓励更多的人们为追求或分享这些**

价值而付出更多的努力。

2

已经记不清有多少次了，每当讲座结束，到了提问环节时，总会有学生站起来质疑我讲述的观点和道理，而质疑的依据，却经常是这样一句话：**老师，您好像忽略了价值判断和事实判断的两分**。我承认，这是个很好的质疑，倘若站在传统法学的立场来批评经济分析的思路和方法，这句话算是说到根子上了。

但或多或少我仍会觉得有些无奈，这倒不是因为质疑击中了我的软肋，或面对质疑我无话可说，而是因为，在短时间内我很难用三言两语就把道理说清楚。尽管我可以用一句话来做出回应：**价值判断只是事实判断的"打包处理"，从事实判断上升为价值判断，可以降低表达的成本，但同时也要以减损表达的精确性为代价，因而这是一种以精确性换效率的划算的认知策略**。在时间很有限的条件下，我大概只能这么说，当然效果不太理想，绝大多数同学听了之后还是一脸懵圈状。

我觉得有必要为此写篇文章。

所谓"实然"和"应然"、"事实"和"价值"的两分，因其被 18 世纪英国哲学家休谟首次严肃提出而在哲学史上被称为"休谟问题"。休谟问题就像一块磨石，以后的许多哲学家（包括康德、罗素、莱辛巴哈、波普尔、艾耶尔、金岳霖等）都曾在这块磨石上磨砺过自己的思想。我不想让大家卷入那些令人生畏的哲学争论，只试图立足于常识，对休谟问题做一番美其名曰"认知经济学"的简约重述。经济学的逻辑虽然简单，却有清除哲学神秘的功能。

在休谟那里，从“是”如何推出“应当”，与“归纳如何可能”的问题，面临同样的逻辑困境。在《人类理解研究》一书中，休谟对归纳法提出了一个尖锐的质疑：根据有限的经验，我们如何能够归纳出一个全称判断的命题？即使见过的乌鸦全部是黑色的，我们如何敢于断言“天下乌鸦一般黑”？或者，即使知道过去太阳每天都从东方升起，我们又如何能够断定明天太阳还会从东方升起？看到了吧，其中的逻辑裂痕还真像是一道鸿沟。

在很多学者看来，休谟问题的提出，不仅挑战了人们习以为常的思维方式，而且涉及了普遍必然的经验知识是否以及如何可能的问题；它对归纳合理性的质疑，据说动摇了人类知识的确定性依据，甚至摧毁了科学大厦的基础。当然，这些说法都过于夸张了；这一方面源于学者们思维方式的“一根筋”，另一方面是因为他们误解了科学的性质和功能。实际上，两百多年来从没听说有哪位科学家因休谟问题的提出而对自己的工作前景感到恐慌或不自信。

尽管休谟问题至今仍被普遍视为一个哲学悬案——要知道，悬案是科学的耻辱，但却是哲学的荣耀——但实际上，经过一些学者（例如德国哲学家莱辛巴哈以及我国台湾地区学者盛庆琜）对休谟问题的功利主义阐释，并随着决策论、认知科学和演化博弈论的兴起，这个哲学悬案已经不那么玄了。**在不同领域的许多专家眼里，这个所谓事实判断和价值判断之间的“鸿沟”早已被填平，或者说，所谓的“鸿沟”原本就是子虚乌有**。

休谟问题在逻辑学上也许是永远无解的，作为哲学问题至少是深不可测的，但从经济学的角度看却是十分简单的：无论根据有限经验归纳出一个全称判断，还是将事实判断上升为价值判断，都有简化认知的功能，但也都需要为此付出代价。

3

倘若没有“天下乌鸦一般黑”的全称判断，我们就要被迫使用无数个单称判断——“乌鸦 1 是黑色的，乌鸦 2 是黑色的……直至乌鸦 n 是黑色的”——来完成描述，这将导致认知成本的极度攀升。而以全称判断取代无数个单称判断，则会降低表达的精确性，当预测某只特定的乌鸦的颜色时，就可能要犯错误（毕竟乌鸦并不都是黑色的）。但只要犯错误的概率很低，以至于避免错误的成本超过了错误的预期损失（相当于错误的实际损失与错误概率的乘积），那么，归纳法仍可以被视为一种划算的认知策略。这是汉德公式的逻辑。

归纳法类似于一种贴标签的编码技术。语言就是这种编码技术的产物，当我们用一个词来指称众多具有相同或相似属性的事物的时候，就是在利用归纳编码的经济性。倘若没有“鸟类”这个词，不知要花费多少力气才能描述世界上已经发现的九千多种长翅膀的动物。然而语词只是事物的符号，不是事物本身，作为符号的“鸟”只是个标签，它永远不可能精确描述任何一只特定的鸟。

我们需要表达的思想越是精微，或需要描述的事物越是复杂，对语言本身的不精确就会越敏感，以至于很多时候我们会感慨“可意会不可言传，可神通不可语达”。量子物理学家在试图科普“时空弯曲”这个概念的时候，就遇到了类似的语言屏障，怎样表达成了难题。乔姆斯基、维特根斯坦、老庄、释迦牟尼，还有包括我在内的许多聪明人，都不约而同地认为，**人类最精微的思想是无言的**。

商标、绿色食品、国药准字、产品质量认证、政府信得过早餐等，都是商业领域里常见的标签。这些标签所隐含的逻辑是，“凡是被贴上某种标签的商品都达到了某种质量标准”。如果消费者认可这个逻辑，标签就大大减轻了他们购物的负担（只需辨认标签，无需检验商品质量）。尽管标签不一定可靠，但若标签失真的概率足够低，并且检验商品的信息成本足够高，消费者信任标签就是理性的。

在非商业领域，我们也经常通过辨识或创造标签来降低认知成本。学历、职称、会员资格以及一些显而易见的表征（衣着、肤色、年龄、性别、座驾、居住环境等）都可以被当作标签，并用以判断某个人的品性或能力，这在心理学上被称作“社会刻板印象”。尽管我们知道“以貌取人”难免会犯错误，但之所以对此习以为常，终究是因为观察一个人的外貌总比了解这个人的能力和品性要容易得多。

法律讲究“形式合理性”，喜欢使用一些硬性标准，这和贴标签的逻辑是一样的。法律上的“一刀切”，使用的就是归纳法和全称判断，其目的同样是以精确换效率。成本会抑制法律决策者对于真实和精确的渴望。

4

价值判断和全称判断具有类似的功能，从“是”到“应当”与从单称判断到全称判断一样经历了类似的认知冒险。

如果我要向你介绍我的同事戴昕，我可能会使用一个价值判断——“戴昕是个好教师”，但这只是个模糊表达。若要描述得极尽精确，我可能要被迫搬出他几年来的全部教学记录（其中也包含着几次效果糟糕的记录）。可见，只要不嫌麻烦，价值判断完全可以还原为大量的事实判断，正如全称判断也可以还原为无数个单称判断。当神医喜来乐用“恶贯满盈”来评价他的同事王春和的时候，他肯定已经下意识地回顾了几十年来两个人彼此打交道的历史记录，往事并不如烟。

“好人”“坏人”之类的道德判断，看似是描述一个人的内心世界，但真正描述的却是这个人的行为和后果，确切地说，是对此人过去一系列行为和后果的“打包处理”。反过来，当你试图描述某个人的“行为模式”的时候，你免不了要做出道德判断，并且还会经常使用那些描述心智的概念，尽管人的心智是根本无法观察的。

“故意”“过失”“蓄谋”“冲动”“忏悔”“犯罪动机”“主观恶性”“认识错误”“精神病”等，这些法律上用以描述主观心智的概念，最终都可以还原为对行为和后果的描述。如果发现案犯在作案之前就已经学习了犯罪知识，准备了作案工具，还曾几次踩点，那就有理由指控他是“蓄谋犯罪”。可谁知道罪犯心里究竟是怎么想的呢，法律上所有关于主观心智的判断，都不过是根据行为和后果做出的**推测**而已。也许那个案犯事先采取的一系列行动纯属巧合，但对不起，他只能自认倒霉，因为司法制度要避免这点概率极低的冤情实在是成本太高了。

当你说“我想知道她心里是怎么想的”或者说“我想知道她是不是真正爱我”的时候，你的真实企图，**是想以低廉的成本扩大对她行为和后果的认知规模，你要的不是“大数据”，而是大数据的分析结论，你试图借助这个分析结论来预测她未来的行动**。

反过来，如果你想让她相信你爱她，仅仅表白是不够的，你得证明给她看。**行动比语言更响亮，越是代价高昂的行动越有说服力，因为成本是对感情和实力的高强度认证**。言情小说家深谙此道，他们描写爱情总是致力于讲述一对男女终成眷属之前经历的那些障碍、磨难和纠结。如果为了实现爱情，你们已经跨越了年龄差距、辈分之别和门派之分，经历了疾病的折磨和死亡的威胁，忍受了漫长的等待和结果不确定的煎熬，甚至容忍了诸如断臂、失身之类的身体残缺，那么，你们就可以重新演绎一段“神雕侠侣”的爱情传奇了。

5

在法律经济学上，“成本最小化原则”是常用的确定法律责任的依据——谁能以较低的成本预防某个事故、完成某个任务、披露某个信息、提供某个证据，或为某个意外风险购买保险，谁就要承担相应的责任。这个原则贯穿于合同法、侵权法、刑法、证据法等各个领域。因为按这个原则来分配法律责任，后果通常比较理想——有利于减少浪费、提高社会福利，并且绝大多数人也确实可以从中获益。尽管也有极少数人因此受损了，但这个归责原则最终还是赢得了一片叫好声。然而，仅仅叫好在修辞上会显得很苍白，如果需要“逼格”更高的词以示庄重，“公平”和“正义”之类的概念就应运而生了，起初这两个词大概率是被当做**形容词**来使用的。

然而人是健忘的。久而久之，人们只记住了公平、正义的概念，却忘记了它们的由来。原本是形容词，却更多被当作名词来使用，仿佛世上确实存在一种叫作“公平”或“正义”的评价标准。于是它们摇身一变，成了“价值”。

与此同时，源与流的关系也被彻底颠倒了。“成本最小化原则”被认为是从公平、正义推演出来的，演绎推理取代了后果取向的思考，后者变得可有可无，或沦落为一种辅助性论证。这样做的好处是节约了思考和解释的成本，坏处就不用说了。

由于公平、正义可以描述所有后果理想的社会制度和社会规范，所以人们最终把公平、正义当成了所有社会制度和社会规范的价值目标、逻辑根源和正当性依据，这也不足为怪。这两个概念被越吹越玄，地位也被越推越高，以致在人们的观念中，它们足以与神灵和星辰同在了。

源流关系的错位还引发了一种不切实际的幻想，似乎只要搞清楚公平、正义究竟是什么，就可以此为据去推演并指导各种法律和公共政策的设计和修正。这种幻想激发了奔涌的学术想象力，也创造出了五花八门、争奇斗艳的多种正义理论，但却几乎没什么用处。

唯一的例外，也许是以边沁为代表的功利主义正义观，这种将以促进“最大多数人的最大程度的幸福”为目标的正义观之所以富有成效，是因为它把正义视为一个功能性概念，而非高高在上的超越性价值。正义被用来描述社会总体福利最大化的美好状态。换言之，正义之所以成为正义，是因为它能带来令人向往的社会后果。**没有任何一种价值追求可以超越于社会福利，或独立于社会后果，后果糟糕的价值是迟早要被抛弃的**。

也许我讲述的这个关于公平、正义的故事是完全不靠谱的。正确的讲述应该是，人们是在搞清楚公平、正义的内涵之后才懂得如何设计法律和公共政策的。然而两个故事版本其实都是虚构的，对错无关紧要，关键是看它的功能。因此，你需要思考，需要比较，需要鉴别，看看哪个故事版本更能增进我们对于法律和公共政策的理解。

6

其实，真、善、美无一不是功能性概念。和价值标准一样，我们的审美标准也同样隐含了功利主义逻辑。

走进汽车销售店，你会发现凡是外形气派的汽车差不多都是性能优越的，而外形丑陋的多半都是便宜货。翻阅那些印刷精美的军事杂志，你会看到凡是功能强大的战机（例如：猛禽 F-22、幻影 2000 或是歼 20）无一不是赏心悦目的，相比之下电影《珍珠港》中那些“二战”时期的战机仅从造型上看就已经弱爆了。为什么功能强和外观美如此契合？原因很简单，**我们的审美标准本身就是根据功能来定义的，我们把性能优越定义为美**。

绝大多数男性都会认可，定义女性身材美的一个关键数据，是腰臀比为 0.7 : 1。生物学家发现，女性的腰臀比越是接近这个数值，其生育能力就越旺盛。这就意味着，那些不接受这个审美定义的男人们，将会因为择偶失误而减少自己的繁殖机会；而那些接受了这个审美定义的男人们，就自然成了繁殖竞争中的优胜者。失败者没有发言权（更可能连发言机会也没有），美的标准是由自然选择的优胜者来定义的。**美，从根源上是对性能的描述，确切地说，是对性能优越而产生的喜悦感的描述**。

同样的道理，我们的口味之所以喜甜厌苦，是因为自然界中的甜食多半是安全的，而有苦味的食物则很可能发霉或有毒，因而那些喜苦厌甜的另类早早在生态竞争中就被淘汰掉了，他们的变态口味招来了更大概率的食物中毒。

在掌握足够的科学知识之前，人类之所以能够在择偶或择食时不犯致命的错误，靠的就是这种直觉性的喜好。**直觉是一种简化的认知**，虽不能保证不犯错误，但却可以降低犯错误的概率，并且更重要的，是它可以避免精确计算所产生的高昂认知成本。直觉的形成就是一种归纳推理，我们之所以意识不到这个推理过程，是因为造物主早把计算任务交给了我们的基因。

如果说公平、正义同样属于功能性概念，并且同样反映了人类对于理想社会制度的直觉性喜好的话，那么“真理”的概念又意味着什么呢？

7

由归纳法获得的全称判断可以作为演绎推理的大前提，就预测未知事件而言，演绎推理显然要比经验调查经济得多。如果我们确信太阳每天都会从东方升起，那么无需调研我们就能立刻断定，明天太阳还会从东方升起。尽管归纳法在逻辑上并不可靠，但在错误概率足够低因而预期错误损失足够小的条件下，利用归纳法对未知事物做出预测还是很划算的。

归纳法的经济学逻辑告诉我们，求真不是认知的唯一目标。追求真理与追求正义一样，都要受到成本的约束。认知的另一个目标是求简，所谓“简洁是智慧的灵魂”。哥白尼的“日心说”之所以最终取代了托勒密的“地心说”，不是因为其更正确，而是因为其更简洁。“奥康姆的剃刀”阐释了一种“思维经济原则”——如果多种理论具有同样的解释力，那么相对简洁的理论仅仅因为简洁就可以取胜。

理论本身就是思维经济的产物。通过理论去理解具体事物，并不比对一个个具体事物进行细致考察更加可靠，但理论的价值却在于，在保证大致不出错的条件下减轻我们的思考负担。一种试图忠实复制经验世界所有真实性的理论，根本就不是理论，它只能算是一个描述。地图永远不是领土，再精确的地图也无法覆盖弯曲的地球表面，但没有人因此否认地图的功能，正如没有人因为语言本身不精确而永保沉默。

以归纳法为基础的科学并不保证创造真理，实际上，**科学只是规范**

认知活动的一个制度性体系，借助这套制度，科学家们可以降低犯错误的概率。科学理论提供了一些解释世界的模型，但模型只是虚拟的，因而追问模型的真伪没有意义，评价模型的唯一标准要看它的功能。难怪在莱辛巴哈眼里，与其说科学家像先知，倒不如说他们更像赌徒。

当追求真理需要支付的成本过于高昂的时候，降低真理的标准就成为明智的选择。“相对真理”“共识性真理”的概念，以及“有用即真理”的实用主义口号，就反映了这种倾向。

如果实质正义被定义为“不枉不纵”，那么很显然，追求实质正义的司法成本将会趋向于无穷大。在这个意义上，“不枉不纵”并非司法的理想，而是司法的噩梦。当成本因素介入之后，程序正义就取代实质正义成了司法的现实目标。较之实质正义，程序正义的优势不是“物美”，而是“价廉”。如果前者被定义为一个极点（法律决策零误差），那么程序正义就标注了一个均衡点（兼顾误差损失和司法成本），它不会竭力降低任何一种成本，而是最小化两种成本之和。

法律的逻辑也是生活世界的逻辑。“中庸之道”要求人们不要偏执一端，不要“按下葫芦起来瓢”，而应在相互矛盾的多个目标之间寻求妥协、把握分寸，这正是要在多种成本之间寻求均衡的经济学思想。

“物极必反”或“盛极必衰”则从反面表述了同样的道理。当事业辉煌到巅峰状态时，维持这种辉煌需要耗费极其高昂的成本，而此时一旦人才、物资或资金链条发生断裂，就会迅速进入难以摆脱的恶性循环，历史上的兴亡更替已经无数次验证了这个道理。登峰造极是一种脆弱的成功。

侏罗纪时期的恐龙，既是自然界的杰作，也是自然界的败笔。它们体型庞大，力大无穷，但维持生存却需要耗费大量的水、食物和氧气，一旦自然条件发生突变，遭受灭顶之灾的物种之中，恐龙就是首当其冲，而乌龟、壁虎、苍蝇、蚊子之类的动物却能繁衍至今。这一地球生命史上的存亡绝续，恰好例证了老子所说的“柔弱胜刚强”。

“金无足赤，人无完人”以及“水至清则无鱼”的俗话，暗示了我们应当心安理得地保留或容忍自己和环境的某些缺陷。所谓“大成若缺”，并非为将来的进步预留空间，而是因为登峰造极需要耗费太高的成本，因而必要时需要“抱残守缺”来抑制自己的进取心。正如真正的完美遥不可及，所以必须创造出一个“残缺美”的概念来实现心理上的自我调适。**看来真、善、美都要推出它们各自的“经济适用款”，才能成为我们真正追寻的目标**。

8

天马行空地扯了那么多，最后还是要回到休谟问题。休谟认为归纳合理性的基础不是逻辑和理性，而是习惯和经验。但他却没有解释——为什么人们的思维习惯倾向于信赖而不是怀疑归纳法？

要回答这个问题，我们仍要采用进化论的视角。假设一个人类群体中有思维特征不同的两类人，这两类人各自的思维特征具有遗传性（不排除偶尔的变异）。我们把其中一类人称为“糊涂虫”，“糊涂虫”盲目信赖归纳法并已形成思维习惯，他们倾向于依据归纳推理来获得知识；我们把另一类人称为“哲学家”，“哲学家”总是怀疑归纳法的可靠性，因而被迫通过经验调查获得知识。

通过比较，我们会发现，“糊涂虫”活得很潇洒，尽管偶尔会犯些错误，而“哲学家”虽然不会犯错误（假定如此），但却很快筋疲力尽。自然选择明显青睐于“糊涂虫”，“糊涂虫”的数量会越来越多，“哲学家”则会在生态竞争中被逐渐淘汰。尽管幸存的“哲学家”偶尔会发表些质疑归纳合理性的言论，但“糊涂虫”的思维习惯却必将主宰这个人类群体。至此，休谟问题可以画上句号。

休谟问题之所以成为一个问题，终究是因为我们这些“糊涂虫”不够安分。脑力有限也倒罢了，却偏要用“哲学家”的变态标准来检验我们的知识，这应该属于一种自虐式的强迫症。

其实，“糊涂”是自然选择赋予我们的珍贵品性，郑板桥似乎对此足够清醒，否则他也不会感慨“难得糊涂”。**适度的糊涂——确切地说，是以清醒的态度保持适度的糊涂——不仅可以减少日常生活的麻烦，而且可以获得生态竞争的优势**。相比之下，那些“哲学家”以及“哲学家”之类的人，包括那些爱钻牛角尖儿的、那些眼里揉不进沙子的、那些偏执狂、那些完美主义者、那些有洁癖的，诸如此类，都是进化过程中出现的失败变种，他们共同的不幸是——活得很累，而且很纠结。

为什么适度噪声能让信号传得更远？

/

鸟群的启示（上）

维持自组织临界状态的关键，就在于群体中要始终保留适度的噪声。噪声太小，信号无法有效传播；噪声太大，就会淹没信号，破坏系统协调。

CONJECTURE AND INQUIRY

1

你可曾注意到一群麻雀在飞？那简直是奇观。麻雀喜欢群飞，几十只抑或几百只，都能聚在一起飞，仿佛一团快速流动的云，彼此高度协调，高度同步，突然转向时仍能保持相同间距。很多年来，麻雀的群飞在我心里都是一团谜。

我能理解大雁的群飞，V 字形雁阵可以减少飞行阻力，还能利用上升气流。雁阵的组织规则比较简单，只需每只大雁紧跟前面的一只，保持合理间距和微小偏角就可以了，几乎不用动脑子——只有头雁动脑子，它要把握方向。所以，雁阵转向时难免会出现这样的情形，前面的大雁已经转向了，后面的大雁仍继续前飞。这不奇怪，信息传递需要时间，人类行军时也会如此。即使首领传达一条“头变尾、尾变头”的指令，信息传递也需要时间；倘有 500 名士兵组成单列纵队，那么这条指令从头传到尾，大约耗时 2.5 分钟。

然而，500 只麻雀一起飞，转向时头尾互换，却几乎无延迟。更厉害的是椋鸟，4000 多只同步飞行，仍秩序井然。而且与大雁的线型阵列不同，麻雀和椋鸟的阵容是三维的，没有“头鸟”领航，每一只鸟都可以影响整个鸟群的飞行，而鸟群的飞行轨迹也能影响每一只鸟。你可以想象鸟群有一个质心，每只鸟飞行的速度和方向都与质心高度一致。我们姑且将这一现象定义为“相关性”。考虑到在鸟群中，任意两只鸟之间、每只鸟和鸟群质心之间都有相关性，相关性不随规模扩大而衰减，那么我们可以在“相关性”的前面再加上一个限定，叫作“不受距离限制的相关性”。

我当然知道群飞对麻雀的好处，可以提高觅食效率，更容易发现机会和危险。一只麻雀有两只眼睛，100 只麻雀就有 200 只眼睛，群飞大大延伸了麻雀的感知能力和搜索范围。所以毫不奇怪，群飞、群游或群奔，是天空、海洋和陆地上很多动物的常见运动模式，当食物充裕、动物饭量又不太大的时候，成群结队要比单兵作战更有效率。

然而，让我困惑的是，信号在数百只麻雀之间是怎样快速传递的？信号传递需要时间，还要对抗噪声和衰减。想象一下，如果公共汽车只开一道前门会是什么情况？结果一定很糟糕：汽车前部已经十分拥挤，尾部却仍可能很宽松，因为拥挤的信号在传递过程中会逐渐衰减，传着传着就传不动了。而且，信号传递还会走样，八卦新闻传来传去往往就变得面目全非。所以文字很重要，文字比语音更容易对抗噪声的干扰。但麻雀没有文字，也没有喇叭，更没有任何有线或无线通信设备，它们靠什么来传递信号？

我曾经认为，麻雀群飞不可能采用常规的信号传递方式。麻雀的飞行速度是每秒 8 ~ 14 米，高速飞行时可能超过每秒 20 米；即使反应时间快到只需 10 毫秒，在这段时间里麻雀也已经飞行了 8 ~ 20 厘米，接到信号的邻近麻雀必须快速飞行，补上这段距离，稍远的麻雀依次递补。假定信号覆盖整个群落要经过 100 个串行节点，那就要耗时 1 秒钟，而这时最早发出信号的那只麻雀已经飞出了 8 ~ 20 米。即使串行和并行完美交叉，最长串行线路上的信号节点减少到 10 个，也要耗时 0.1 秒，而发出信号的麻雀已经飞出了 0.8 ~ 2 米。看似误差不大，但在信号传递过程中，距离误差是很容易积累的，500 只麻雀的飞行误差叠加起来，肯定会乱作一团。但好像从未有人耳闻或目睹麻雀群飞时出现了“碰撞”。

我知道动物集体行为有很多不解之谜。个体和群体的运动保持一致，在鸟群、鱼群、昆虫群乃至哺乳动物群中都很普遍，这种一致性还延伸到了其他行为，比如热带萤火虫的同步闪烁、人群中的同步鼓掌以及仙人掌的同步开花。我曾听学生说，他母亲养了 18 盆仙人掌，其中 17 盆竟在一个晚上同时开花，那盆没开花的仙人掌呢，事先被他转移到了另一个地方。

假定动物群落中没有常规的信号传递，那就一定有非常规的信号传递。我曾有个猜想，麻雀群飞时，会自然形成一个“云端信息场”，信号一经发出，瞬间同步到云端，云端再把信号同步到每一只麻雀。我知道这个解释带有伪科学甚或神秘主义色彩，但除此之外我想不出其他答案。尽管这个猜想很有趣，但却不太可能成立（当然也不能排除）。实际上，对于麻雀群飞的高度协调和高度同步，现有的科学知识（来自生物物理学和复杂系统科学）已经指引了一条很有前景的探索路径，这里的关键词是“随机共振”（Stochastic Resonance, SR）和“自组织临界性”（Self-Organized Criticality, SOC）。

出乎我意料的是，这几个概念居然能给法律人提供一些跨领域的启发。

科学家很早就开始关注鸟群飞行的奇观了（不迟于 19 世纪）。20 世纪 90 年代以来，生物物理学和集体行为领域的研究对鸟群的群体动态进行了定量分析，利用统计物理学和复杂系统理论，建构了渗流理论模型（Percolation Theory Models）和自组织临界性模型（Self-Organized Criticality Models），揭示了鸟群的无标度相关性（Scale-Free Correlation）。

写下这段文字，我估计已经让大家非常头疼了，坦白说，我也很头疼。倘若不是好奇心驱使，我不会花一夜时间去阅读这些文献，而且，大部分时间还花在了理解数学公式上。数学确实是一种精妙的语言，对鸟群动态的描述既精准又深刻，但很烧脑。为了便于大家理解，我会把数学翻译成自然语言，并且尽量省却令人生畏的科学术语，除了几个不得不用的关键词。

2

动物的群体秩序既可以是自上而下集中控制的结果，也可以是自下而上的自组织模式。在这两个极端之间形成了一个连续的频谱，其中层级控制和分布式控制可能结合在一起。人类社会正是如此，不同的社会政治制度在这个频谱中所处的位置各不相同。例如，秦代的郡县制更偏向于集中控制一端，而周代的分封制则更偏向于分布式控制一端。**集中控制与自组织模式的显著区别，不在于秩序本身，而在于群体对外部刺激的响应**。

在一种极端的集中控制模式下，个体的行为完全受控于中枢指令，而个体之间并无直接互动。我能想到的例子，是美剧《权力的游戏》中的异鬼体系：下层异鬼完全听从上层指挥，整体高度有序，但彼此之间不打交道。由于个体对群体的影响极小，因此群体对外部刺激的反应迟钝，除非夜王自己能够察觉到这一刺激。在这种模式下，全局命运系于夜王一身，整个体系看似强大，实则极度脆弱。夜王一死，全部异鬼瞬间化成了灰烬。

相比之下，自组织群体的反应要敏锐得多。个体之间高度互动，每个个体既可以影响其他个体，也容易被其他个体影响。鸟群就是如此，只要一只麻雀或椋鸟发现了食物或天敌，整个鸟群就能迅速做出集体反应，无延迟调整飞行轨迹。

信号传递是群体快速反应的关键。

个体发出的信号必须能够传递到其他个体，这需要邻近个体作为媒介，使信号不断扩散。如果信号在传遍整个群体之前就被噪声淹没或自身衰减，那么其传播范围必然受限，无法覆盖整个群体。这意味着，个体的影响力仅限于局部，无法影响全局。细菌群落就是如此，信号传递能力有限，传播范围通常小于整个群落规模，因此，超出信号覆盖范围的部分会彼此独立，整个群落无法作为一个整体对环境刺激做出协调反应。

然而，麻雀和椋鸟的信号传播能力远强于细菌，它们能够确保信号覆盖范围与群体规模相当。研究表明，鸟群的规模越大，信号的覆盖范围也越大。换句话说，鸟群的规模决定了个体的影响力，一只鸟的影响范围可以随群体规模的扩大而扩大。理论上，这种机制可以使信号覆盖范围随规模无限扩张。这一现象就被定义为“无标度相关性”，大概意思是相关性不受距离限制，我们对这个概念已经不陌生了。

其实对于绝大多数人来说，陌生的只是概念，现象是熟悉的。就连诗人也不陌生，否则他们不会写下诸如“千里共婵娟”、“天涯共此时”或“心有灵犀一点通”之类的诗句，这些诗句描述了人世间的一种不受距离限制的无标度相关性。

对于无标度相关性，不同领域的专家会有哪些联想可以迅速对号入座呢?

物理学家会联想到相变临界性，即系统的相关性不随距离衰减。在铁磁材料从无序到有序的相变过程中，当温度达到临界点时，磁矩之间的相关性变为长程相关，整个系统的涨落呈现为无标度状态。

生物学家会联想到神经网络的无标度特征，即局部神经元的兴奋度一旦达到临界点，兴奋状态就能通过长程连接迅速扩展到整个神经网络。这种机制有助于高效的信息处理，同时维持神经系统的动态平衡。

经济学家会联想到金融市场中价格信号的传播，即相关性不随距离快速衰减。当市场波动幅度超过某个临界值时，全球金融市场会在短时间内发生远距离联动，形成突发性市场波动。

社会学家会联想到社交网络中的信息扩散，当一条谣言、热点新闻或舆论事件的关注度达到某个阈值时，它能在短时间内指数级传播，迅速覆盖整个网络空间。

足球教练可能会想到体育场内的“人浪”现象，观众依次起立挥手形成的波浪能够在体育场内迅速传播，理论上不受体育场规模的限制。这种现象本质上是一种自组织的集体行为，但它的传播不依赖于临界点，而是由局部观众的主动响应所驱动。

请注意，在不同领域的联想中，“临界值”或“阈值”是个关键词。当系统的某个参数达到临界值时，系统发生全局性变化，包括铁磁材料从无序到有序、神经信号快速传播、股票市场突变、谣言遍及全网等。然而，“人浪”的传播并不依赖于临界点，而是由局部互动逐步推进的自组织过程(注意这个例外，我还会拿它来作对比)。

莫非麻雀和椋鸟在传递信号时也达到了某种临界状态？答案似乎是肯定的，尽管鸟没有喇叭，也不配备任何有线或无线通信设备。

3

暂时忘记前面的讨论，我们先考虑一下麻雀或椋鸟传递信号的一些可能模式，这不需要专业的科学知识，只需要常识。

麻雀或椋鸟的信号传递和感知主要依赖视觉，通过观察其他鸟的飞行轨迹变化来判断整体趋势，同时可能辅之以对气流变化的感知。听觉信号的传播范围有限，毕竟鸟的嗓门不大，鸟鸣的声音强度不足以覆盖整个鸟群。

最原始且低效的信号传递模式是完全串行的，即 A 鸟将信号传递给邻近的 B 鸟，然后 B 鸟再传递给 C 鸟，依次进行。如果鸟群总数为 4000 只，那么按照这种模式，信号需要依次经过 3999 个节点才能覆盖整群。显然，鸟类不会采用如此低效的模式。

更现实的情况是，并行与串行交叉结合。一只鸟可以同时将信号传递给邻近的 6 只鸟，然后这 6 只鸟再传递给各自邻近的 6 只鸟，形成指数级扩散。在理想条件下，最长传播路径可能只需经过不到 10 个串行节点，就能覆盖整个鸟群。

然而，即使并行与串行交叉进行，逐级传递的模式仍可能导致信号延迟，且累积距离误差。如果误差过大，鸟群的不同区域就会出现过度拥挤或局部飞散的情况。这与人群踩踏事故的发生机制类似。

一种相对高效的信号传递模式是鸟群内部的波动（collective wave），远处的鸟可以观察到局部波动的变化趋势，提前调整方向和速度，从而减少响应时间，大幅提高信号传播效率。这类似于体育场中的“人浪”，球迷们不是等到身边的人站起来之后才起立的，而是通过观察“人浪”的速度提前做好起立准备。这个提前量缩短了反应时间，可以解释为什么游泳选手在接力赛中的个人成绩通常会优于其单人赛成绩。

然而，自然界中还存在一种更高级的信号传递机制，称为自组织临界性。在这种状态下，远处的鸟无需等待信号逐级传递，而是能直接感知群体内部的局部变化，并即时调整飞行方向和速度，几乎无延迟。这类似于一群人同时鼓掌，没有人等前排鼓掌后才开始拍手。

然而，鸟群是怎样达到自组织临界状态的呢？

最关键的条件居然是——需要群体内部始终保留适度的噪声。所谓“噪声”，指的是个体鸟或局部鸟群随机发生的微小飞行误差（请注意，噪声在这里不是指声音）。换句话说，鸟群的正常飞行轨迹不能保持毫厘不差、绝对一致，而是要允许个体偶尔左右摆动、高低起伏、加速或减速。如果鸟群的飞行模式完全同步，就没法达到信号无延迟传递的临界状态，最终导致信号难以传播或迅速衰减。简单说，保留适度的噪声，才能让信号传遍整个群体。

4

问题来了，为什么适度噪声可以让信号传得更远？

这个现象是反直觉的。表面上看，噪声是一种干扰，消除噪声才有利于信号传播，但其实不然，适量的噪声在群体信号传递中扮演着至关重要的角色。在噪声的助力下，微弱的信号非但不会被淹没，反而更容易被放大和感知，从而传播得更远。这一现象在物理学上被称为“随机共振”。为了直观解释这种现象，我设计了一个简单的比喻，虽不精确，但大家把握它的核心思想就够了。

假设——你就是一个微弱的信号，你的目标是尽可能传播得更远。但传播途中总有障碍，障碍是一道 1.5 米高的墙，你要越过这道墙才能继续向外扩散，墙高就代表阈值。但问题是，你的弹跳力很弱，只能跳到 1 米高，尝试多次都跳不过去。这时候，噪声出现了，它是一种随机上下波动的力量。当噪声向上时，能将你抛高 1 米；当噪声向下时，会把你压在地上。如果你起跳时遇到向下噪声，则弹跳力和下压力相互抵消，你会原地不动；但若起跳后恰逢向上噪声，你就可以跳到 2 米高，然后成功越过这道墙。当然，噪声必须适中，如果随机上下波动的力量太强，则要么把你压扁，要么将你抛得不知去向。这个简单的比喻描述了噪声通过随机共振增强信号传递的机制。

此时，我想到了薛宝钗那句乐观主义的诗句："好风凭借力，送我上青云。"这句诗体现了随机共振的适度噪声原理。柳絮好比微弱信号，风如同噪声，能将柳絮送到理想高度；但"好风"的限制至关重要，噪声必须适中——风太小无法助力，风太大柳絮就被吹散了。

在鸟群中，局部信号（如发现食物）可能非常微弱，如果没有噪声的帮助，就很容易被掩盖在群体的平均行为中。而当噪声水平适中时，个体的随机摆动与微弱信号耦合，就能将不易察觉的信号在群体中放大。即使原始信号的强度有限，也能传遍整个鸟群，且几乎无衰减。因此，无论鸟群规模有多大，一只鸟的行为都能影响整个鸟群。

维持自组织临界状态的关键，就在于群体中要始终保留适度的噪声。噪声太小，信号无法有效传播；噪声太大，就会淹没信号，破坏系统协调。要完整理解这个道理，我们还要看到另一面。

回到跳墙的比喻——假设你还是那个微弱的信号，噪声是一种随机上下波动的力量。这个力量不仅可以作用于你，也可以作用于那道墙。向下的噪声可以降低阈值，将墙高从 1.5 米压至 0.5 米。此时，即使你的弹跳仍为 1 米，也能轻松越过阈值，继续向外扩散。

降低阈值的本质，就是让信号的接收方变得更敏感，使其能够感知到原本无法觉察的微弱信号。在随机共振理论中，阈值通常被设定为固定值；而在自组织临界性理论中，阈值是动态调整的，噪声不仅能增强信号，还能降低感知门槛。

换句话说，**适度的噪声既像“润滑剂”又像“调味剂”。作为“润滑剂”，噪声能让信号传递更顺畅；作为“调味剂”，噪声能让接收方的感知更敏感**。尽管两者在理论上有所区别，但结果是一样的（你最终跳过了那道墙），所以没必要纠结究竟是噪声增强了信号，还是它降低了感知门槛。这正是物理学上的“随机共振”和生物物理学上的“自组织临界性”的关键区别。生物物理学借鉴了随机共振的理论，但放松了它的适用条件，使其能够容纳复杂生物系统中的信号传递机制。不管怎样，在适度噪声的环境中，青蛙更快找到了性伴侣，鲑鱼更快返回了产卵地，蝙蝠更快锁定了猎物。

此时，我想到了费加罗那句冷酷的名言：“若批评不自由，则赞美无意义。”这句话反映了自组织临界性理论中适度噪声的作用。批评能降低人们感知赞美的阈值，使人们对赞美更敏感；缺乏批评会让人们对赞美脱敏，导致赞美通货膨胀。当然，适度批评很关键，批评太多就会对冲甚至压倒赞美。

对鸟群而言，如果飞行轨迹完全一致，将严重削弱其对环境变化的感知能力。这是因为，鸟会将更多精力用于维持队形，对外部刺激缺乏关注，难以及时发现食物或天敌。缺乏噪声，鸟群就僵化了——**形式主义导致僵化，并分散精力**。

放松的身体才能保持机动，放松的大脑才能保持敏锐。而且，适度放松会引入适度噪声，使飞行轨迹出现微小偏差，这正是信号传播能够达到临界状态（覆盖整个鸟群）的必备条件。当然，过于放松也不行，每只鸟都自由自在，鸟群就飞散了。

此时，我又想起了小时候学校墙壁上的标语："团结、紧张、严肃、活泼"，越想越有道理。

为什么适度噪声能让信号传得更远，随机共振理论和自组织临界性理论提供了解释，但这两种理论能够完全解释鸟群的同步飞行吗？答案是不能。这两种理论主要提供描述和类比，并且是基于结果定义的：只要信号在噪声作用下越过阈值并传播至全局，就符合广义的随机共振和自组织临界性理论。鸟群的动态只是满足了这些理论的结果条件，而鸟群的飞行奇观本身仍是一个未解之谜。我们对麻雀和椋鸟的感知机制知之甚少，至于它们如何实现共振、如何维持临界态，如何协调分歧，现有的科学知识仍无法提供充分的解释。

然而，即使是类比，这两种理论仍有重要价值，因为世上的道理是相通的。你看，光的传播走直线，无干扰的物体运动也走直线，蚂蚁返巢、鲨鱼捕猎、运动员冲刺都会尽量走直线，整个世界似乎都在遵循一个"极值原理"。**自然和社会现象经常呈现出跨领域的相似性，社会只是自然界中的一个子系统，而子系统之间、子系统与母系统之间经常分享相同的模式**。

所谓"解释"，不是找到终极原因，而是识别并整合相同的模式。没有人能从根源上解释"极值原理"，我们仿佛被抛进了一个早已定好规则的世界，只能在已有的框架内寻找规律，而当化学对接物理学、生物学对接化学和物理学、社会科学对接生物学和生态学时，它们就算完成了各自的解释任务。**所谓"理解"，就是把某个现象归到自己已经确信的某个模式之中**。

可是，为什么我们会说"人挪死，树挪活"或者"人往高处走，水往低处流"呢，因为表达有问题，前者的样本选择并不随机，后者是对相同的模式的不同表述。

这么说吧，无论是随机共振理论还是自组织临界性理论，都能为社会科学研究带来一些新想法。

5

再次提醒大家，噪声不只是声音，而是个在许多领域广泛应用的概念，通常指随机的、不规则的波动或干扰，其中也包括随机发生的错误或偏差。保留适度的噪声可以让信号传得更远，明白这个道理之后，顿时解开了我心中许多谜团。

我很早就注意到，如果一个人口才太好，语音标准，语速适中，既不结巴、重复，也不夹杂冗余词，他口头表达的效果反而不太好，感染力也不强。现在我明白了原因，口才太好意味着缺少噪声，过于流畅的表达会提高听众的感知阈值，让人疲倦。写作同样如此，行文要保留适度噪声，制造些许突兀和错愕，效果才更好，而过于流畅的文字不仅难以打动读者，甚至还会产生催眠效果。

我已经完全记不得《变形金刚·4》是什么情节了，我只记得看这部电影时，我差点睡过去。不是因为我不喜欢爆米花电影，相反我很喜欢；也不是因为电影画面不好看，相反正是因为电影画面自始至终都很精致，反而产生了催眠效果，让我记不得任何细节和桥段。同时我还明白了，为什么詹姆斯·卡梅隆的电影像诗一样流畅，但最终还是弗朗西斯·科波拉的电影给我留下了更多记忆点。

书法也是这样，高级的书法一定要保留噪声，要适度制造不和谐。古人很早就说过，“若平直相似，状如算子，上下方整，前后平齐”，那就不是书法了，只是印刷体。当然，太丑也不行，“丑书”不好看，因为噪声太大了。

其实人脸也是这样，我经常听人说：“她 / 他这张脸很漂亮，但不高级。”这话的意思就是缺少噪声。五官精致的面孔往往不是最抢眼的，而最有魅力的面孔总有某种缺陷；缺陷会放大优点，提高辨识度，增加记忆点。“平均脸”的演化意义是争取安全，而独特的面孔则能捕获记忆，因此，信号与噪声交互，共同被基因编程，演化为人类骨子里的审美标准。

我终于明白，原来“人无完人”不只是一句安慰话，它还指引了一种保留些许噪声的生活策略。这种策略不仅降低了追求完美的成本，而且能凸显优点，让个性更加鲜明。所以，有趣的人都是有毛病的。

超人一定要怕氪石，孙悟空一定要戴上紧箍咒，狼人一定要碰不得银器，吸血鬼一定要见不得阳光，路西法一定不能违背地狱规则，宙斯一定要有命运女神做克星，阿格硫斯一定要有“阿格硫斯之踵”，九尾狐一定要保护好自己的尾巴。这些强大的、貌似不可战胜的角色，都必须有个薄弱环节，否则就演绎不出引人入胜的剧情。法国球星齐达内在至关重要的比赛中意外犯规（以头撞人），这个瞬间令人遗憾，但却让他捕获了更多人的记忆，包括我——一个从来不观看足球赛的人。

只要英雄足够强大，甚至敌人也会变成有益的噪声。所以，无论是“苏张纵横”，还是“一时多少豪杰”，局中人都要相互致谢，因为他们彼此成就，互为信号与噪声。信号越强，与之相得益彰的噪声也越强。所以，英雄有多强大，在一定程度上取决于他的敌人有多强大。

我们喜欢调味剂，尤其喜欢吃点辣，还（偶尔）希望能吃到、听到、看到或体验到其他类型的“重口味儿”；我们喜欢看魔术、看恐怖片、听爵士乐,喜欢过山车,羡慕冲浪、蹦极甚或洞穴探险。总之,我们渴望新奇,捕捉偶尔心跳的感觉。但这些东西都是生活中的噪声!我们也喜欢喜剧和滑稽剧,但是请注意,绝大多数笑料都来自噪声——那些随机的错误、尴尬和意外。没错,我们更喜欢悲剧,它是更大规模的、宿命般的噪声,相对于无冤无仇、无惊无险的美好人生。

我有一次危险的经历,差点被吓死,但脱险之后,我内心平静如水却充满喜悦;还有一次,我差点被淹死,脱险之后躺在一张锈迹斑斑的铁网上,我居然看到了平生所见的最灿烂的阳光!

6

如果法律人明白噪声和信号之间相克相生的关系,就会刷新对许多法律问题的理解,至少有两个问题至关重要。

第一,法律是个高度重视信号传播的领域。法院裁判的功能,不只是解决纠纷,更重要的是向市场和社会释放激励信号,告诉人们怎样安排自己的生活。严格遵循证据法规则的裁判,难免出现实体意义上的错判(这是噪声),但这并非绝对的坏事,反而能使法律的激励信号传播得更远。一个人做了冤大头,等于用事实告诫其他人要吸取教训,妥善保存好证据,这会减少未来的纠纷和诉讼。**这就是"以讼止讼"甚或"以错止错"的负反馈循环,体现了司法最深刻、最重要的智慧**。司法不能"和稀泥",因为这个噪声太大了,将会彻底淹没法律的激励信号。如果债务人普遍认为法院很可能帮他们减轻债务,他们会怎么想?与其主动还钱,还不如等着吃官司呢。长此以往,诉讼的数量必然暴增。

第二,法律实施要保留适度的冗余。惩罚违法行为,是为了控制群体内部的噪声水平,法律不允许邪恶战胜正义。但建立"容错机制"和

“冗余机制”，则是为了保留适度的噪声。老子早就说过：“其政闷闷，其民淳淳；其政察察，其民缺缺。”法律人的眼里要能揉得进沙子。不允许犯错的社会是僵化的，也很难有创新，因为错误（噪声）和创新（信号）有时很难区分，创新往往就是试错的过程，保留适度的冗余，有助于增加社会的多样性，从而收获“多样性红利”。这一点，我在《法律简史》中都讲过了。现在，我再补充一条：适度的噪声不仅能让社会中的各种正面信号传得更远，还能让人更加珍惜岁月静好。

活到这把年纪，我深有体会。三四十岁时，我拥有大量时间可以自由支配，但并不珍惜。后来做了六年院长，时间被严重剥夺。如今时间失而复得，才真正懂得珍惜，不舍得浪费每一分钟。

说句自嘲的话，在法律人的圈子里，我算是个另类，拙作不太主流，在法律人的作品中就类似于噪声，但这并非坏事。且不说噪声和信号有时难以区分，即使注定是噪声，也能为法律人的圈子输入一点不和谐与多样性。毕竟，**法律人的知识图谱也需要一些噪声来碰撞，而真正的知识是不怕碰撞的，且适度的噪声还可以让信号传得更远**。

为什么越是复杂系统越需要简单规则？

/

鸟群的启示（下）

IX

简单也意味着经济。返还规则几乎不消耗智能体的额外认知，它在神经网络、基因编码乃至化学反应中均可自发实现，且无需中央调控与全局视野。越是复杂系统，越需要简单的底层规则维系整体的稳定性。

1

成千上万只鸟组群时，其飞行动态相当惊艳，宛如天空中的芭蕾舞者。每只鸟都看不到整个鸟群，但鸟群仿佛拥有自己的灵魂，可以通过每只鸟的眼睛看到一切。

假如你是一位动画设计师，任务是创作一段逼真模拟鸟群飞行的动画片，考虑到集群动态的高度协调性——仿佛受控于某个集中的指令，因此你的直觉答案可能是：为每只鸟分别设计一条飞行路径。假设鸟群规模是 100 只，你就要手动设计 100 条路径。

然而，这种叫作"全局路径规划"（Global Trajectory Planning）的设计思路注定失败，因为计算量太大了，算到天荒地老，你也做不出一段像样的动画。

让我们来简单计算一下。

假定鸟群数量为 N 只，飞行时长分为 T 个离散时间步（表示模拟过程中每一次状态更新的时间间隔，类似动画的"帧"）；在每个时间步中，每只鸟可选择的飞行状态（位置和方向）数量为 D 种。那么，如果你希望为每只鸟在每一时刻都规划出精确的飞行路径，则总组合路径数为 $D^{N\times T}$，即每只鸟在每一时刻有 D 种可能，总共 $N\times T$ 个决策点。你需要从中寻找一组最优路径，以满足整体协调且避开障碍物，你知道解决这个问题有多难吗？衡量问题难度的指标是计算复杂度。这一高维组合优化问题的计算复杂度为：

$$C_{\text{global}}(N,T)=O(D^{N\times T})$$

上述公式意味着，全局规划路径的计算复杂度会随鸟群规模和飞行时长呈指数级增长。你也许会说，不过是模拟一群鸟的飞行嘛，克服计算复杂度的指数级增长又有何难？为了让你直观感受一下任务的艰巨性，我给出一组保守的参数：

$N=10$（10 只鸟）；

$T=100$（模拟时长 2～3 秒钟）；

$D=10$（每时刻有 10 种飞行状态）。

这组数字意味着，哪怕只为 10 只鸟制作一段时长仅为两三秒钟的飞行动画，其总组合路径数量就已经高达 10^{1000} 条！这个数字远超已知宇宙的原子总数（10^{82}）。更何况，每增加一只鸟或每增加一个离散时间步，计算量都将再增 10 倍。如果一个优化问题包含指数级计算复杂度，那就意味着它实际上是不可计算的。

这有什么寓意吗？

寓意太多了，我只说一条——这意味着世界上不可能存在权力，因为行使权力的计算量太大了。指挥 10 只鸟的飞行就足以烧毁你的大脑，又有谁能指挥千军万马？

既然世界上没有权力，那么世界上也没有军队、国家和企业，甚至没有你和我——因为大脑没法指挥我们的身体。当然，这不是事实，世界上确有各种秩序井然的组织系统，也确有人能号令天下，指挥千军万马。

可问题出在哪里呢？

如果逻辑没问题，就说明假设出了问题。当我用数学公式证明你没法为 10 只鸟制作飞行动画时，实际上假设了每只鸟都没有任何飞行自主性，它们近乎死鸟。但这个假设不现实，问题就出在这里。

没有人可以指挥一群死鸟，就像没人能驱动一群僵尸。《生化危机》

里的丧尸和《权力的游戏》中的异鬼都是有“活性”的——它们都有一定程度的行为自主性，都能对刺激做出反应，能根据局部信息采取行动。它们都有简化的灵魂。

世界上之所以有权力，权力之所以能有效行使，是因为权力系统内部的子系统都是有活性的——能够自组织、自适应，自主搞定绝大部分事情。子系统的自主性强到一定程度，当然不会有权力；但若子系统的自主性太弱，权力照样会失灵。

指挥一个集团军并不容易，但不见得比管好幼儿园里的一个班级更困难。

现在你明白了“纲举目张”和“无为而治”的数学逻辑了吧。数学逻辑揭示了一个权力悖论：**你要想在某些问题上“说了算”，就要确保自己在更多乃至绝大部分问题上“说了不算”**。破坏子系统的自主性和自组织性，等于破坏权力本身。沙滩上的城堡是不牢固的。

小时候，我看过日本动画片《铁臂阿童木》，至今还记得一个情节：阿童木指挥一群机器人组成了一艘漂亮的战舰。阿童木是战舰的大脑，但战舰的每个组件都是活的机器人。如今想来，这个情节的合理性在于，组件机器人的“活性”降低了阿童木的计算量。如果他指挥一群死的零部件，还能组成战舰，那就不是科幻而是魔法了。

自然界的生命系统都有自组织的特征，包括但不限于动物、植物等生命有机体，蚁群、鱼群、鸟群等动物集群，村落、城市、国家、军队、公司等实体组织，以及互联网、全球市场、全球供应链等虚拟或准虚拟的网络系统。自组织的意思就是不需要中央调控就能维持系统秩序。

2

既然全局路径规划注定失败，那么作为动画设计师，你应该尝试另一个设计思路——“局部规则驱动”（Local-Rule-Driven Flocking），即让每只鸟只遵循一些简单的局部飞行规则。至于这么做能否创作出逼真的动画，姑且不论，试试看再说。

鸟群能在飞行时保持高度协调，至少说明每只鸟与其视野范围内的邻近鸟一直保持适当距离，因此，以下三条飞行规则不可或缺：

1. 分离（separation）：避免与邻近鸟靠得太近，防止碰撞；

2. 凝聚（cohesion）：避免与邻近鸟的质心距离过远，防止离群；

3. 对齐（alignment）：调整自己的速度和方向，以匹配邻近鸟的平均飞行速度。

如果每只鸟都能遵循上述三条简单的局部规则，结果会怎样？运气好的话，只需不断调试三条规则的权重，你就能创作出一段自然流畅的鸟群飞行动画。鸟群还能避开障碍物，被障碍物分开后还能重新聚合。但请注意以下两点：

第一，三条规则都是局部规则，只要求每只鸟在其视野范围内调整自己的位置，并没有一条规则明确要求“形成鸟群”。

第二，三条规则都十分简单，计算复杂度很小［仅为 $O(N \cdot k)$，其中，N 为群体中的个体数量，k 为邻近鸟的数量］，总计算量也很小，鸟的智力足以应付；且计算量只是随集群规模呈线性增长，新入群的个体承担了规模扩大的计算量，不给已入群的个体增加额外负担。

这三条规则就是著名的“Boids”模型，如今已成为计算机图形学和人工智能领域模拟集群动态的经典范式，被广泛应用于动画片、游戏和电影制作。首部利用“Boids”模型制作的动画短片是《史丹利与史黛拉：破冰》(*Stanley and Stella in: Breaking the Ice*，1987 年)，短片模拟了鱼群和鸟群的集群动态；此后还有电影《蝙蝠侠归来》(*Batman Returns*，1992 年)，其中有个场景是数百只蝙蝠从洞穴飞出，穿行于哥谭市的狭窄街道。许多你熟悉的电影或动画片（包括《狮子王》《海底总动员》《魔戒三部曲》《阿凡达》等），都使用了“Boids”模型或其衍生算法作为模拟集群动态的基础框架。

1986 年，克雷格·雷诺兹（Craig Reynolds）在 SIGGRAPH 会议上首次发表了“Boids”模型。虽然他没有介绍这个模型是怎样思考出来的，但可以肯定，模型并非来自严格的推理。因为，给定集群动态，我们没法依据任何数学逻辑和物理定律推测出局部规则；反之亦然，给定局部规则，也没法依据数学逻辑和物理定律推测出集群动态。

如今，在个体行为和集体行为、局部规则和全局秩序之间的认知鸿沟是用“涌现”的概念来填补的。当系统组件遵循简单的局部规则却能在全局层面呈现一些不可预测的额外属性时，我们就称这种现象为“涌现”。涌现不是组件的简单叠加，它经常被描述为“系统大于部分之和”，系统超出组件之和的额外属性，就是涌现出来的。

没错，涌现像是一个神秘主义概念，因为它定义的就是那些不能还原、不能预测的属性和现象。

一个飞行的鸟群远远不是一群飞行的鸟，一个忙碌的蚁群也远远不是一群忙碌的蚂蚁；而我们，也远远不是组成我们身体的几十万亿个细胞。我们大脑里的每一个神经元都有某种智能，但我们的智能完全不同于神经元的智能；鸟和蚂蚁也有智能，但鸟群和蚁群的智能完全不同于个体鸟和个体蚁的智能。

“智能是涌现的”，这句话不仅包装了神秘主义，而且有点同义反复，无非说智能是一种无法通过底层规则直接预测的属性。事实上，对于任何不可预测的属性，我们都倾向于认为其背后有某种心智的操控。鸟群和蚁群**似乎**拥有独立于任何个体的“集体灵魂”，而我们则确定拥有独立于每个神经元的“自我意识”。前者是个比喻，后者是个陈述；**至于比喻与陈述之间的距离究竟有多大，大概只有天知道**。

3

计算机可以帮助我们消解一些自然演化过程中的神秘主义因素。就像制作鸟群动画一样，你可以利用计算机仿真模拟解决许多复杂系统的演化问题，包括动植物的生长，它们是数学推理难以处理的。比如，你可以创造“计算机植物”——从单个根茎开始，然后用一些简单规则告诉每个分支如何长出叶子、花朵和子分支。虽然你无法从这些规则直接预测植物最终会长成什么样子，但由简单规则产生的灌木和树木都栩栩如生。如果不断调适这些规则，最终生长出来的“计算机植物”可以与已知物种高度相似。

这些基础规则本质上构成了计算机植物的“基因”，而最终生成的多样化形态则对应植物的“表型”。微小的规则调适（基因变异）即可引发植物发育过程中显著的表型差异。

计算机模拟也可以被应用于社会科学领域。仿真模拟能够揭示个体行为如何通过局部规则生成复杂的社会现象，从而突破传统数学方法对非线性动态系统的分析局限。其典型应用是基于主体的建模（Agent-

Based Modeling，ABM），自然人、组织、公司、国家等实体被抽象为"智能体"（Agent），被赋予一套行为规则、感知能力和交互机制。在模拟环境中，智能体根据局部信息做出决策，即使没有中央调控，系统整体仍可演化出复杂的宏观结构或社会现象。

相对于传统的均值化处理或连续函数建模，ABM 的核心优势在于能够准确刻画高度异质化的个体行为。每个智能体可以拥有独立的属性、决策逻辑和适应性策略，从而可以真实还原现实世界的复杂性。

更重要的是，ABM 创造了社会科学的"虚拟实验室"。在物理实验难以实现的社会领域，研究者可通过调节参数、设定初始条件或引入外部冲击观察各类干预措施的整体效果。你可以在虚拟城市中优化交通信号控制，在模拟市场中测试价格机制，或在人工社区追踪谣言传播与信任演变。这些非线性系统的反馈路径，正是传统线性分析难以解明的关键所在。

4

假设我们在计算机中模拟若干智能体在开放环境里的互动，并为环境及智能体设定必要参数，尤其是设定智能体的行为策略。假定每个智能体都遵循一条极其简单的行为规则：

你怎样对待我，我就怎样对待你。

这条规则意味着智能体之间的互动关系包含了相互奖赏和相互惩罚，因此可被称作"对等返还规则"，简称"返还规则"。它融合了"以牙还牙"和"投桃报李"，也与《圣经》中的"自己活也要让别人活"以及《论语》中的"己所不欲，勿施于人"不谋而合。我们可以将返还规则形

式化：设 x 为智能体受到的影响（输入），y 为其返还的影响（输出），返还规则要求输入与输出保持对等，即

$$y=x$$

若以横轴表示输入、以纵轴表示输出，则返还规则对应于坐标系中一条斜率为 1 的直线。沿着这条直线自下而上观察，则社会秩序的涌现机制清晰可见。（见图 1）

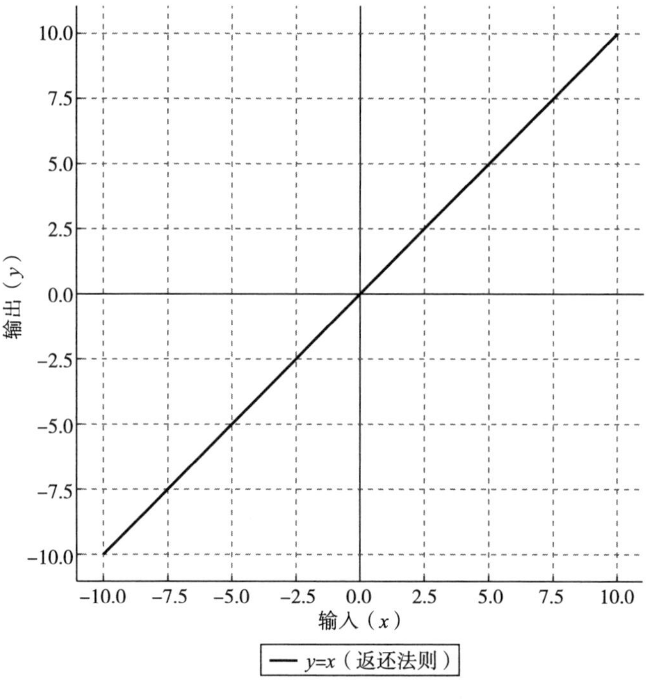

图 1　返还法则

在**第三象限**（$x<0$，$y<0$），智能体相互伤害、相互剥夺或相互惩罚，这种“以牙还牙”的状况貌似很糟糕，但其实不然。只要智能体能够预见到，伤害或剥夺他人必将招致相应的报复或惩罚，他们就能学会自我

克制（“己所不欲，勿施于人”），进而实现系统内的普遍和平——这是系统秩序的根基。

在**第一象限**（$x>0, y>0$），相互奖赏催生交易网络。从简单的相互赠与（“投桃报李”）发展出更复杂、更大规模的交易网络和共生系统，涌现出市场和产业链，进而实现社会分工。

在**第二象限**和**第四象限**会发生什么呢？这里是文明的“坟墓”。只有“恩将仇报”或“以怨报德”，属于“奖赏邪恶”或“惩罚善行”。与返还法则背道而驰的后果是“扬善抑恶”，非但不能涌现秩序，反而会摧毁文明。

仅凭一条斜率为 1 的直线，就足以创造和平、交易和市场，这条直线可被称为“秩序基线”。倘若在此基线上叠加不确定性、随机噪声、信息不对称、资源禀赋差异等因素，人类制度文明就会呈现出复杂的演化。但无论制度形态演化得多么复杂多样，返还规则仍是深埋于所有组织系统的底层逻辑，成为它们最古老的“同源基因”。

如果你试图勾勒人类制度文明演化的基本轨迹，那么返还规则就是最理想的起点。为什么？只因为它足够简单。只要我们承认，简单规则总是比复杂规则更早出现，那么返还规则就必定是最古老的制度逻辑——因为你找不到比它更简单的制度逻辑了。

事实上，返还规则不仅比人类制度文明更古老，而且比人类更古老。在农民与猎人交换肉食与粮食之前，海龟与裂唇鱼、蚂蚁与蚜虫就已经尝试了类似的交易。更早的交易甚至发生在线粒体与宿主细胞、染色体与细胞质之间乃至钠离子与氯离子之间。交易、合作、互惠与共生，这些不同的词汇描述了同一种制度逻辑。

简单也意味着稳定。返还规则能在任何尺度上构建稳固秩序。只要智能体在局部互动时共同遵守这一规则，宏观秩序就可以自组装且自扩展，呈现分形式的自相似结构。即便系统局部被破坏，其余部分仍可存活并重新扩展。“野火烧不尽，春风吹又生”。

简单也意味着经济。返还规则几乎不消耗智能体的额外认知，它在神经网络、基因编码乃至化学反应中均可自发实现，且无需中央调控与全局视野。越是复杂系统，越需要简单的底层规则维系整体的稳定性。

返还规则兼具最小信息需求、最大运行效率以及最强扩展性，是构筑复杂生命与文明秩序的底层逻辑。从原始汤中的分子竞争，到全球贸易网络，到整个生态系统，再到星际文明的“黑暗森林”（威慑均衡），这条穿越数十亿年的秩序基线始终贯穿于不同尺度的组织系统之间。

5

回到鸟群。利用计算机模拟鸟群的飞行动态，在技术层面并不复杂。首先构建一个三维虚拟飞行环境，在其中随机分布足够数量的“鸟状物”和障碍物；其次为每个“鸟状物”植入三条行为规则：分离、凝聚和对齐，这相当于为每个个体预设了一套基础行为算法；最后启动模拟系统，你就可以坐等显示屏上的“鸟状物”在交互中涌现出多姿多彩的集群动态了。

但是请注意：你不一定会成功。

遵循局部规则的“鸟状物”并不总能生成群体秩序。涌现的核心奥秘在于系统必须处于“混沌边缘”（Edge of Chaos）的临界状态——混沌代表高度自由与不确定性，秩序则象征稳定与低自由度。若将混沌视为破坏系统稳定的张力，将秩序视为维持结构的凝聚力，那么简单的“增加秩序”就能创造活跃的群体吗？事实恰恰相反。

当秩序彻底压倒混沌时，系统将陷入“超稳定结构”：个体行为机械僵化，丧失动态适应性、创新性与自组织活力。真正的涌现秩序诞生于混沌与秩序之间的临界点——“混沌边缘”。在这一微妙区间，系统展现出峰值复杂度。从神经元集群的同步放电到生态系统的复杂演化，诸多生命现象皆根植于此。

因此，成功模拟鸟群飞行的关键，不仅在于是否采用经典的“Boids”模型，更在于能否将系统精准调节至这一临界相变区——只有在“混沌边缘”，才可能涌现出生命特有的灵动、协调与创造性重组。

话说到这里，你可能觉得有点玄，其实我的感觉并不比你好。尽管截至目前，世界上没有人能把“临界状态”或“混沌边缘”说个清楚、道个明白，但“噪声”的概念仍可以为我们窥探真相提供一个线索。临界状态必然包含适度的噪声。

在“Boids”模型中，如果强制要求每只鸟都与邻近鸟严格保持固定距离，群体将迅速冻结；而允许随机飞行误差（噪声介入），鸟群反而能展现出惊人的协调性。同样，返还规则也不能要求智能体的行为在输入与输出之间保持严格对等，“投桃报李”的说法已经容纳了适度的噪声；而如果要求智能体必须“投桃报桃”或“投李报李”，那就不可能出现真正的交易市场、贸易网络和社会分工。

极端混乱的社会（人人可肆意妄为）必然崩溃瓦解，而乔治·奥威尔在《1984》中描绘的超稳定社会同样窒息生机。生机勃勃的社会应该处于混乱与稳定之间的动态边界上。

“混沌边缘”仿佛是大自然的“甜点”。自组织、复杂性乃至生命与智能都恰好处在这个“甜点”位置上。大约 40 亿年前，地球的“原始汤”中的分子链恰好捕获到了“甜点”的位置，它们形成了自组织、自催化的大分子结构，这或许就是生命的起源。

必须澄清一个关键认知：“混沌边缘”并非几何学意义上的点，而是一个高维相变界面。它如同分隔混沌与秩序的薄膜，纵使其理论厚度趋近于无穷小，仍可以容纳无穷多的可能性，从而让智能体拥有广阔的搜索空间，生命的演化因此可以永远新奇。

論直觉、想象力和AI助手

/

写给阅读《法律简史》的同学们

直觉存储于心灵深处，思考却往往漂浮在表层。想象力就是思考跨越壁垒的能力，而AI能够降低人类作者获得想象力的门槛。

1

十年前，我从义乌买回一个地球仪，放在办公室里，没事儿就看上两眼，用来疗愈我的脑子。很早我就发现脑子出了问题，问题来自世界地图。地图扭曲了我对世界的认知，日久生错觉，我称为“平面世界错觉”。比如说，从北京飞往旧金山，我的第一反应是飞机起飞后一路向西。这是错的，我也知道这是错的。但矫正错觉易，消除错觉难，大脑被错觉劫持，相当于受伤，需要疗愈，买个地球仪可算“对症下球”。

我知道从北京到旧金山的最短航线是地球的大圆线，飞机先向北飞，擦边北极圈后自然由北向南。但我在第一秒钟反应不过来。我也知道平面地图永远无法覆盖弯曲的地球表面，失真总是难免的——非洲被缩小了，还被拉长了，俄罗斯的版图被放大了，欧洲国家并没有看上去那么拥挤……但所有这些，我在第一秒钟都反应不过来。

第一秒钟的认知反应是直觉，错误的直觉就是错觉。很少有人注意到直觉对认知的系统性影响。直觉是不容易被矫正的，它像是人脑中被打上的思想钢印，无时无刻不在潜移默化，但你意识不到它对认知的影响，甚至可能意识不到它的存在。

人类进化出直觉是为了应急——节省反应的时间和成本。直觉既可能是对的，也可能是错的，对错有待于思考的后续检验。但检验直觉却不那么容易，你必须随时保持警惕，随时记得直觉只是直觉。可大脑总有松懈的时候，稍不留神，直觉就能逃避思考的检验，并且一次逃检成功，就容易次次逃检成功。**时间久了，直觉就会成为免检的认知，以致你分不清脑子里装着的那些观念，哪些来自直觉，哪些来自思考。**

一位著名的战略学家曾写道：“大国崛起于地区性守成，消失于世界性扩张”，且“霸权的扩张广度与其强度成反比”。这两个判断听起来都没毛病，甚至越想越有道理，扩张版图就要延长战线和补给线，因此摊薄资源，透支国力，难免捉襟见肘，乃至破绽百出，最终分崩离析。这个逻辑貌似很强大，但细想之下却发现，其根源却是“平面世界错觉”。

“球面世界”就不一样了。当大国扩张其版图超过球面面积1/2以后，继续扩张的战线只会缩短而不再延长，占领2/3个球面和占领1/3个球面的战线是等长的，但其控制的资源和战略纵深却可以翻倍。我把这种因地球曲率而带来的扩张优势定义为“曲率红利”，这是个在平面世界不会出现的概念。

即便清楚世界版图是一个球面，我们的战略思考仍可能被“平面世界错觉”入侵或劫持，并可能最终固化为牢不可破的信念。而要避免类似的认知错误，就不能指望思考随时去矫正直觉，而应致力于消除错觉、更新直觉。这并不容易，**抹掉头脑中的思想钢印需要时间，并且年龄越大所需要的时间就越长**。考虑到当时我已经年过四十，买个地球仪就不仅有必要，而且很紧迫。

矫正头脑中的“平面世界错觉”，我花了十年时间；矫正我的游泳姿势，也花了我十年时间。可如果我现在只有十几、二十几岁，则无论是矫正错觉，还是矫正泳姿，也许只用我半年或一年时间就足够了。但明白这个道理，我花了几十年。如果我不是老师——或者即使我是老师，但不是法学院的老师——都可能至今还不明白。

在法学院任教后，我教过不少课程，但不管教哪门课，我都试图让同学们掌握法律经济学的分析方法。我总是唠叨，法律经济学是一种远比传统法学强大得多的认知工具，你学会了，掌握了，你的思考就能长出牙齿，随时咬得住耳闻目睹的猎物。法律不是一个深奥的领域，法律经济学也不难学，它甚至比传统法学更简单——理论很完整，不破碎，也因此省去了很多术语和行话。

说归说，事情并不像我说得这么乐观。我逐渐发现了问题的复杂性，**教学很容易，教会却很难；理解很容易，但理解没多大用；理解只能**

让你的思考长出一口假牙，但假牙啃不了硬骨头，真牙是长在肉里的；只有内化为直觉的知识，才是长在肉里的真牙。我们来做个简单的实验，我依次读出下面的10个判断，每个判断间隔5秒钟，你感受一下自己的认知是否会受到触动。

（1）传统法学上的所有描述主观心理状态的概念，都属于逻辑上的同义反复。

（2）先占的生态学基础，是盘踞者相对于闯入者的先天优势。

（3）优先购买权制度是让特定主体利用第三人报价来反制出让人敲竹杠的一个博弈工具。

（4）证据优势规则的隐含前提，是忽略不同当事人的错判损失和证明成本的差异。

（5）合同法规定了不可抗力，但最好再加上一句"当事人另有约定的除外"。

（6）"我说你就信吗？"这句话的适用场景包括但不限于赠与、重大误解、缔约上过失以及表见代理。

（7）惩罚高利贷和非法转贷的刑事法律很难实施。

（8）侵权法上的危险行为和刑法上的危险犯，两者的区别在于行为本身的透明性以及与此相关的"破案率"。

（9）社会危害性、人身危险性以及期待可能性等，都是伪装的指标，它们原本都是形容词。

（10）法益的概念有更好的替代。

以上10个判断都是传统法学的教科书上不曾讨论过的，甚至法律经济学的教科书也鲜有涉及。是非对错姑且不论，现在我要提出两个问题：第一，你能依靠自己的思考想清楚支持/反对这些判断的因果关系吗？第二，你能在规定时间（5秒钟）内想清楚吗？

之所以强调思考的时间，是因为时间是衡量知识内化程度的一个关键指标。你可以不断学习新知识，但新知识很难帮助你发现新问题。所谓“新问题”，就是你可以想通但别人还没想通的问题，它是创造知识的产地或切入点。知识生产可以类比为开矿，发现切入点就像选准采矿点一样重要。**新问题随处可见，但问题意识来自直觉；问题意识就是你探测知识产地的能力，它是高度竞争性的**。如果你不能在一秒钟甚至几秒钟之内觉察到这是个问题，那么很可能你一生都不觉得这是个问题。

理解上述 10 个判断的因果关系，我认为理想状况是不需要思考，只靠直觉就应该能搞定。这些判断都很简单，但可以作为思考的切入点，沿着这些切入点继续思考，你就能理解更大的问题，就像采矿要从矿点到矿脉、再到一个大矿场一样。但也因为切入点太简单，所以很不显眼，万花丛中它只有被你看一眼的机会，思考总是步履匆匆，**一秒没看上，错过就是一生**。

一秒钟也许太苛刻，放宽一下标准，如果你感觉 5 秒钟的时间足够富裕，那我就要恭喜你，你的知识框架已经内化成了直觉。这会给你带来颠覆性的认知革命，法律的天地在你眼里必将焕然一新。

你的知识和大脑已经融为一体，它们像是长在你肉里的东西。直觉是根，根深则叶茂，很多新知识可以自动涌现，无需你冥思苦想。很多问题你能一眼看透，大部分脑力可以节省下来用于专项的思考任务。你会感觉自己的思考就像长出了牙齿，能咬住各种各样的猎物，哪怕有些只是过眼云烟；又像长出了翅膀，可以轻松飞越不同的领地，而不问领主是何方神圣。你能辨识出不同领域里的相同模式，然后按照模式而不是按照教科书的分门别类对脑子里的知识重新整理，重新编码，再把它们压缩进一个很小的空间，这样你可以释放更多的剩余脑力。想象力和创造力不招自来，它们都是大脑的余力。你仍然对各种未知保持好奇，但却是放松的、慵懒的好奇。你甚至可以变废为宝、化腐朽为神奇，能从烂书中读出营养，追剧或打游戏都能触发你的灵感。你不再关心问题意识，不再和别人讨论研究方法和思维方式，因为不需要了，你的头脑已经从锄头变成犁，别人锄过的土地，你还可以再犁一遍，而翻出来的土壤仍是新的。你会发现有太多田野是空旷的……

必须就此打住，再说下去就像是在画饼了，但我真的不是在画饼。人类大脑是高度模块化的，不同的知识存储于不同的位置，同样的知识也可以存储在不同的位置，知识存储的位置不同，知识的效能就有天壤之别。**直觉存储于心灵深处，思考却往往漂浮在表层。学习的关键不是理解，而是把理解深化成直觉**，相当于把大脑前额叶皮层的知识转存入杏仁核和基底神经节，这需要长时间的反复训练。学不在多，而在于精。“不怕千招会，就怕一招绝。”博学不是竞争力，敏锐才是。

2

两年前，《法律简史》出版，毁誉参半，好评和差评的反差极大，说明本书的风格和特色很鲜明或很另类。我尊重同学们的所有反馈，批评是一种免费的智力援助，也是将来我修订本书的重要参考。即使有误读，我也有责任，要考虑怎样减少误读。

本书副标题是“人类制度文明的深层逻辑”，不过还是李同学说得对，与内容最贴切的，其实是英文标题“*Evolution of Human Institutions*”。本书没有传统意义上的真实历史，只有演化意义上的历史逻辑。但标题不是我的指挥棒，我不是根据标题去写作的，而是写完内容之后才去想标题的；甚至内容也没有明确的规划，本书之所以是这个样子，不是我一开始想要的就是这个样子，而是我最终把它写成了这个样子。

写作最伤脑筋的地方，是如何有条不紊地呈现内容。知识是网状的，但写作思路必须是线性的，要循序渐进，按部就班，用线性的思路去编织一张“知识网”，难点在于手段和目标之间的天然张力。我很清楚需要在两者之间寻求妥协，理想中的“知识网”就算了，能呈现一棵枝繁叶茂的“知识树”，我就很知足了。但贪婪总是难免的，稍不克制，编网的冲动就会沉渣泛起。细心的同学能觉察到我的纠结。

写作也是整理思考，过程中总有新发现，最让我欣喜的发现，是“以眼还眼、以牙还牙”的同态复仇居然可以用一个简单的数学公式来描述，即 $y = x$，它恰好是最简单的等比例函数，恰好是一条斜率为 1 的直线，并且“投之以桃，报之以李”以及“己所不欲，勿施于人”之类的古老教条，也恰好同在这条直线上。当然，这些巧合都不是巧合，而是冥冥之中自有定数。

当我发现等价惩罚和等价赔偿可以分享这条直线的时候，就找到了民法和刑法的共同源头；当我继续解读这条直线穿越原点进入第三象限的意义的时候，就把法律和市场联结在了一起。在《法律简史》中，这条直线被重新命名为“返还法则”，它就是文明之根。凭什么？就凭它简单！**简单总是先于复杂，如果你找不到更简单的制度逻辑，那我就可以心安理得地宣布“返还法则”就是人类制度文明的演化起点**。无论文明有机体呈现出多么眼花缭乱的变体和外观，它的根就在这里，直通生物学乃至物理学。从这个简单的起点讲述人类制度文明的演化过程，不但开辟了广阔的理论纵深，而且让《法律简史》不再徒有虚名。

回头再看，这个发现本身难道不是很简单吗？是的，非常简单，简单得不能再简单。但问题是，这么简单的道理，你靠自己的思考也能发现吗？老实说，发现简单不比发现复杂更容易，因为简单的东西更容易令我们熟视无睹。关注和警惕都要消耗脑力，我们通常不会把珍贵的脑力轻易花费在那些明显不可能有任何产出的简单问题上，除非大脑有足够的余力。

《法律简史》分析任何问题的思路都是非常简单的，简化为两个字就是“算计”。算计就是成本—收益分析，就是“两利相权取其重，两害相权取其轻”。算计贯穿全书始终，当然内容主要是制度性的算计，不限于法律，也包括非正式制度——那些不成文的社会规则，还有人性——那些被基因编程从而写进我们骨子里的制度。在不同的算计场景中，条件会变，结果也会变，但算法永不变。该书第 2 章分析了几十个案子，方法却是一样的算计，并且同样的算计在第 1 章就已经反复出现了无数次。法律的算法、市场的算法、生态的算法，基因的算法，本质上都是一样的算法。

算计是一种原始的、低级的思维方式。《法律简史》把算计坚持到底，并对任何高级理论都保持警惕，还顺便把几个有影响力的高级理论还原成了算计。我们生来就会算计，也离不开算计，但却常常厌恶算计，毕竟算计太累了，**人类创造出高级理论就是为了迎合思考懒惰，惰性会让我们的思考不由自主地高级起来。滑向高级很容易，保持低级却很难**。

写作《法律简史》，我已经意识到直觉的重要性，但当时的理解还不够完整。我模糊地意识到，阅读不仅是个获取知识的过程，而且（或更应该）是个反复训练的过程——训练怎样算计以及怎样坚持算计。阅读《法律简史》的一个简单方法，就是把全书看成一套制度性算计的题型汇编。内容不能重复，但我努力提供多样化的算计场景，以呈现算计的方法在不同制度场景中的强大穿透力和强大解释力。

如果读者感觉到，那些理所当然或天经地义的教条或教义，还要被重新算计、重新检验乃至重新校正，就难免有被冒犯的感觉，而且，与挑战观念相比，挑战直觉是更严重的冒犯。这是本能心理防御，重点不是保护自己的观念，而是保护自己的直觉。但在我看来，这种冒犯是必须的，在一定意义上还要强化冒犯的程度，为此《法律简史》频繁切换算计场景，从一个场景切换到另一个场景，经常让人猝不及防，尽管两个场景之间有高度相似的模式。

并非没有克制，我意识到切换算计场景需要把握好分寸——切换太猛，容易制造阅读障碍；切换太柔，就缺乏张力、冲击力和冒犯力。在本书出版之前，我已经做了试探。第 1 章就曾以“法律前传系列”为题，于 2020 年前后在“中法评”微信公众号连续推送，我想了解读者的反馈，但当发现留言区的反馈尚可之后，我的胆子就大了起来，写作越发肆无忌惮。加上那段时间正在看美剧《致命女人》，快节奏的剧情爽到我了，但同时也带快了我的写作节奏。

《法律简史》内容庞杂，显得作者很博学，但这是个假象。我只是在不到两年的时间里集中阅读，快速收集了一些我需要的写作素材而已，现炒现卖，现在差不多已经忘光了。但有一样东西忘不掉，那就是我的认知框架，它已经和我的大脑血肉相连。有时候我也会想，是不是我被这个所谓的认知框架给套牢锁定了呢？是不是我给自己套上了一个认知枷锁从此看不到外面的天空？答案几乎是肯定的，但我同时认为，每个人都会困在自己的认知枷锁之中，要打破枷锁，最好的办法莫过于先去试戴一下别人的枷锁。

3

我开始写作《法律简史》的时间大概是2019年，倘若这个任务拖到现在，写作进程应该会顺利得多。短短五年，时代就变了，一系列基于大语言模型技术的AI助手已经横空出世，它们的功能越来越强大，可以帮我节省大量写作时间。在很多人眼里，AI助手不过是个玩物而已，它甚至算不上升级版的搜索引擎；但在我眼里，它有难以预测的潜力，在不远的将来，它可能重塑学习、教学乃至学术研究的面貌，甚至可能掀起一场认知革命。

以写作《法律简史》为例，我在第2章讲述了“事故降级”的道理，即法律允许人们以较小的事故替代较大的事故。刑法和侵权法上的紧急避险、合同法上的效率违约和情势变更，都符合事故降级的逻辑。事故降级的逻辑当然还会发生在其他领域，包括社会的方方面面，甚至设计师和工程师会将其应用于机械工程（小故障可以防范大故障），大自然会将其应用于生命有机体（小病可以防大病）。

在第4章，我用事故降级的逻辑勾勒了纠纷解决的演化史，以此解释了诉讼的起源。诉讼起源是个大事件，但不会留下任何文字记载，因为诉讼的历史比文字更古老。不过，根据事故降级的逻辑、再利用想象力，我可以推测它的起源。战争是最大规模的冲突，当冲突双方约定用一场限定时间和地点的决战或会战来替代大范围的长期战争时，事故就降级了，至少避免了游击战、壕堑战以及对乡村和城市的掠夺。决斗很难替代战争，但很容易替代复仇。既然青少年能想到用街舞竞赛来替代决斗或殴斗，那么成年人想到“君子动口不动手”就更是顺理成章。至此，诉讼起源的条件就基本满足了。只要冲突的规模和烈度不断降级，最终降级为诉讼几乎是不可避免的——它是代价最小的冲突。

但完成上述写作任务并不容易，道理想通了，还要找素材，仅查阅文献资料就花了我很长时间。但要是拖到现在，写作过程就会简单得多。先让 AI 助手学会事故降级的道理，然后让它去寻找素材，它不仅知道法律领域里的各种事故降级，而且知道所有领域里的事故降级——从货币政策、财政刺激，到舆论引导和分级危机管理，再到气囊、保险丝、减压阀、地中海贫血、囊性纤维化以及 CCR5- Δ 32 基因突变，都符合以较小事故替代较大事故的逻辑。

AI 助手在信息整合和模式识别方面的能力超过人类专家，它能轻松识别不同领域里的相同或相似的模式，快速整合海量的跨学科知识。只要你有个 idea，然后让它理解你的 idea，只需一声令下，它就能源源不断地给你提供信息和素材。你还可以就任何一个知识点继续追问，直到认知分辨率可以满足你的认知目标为止。我预感到，倘若由人类专家提供创意和灵感，再由 AI 助手提供信息和素材，那么两者合力形成的叠加优势将彻底改变学术研究的面貌。

历史学是我的知识短板，这个短板严重制约了《法律简史》的写作。但历史是个庞大的数据库，文献浩如烟海，即使我守着一座图书馆，也不容易把我想要的历史知识精准检索出来。我曾下决心要花上一两年时间集中阅读，补上这块短板，但现在感觉这项工作已经不那么紧迫了，因为有 AI 助手了。

金融也是我的盲区，读过几本教科书，总觉得不得要领，找不到那种回答问题发自内心的感觉。但现在有 AI 助手了，它可以让我对陌生领域的学习更有针对性，部分学习可以简化为人机互动——遇到不懂的问题，我可以问 AI 助手，然后不断追问，打破砂锅问到底，直到问题的答案能够对接我已有的直觉为止。尽管这种学习方式不能替代阅读，但可以作为阅读的辅助，并且肯定能提高阅读的效率。

4

前阵，我的手腕意外受伤，打不了字，每天工作之余，除了阅读就是和 AI 助手语音聊天。回头看简直是因祸得福，我和 AI 助手的聊天有文字记录，全被我随手转存手机备忘录。一周后整理这些记录，竟有 38 万字之多。于是一本书的草稿有了雏形，书名就叫作《球面战争》。

不知从什么时候开始，我的“平面世界错觉”被抹掉了。每逢听到“世界”两个字，我的第一反应就是一个球面，而不再是一个平面。《球面战争》的全部思考来自一个非常简单的直觉——世界是个球面。但就是这个简单的直觉，系统性地改变了我对国家战略的认知和思考。古人也有战略思考，但都是基于对平面世界的想象，合纵连横，远交近攻，抑或“武经七略”，讲的都是平面世界里的战争和战略。

但球面世界不同于平面世界。在球面上，任何一块区域的周长都等于其补集区域的周长，两个区域共享相同的边界曲线，这一源于球面的拓扑和几何特性的结论，就成了《球面战争》全部理论假说的基础。这不是很简单吗？是很简单，简单得不能再简单，但还是那句话，越是简单就越容易被忽视。简单的道理只是一个起点，要从这个起点开始拓展出一套理论，就不那么容易了。

我想把这本书写出来，它应该有以下几个看点：(1)新颖有趣的 idea；(2)完整的构思；(3)出乎意料的推论；(4)分析能力强大的概念组合；(5)AI 助手的深度参与；(6)作者的无知。最后一点尤其重要，作者是个彻头彻尾的外行。第一，我不是军迷，不懂战争，不了解武器参数，不知道舰船和战机的打击能力；第二，我对世界主要国家的资源、经济、政治、文化只有一知半解；第三，我虽然读过一点国际政治学和国际关系史，但最后阅读时间差不多截止到二十年前；第四，也是要命的，我对战略地理学和地缘政治学非常陌生，就连卡尔·冯·克劳塞维茨、哈尔福德·麦金德、阿尔弗雷德·赛耶·马汉、科林·格雷、保罗·肯尼迪、兹比格涅夫·布热津斯基、米尔斯·海默这些大名鼎鼎的人物，我也不过是从AI助手那里才了解到他们的主要思想。

但也因此，《球面战争》的最后一个看点最有意义。它可以展示，一个智商中等偏上的小白，记忆力和学习能力严重衰退的中年人，在某个领域的知识积累几乎为零，利用AI助手，在10天之内所能达到的知识水平。这里没有任何炫耀的成分，我只是试图让一系列问题的讨论不再无的放矢：基于大语言模型技术的AI助手可能带来一场学习革命吗？以阅读和上课为主的学习方式在多大程度上可被人机互动所替代？在某个领域深耕多年的人类专家有无可能遭遇外行和AI联手的跨界竞争？专业槽被淡化是肯定的，它可能消失吗？

我并不急于把这本书写完，既然能在7天之内就完成草稿，那我何不再用50天时间重写10次？在AI助手的帮助下，重写书稿变得轻而易举，无非把过去的提问或提示整理之后再次输入，让AI助手重新回答一遍。每一次重写，我都会优化提示。提示每迭代一次，AI助手回答的内容就迭代一次。既然如此，那么重写10次的草稿肯定比现在的草稿要好很多。如果《球面战争》有机会出版，我会公布全部提示，附在结尾，全部提示的篇幅加总，也不过几页纸。这是一种全新的写作方式。

如果采用网络出版，我会把《球面战争》写成三个版本：10万字的mini版、30万字的pro版、50万字的max版，以满足不同读者的需要。理论上，《法律简史》也可以再出一个15万字的mini版和一个80万字的 max 版。如果条件允许，未来我会把《球面战争》和《法律简史》在网络空间彻底开放，把它们变成人人都可参与创作的知识共享平台。新的写作模式必将带来新的知识传播模式。

几十年来，我亲身经历了写作方式的多次变化。30 年前我做兼职律师时，每家律所都要订阅一份叫作《司法文件》的内部出版物，否则律师就无从掌握新出台的法律法规，但有搜索引擎之后就不再需要了；20 多年前，我写作博士学位论文期间，还要从国家图书馆复印英文文献，但有各种数据库之后就不再需要了。自从写作不再用笔和纸，而是用电脑敲字之后，我写任何东西（包括《法律简史》）都没再列过提纲，因为不需要了，每一段文字都可以随意变换位置。

以前的草稿存储在软盘、优盘、光盘、硬盘、网盘里，在云存储应用之前，谁要是弄丢了存储草稿的各种盘，那非得哭死不可。但现在我没有一点担心，《球面战争》几十万字的草稿存在电脑和云端，就算电脑被砸了、云端被烧了，我也连眉头都不会皱一下，因为我的 idea 丢不掉，它随时可以变成一个提示工程，输入 AI 助手的对话框，然后就可以坐等内容再现。

AI 承认它缺乏灵感和创意，但不管事实怎样，没有灵魂的写作肯定首先被 AI 替代。很多形式主义的写作任务（包括检讨书、悔过书、学习心得、不走心的经验交流以及冠冕堂皇的致辞和发言等），都会因为 AI 的介入而失去其仅存的形式主义价值。甚至研究生毕业论文的意义也会被削弱，这是对研究生教育的一个巨大挑战。在现行教育制度之下，要求研究生毕业论文有原创性学术贡献是不现实的，但只要放弃了原创性要求而只求稳妥过关，那么让 AI 助手代劳的保险系数必将超过亲力亲为。

AI宣称它拥有跨领域的模式识别能力，果真如此，它就能降低人类作者获得想象力的门槛。**想象力就是思考跨越壁垒的能力，让一个议题对接另一个貌似无关但实际上高度相关的议题**。钱钟书先生的比喻充满想象力，比如他形容某人笑得含蓄——“像天桥打拳人卖的狗皮膏药或欧美朦胧派作的诗”。很少有人能把笑容和狗皮膏药、朦胧诗联系在一起，但钱先生就看到了三者之间的相同模式。

想象力有利于让认知跨越不同领域，不同领域的知识因此可以相互验证、相互补充。以前述第6个判断为例，赠与、重大误解、缔约上过失以及表见代理，这些看上去非常不同的法律议题，其实都涉及如何避免交易中的误会，相应的责任分配需要比较双方当事人避免误会的成本，责任可能在于信号发送方，也可能在于信号接收方。“我说你就信吗？”这句话的意思是：“你作为信号接收方要对我们之间的误会承担主要责任或全部责任”，潜台词是：“我可以乱说但你不可以轻信哦”。信号传输的问题广泛存在于大量法律制度之中，包括但不限于通知、告知、公示、提示以及信息披露。信息工程领域里的大量概念，例如，调制、解调、信号、噪声、抗噪、冗余、CRC校验、重传请求、信号滤波等，在法律制度中都有对应的描述。

拥有想象力的好处是，别人眼里的分散议题，在你眼里是整合在一起的，因此你只用一个抽屉就能装得下别人需要很多抽屉才能装下的东西。压缩知识的好处是可以释放更多的剩余脑力。其实理论的功能之一就是压缩知识，使思考变得更加经济、更有效率。如果你脑子里记忆了数以千计的勾股数，而我懂得勾股定理，那么即使我们的知识效能不分伯仲，我仍比你技高一筹，以勾股定理替代数以千计的勾股数，可以大大节省我的记忆空间。

大语言模型在法律领域里的模式识别能力仍然很薄弱，它识别不出那些隐蔽的模式。比如合同法规定，赠与人在交付赠与物之前可以撤销赠与，AI 看不出这条法律同样隐含了信号传输的问题。如果受赠人把赠与人的假意当成了真心，那么法律决策者就应该归咎于受赠人的轻信，而不应归咎于赠与人的乱说。换言之，假如赠与人在法庭上责问受赠人——“我说你就信吗？”那么法官通常应该承认赠与人如此抗辩是合理的。

要辨认出诸如此类的隐蔽模式，还得需要人类专家的想象力。想象力受时间约束，因此需要敏锐的直觉。如果你不能在一秒甚至几秒之内想象到隐藏于赠与制度中的信号传输问题，那么你可能在余生都会熟视无睹。我承认《法律简史》的写作在很多方面都不够严谨，但我相信它自始至终都不缺乏灵感、创意和想象力。也因此，它在 AI 时代可能会幸存很久。

由此我想到一个问题：什么样的学习方式最能适应 AI 时代？我给出的答案是“框架式学习”。你需要掌握一个通用而非专用的认知框架，尽可能跨越不同的领域，它就像可以覆盖全球的世界地图，比例尺是可以随意调整的。在 AI 的帮助下，你可以随意选择对某个区域的认知分辨率，粗细大小取决于你的认知目标，学习可以做到收放自如。保留认知盲区并非不可以，有时甚至是必需的（哪怕只为节省脑力），但你需要知道盲区的位置。

“掌握”的意思不是理解，而是把理解深化为直觉，也就是把元认知技能自动化。“通用”的限定也非常重要，如果一个概念或教条只能解释特定现象、特定事件或特定领域，那它一定不是优质的认知工具，或者干脆说它不够“智能”，因为它不具备压缩知识的能力——没错，智能即压缩。如果你脑子里塞满了一些孤零零的概念和彼此割裂的教条，那就很不幸了，非但提高不了认知水平，反而会让大脑受伤；你的认知空间只是一个孤岛，而且孤岛内部是一些破碎的小岛。

“框架式学习”可以产生规模效应和级联效应，学得越多，学习越省力，因为新知识被压缩之后占不了多大空间，就像大国版图扩张超过球面一半的面积之后，继续扩张版图并不延长战线一样。只学民法，学不通民法；只学刑法，学不通刑法；只学法律，也学不通法律。学习的捷径是绕远，就像从北京飞往旧金山的飞机，貌似绕远的大圆航线才是真正的捷径。

不是说“学不在多而在于精”吗？没错，但这不冲突，因为知识可以压缩。天罗地网够大了吧，它压缩之后的体积和面积都可以趋近于零。世界上有两个反馈机制，一个是正反馈机制，对应于知识的累积效应，暗示学得越多越容易学；另一个是负反馈机制，对应于学习效率的边际递减，暗示学得越少越容易学。学习过程中这两种看似矛盾的现象，实际上反映了学习的复杂性和多维性，正反馈机制和负反馈机制在学习过程中可以并存。讲清楚其中的道理比较麻烦，简单说只有一句话：学习就像捕猎，静若处子，方能动若脱兔。

电影与文学

世界之所以是这个样子，不是因为它原本就是这个样子，

而只是因为我们把它理解成了这个样子。

Movies
and
Literature

为什么只服一把手？

只服一把手的流氓智慧不见得出自事先的精心设计，它完全可能是长期摸爬滚打的经验提炼。

MOVIES AND LUITERATIRE

他头脑简单却孔武有力，他经常欺凌弱小但偶尔也会抱打不平，他本质上狭隘自私表面上却是慷慨义气，他喜欢喝酒但更喜欢酒后惹是生非，他行事鲁莽但也并非全然不计后果，他犯错误的数量虽多但性质通常并不严重，他几乎不把任何人放在眼里并且几乎没人能管得了他，除了这个单位的“一把手”。

——是的，他只服一把手。

每次惹下麻烦，他都会摆出一副天不怕地不怕的架势，但只要一把手出面，他就立刻服软，行为举止看上去竟像个做错了事的孩子。

这个“一把手”可能是马局长，或是牛主任，或是杨书记，或是熊校长……总之，“一把手”就是这个单位权力最大、说话最算数的那个人。这里所说的“他”，实际上是“他们”，不是一个人，而是一类人。稍有阅历的人都不会对这类人感到陌生，即使从未打过交道，也至少听人说起过。

《水浒传》里的黑旋风李逵可算是这类人的杰出代表。此人生性残暴，蛮横嚣张，只认强盗逻辑，不讲团队精神，一言不合，老拳相向，抡起斧子就砍人，堪称“土匪中的土匪”。虽有一把蛮力气，本事却很有限，算不上武艺高强，也没立下过像样的功劳，倘若将功折过，他应该算是梁山泊上的“负资产”。可偏偏就是这样一号人物，却能在土匪窝里混得如鱼得水、威风八面，靠的是什么？没错，只服一把手，李逵深谙其中的奥妙。

李逵对二把手卢俊义的蔑视是明目张胆的，对三把手吴用的服从则是机会主义的，至于梁山泊上的其他土匪头领，则基本不被他放在眼里。唯有对大头领宋江，李逵却是死命效忠。只服一把手，如此简单的行为模式，性价比却是极高的，它让李逵以最小的代价融入了体制，并把自己的行动自由扩张到了体制内的极限。

宋江对李逵的态度是放任在先、庇护在后。先让李逵惹点麻烦，在局面失控之前，再由他亲自出面，收拾残局。过场还是要走的，少不了一通叱骂，但责罚其外，袒护其中。李逵低头认错，心中却是感恩戴德，越发觉得自己当初没认错“哥哥”。但此二人的关系，名为兄弟，实为主奴。

在无数次摆平李逵的过程中，宋江屡屡显示出他作为一把手不可替代的作用，李逵惹下的每一次麻烦都可随即转化为宋江强化权力和炫耀权力的机会。于是，这个“众好汉”眼里的惹祸精，这个“猪队友”，到了宋江那里就变成了一张好牌、一条好狗。好狗必须忠诚，最忠诚的狗只认一个主人；好狗还必须能咬人，不咬人的狗充其量是个宠物。最好的狗，是集奴性和兽性于一身，且奴性和兽性都能精准无误地靶向投射——在主人面前是奴，在众人面前是兽。

然而，倘若李逵只是宋江的一条狗，他在梁山泊上就会威风扫地，充其量争取到一个狗腿子的待遇。土匪窝子里不乏好勇斗狠之徒，想给宋江当狗的人多了去了，竞争必定异常激烈，即便侥幸胜出，也至多受宠一时，和李逵的持久风光不可同日而语。可其中的差别又在哪里？答案是，李逵成功地为他只服一把手的狗腿子策略披上了一件道德外衣。流氓策略一旦被正当化就变得威力无比。

为此，李逵会抓住一切机会向“众好汉”宣示：他之所以只服宋江哥哥，不是因为宋江是一把手，而是因为宋江具备别人不具备的某种美德；他李逵是个讲原则的人，不是他选择了宋江，而是他的原则选择了宋江。如此，李逵臣服于宋江，就不仅是“忠”，而且是“义”，忠义双全，因义而忠，真正践行了梁山泊上的核心价值观。

只要李逵塑造出一个性情耿直的“真汉子”形象，宋江就不仅可以借助李逵来强化权力，还可以利用他的死忠来提升自己的道德形象，他对李逵的包庇、袒护和纵容也可以因此变得名正言顺。宽厚不也是一种美德吗？

可毕竟“义气”不是讲出来的，行动比语言更响亮。李逵的过人之处是他敢于用行动来证明他的“义气”。在得知宋江抢了刘太公的女儿之后，李逵勃然大怒，冲上梁山，砍倒了杏黄旗，把“替天行道”四个字扯得粉碎，还拿了双斧，抢上堂来，要去杀宋江。局面一时很混乱。

不过，李逵的行为着实令人费解，他可不是什么“忠义汉子”。在扈家庄，他可以把扈太公一门老幼悉数杀尽；在沧州府，他可以把四岁小孩的头颅一劈两半；在江州劫法场，他可以不问军官百姓，杀得尸横遍野，血流成渠……这等杀人魔王怎会在乎一个小女子的命运？为这个素不相识的小女子而破坏他和宋江之间的多年默契值得吗？下面的系列独白揭示了李逵的内心世界，或许可以解开这个谜团。

◎ 任何人，包括我李逵，都可以为非作歹，唯独你宋江不可以；我口口声声敬你是个不贪酒色的好汉，这下好了，你抢了刘太公的女儿，我李逵只服你宋江还有什么正当理由？这么做毁掉的可不只是你自己的道德形象，我李逵在梁山泊上的生存法宝也被你一同葬送了，你这不是把我往死里逼吗？

◎ 你宋江的假道学，我李逵心知肚明。阎婆惜的事儿我早有耳闻，李师师的事儿我也看在眼里，当初若不是我当机立断，说不定你还霸占了扈三娘！这些年你让我操碎了心，我李逵天不怕地不怕，就怕你的假面具不小心掉下来。

◎ 即便我李逵心甘情愿继续给你当狗腿子，可大家怎么看？一旦你的假面具掉下来，我的丑恶嘴脸也盖不住了，咱俩这些年的沆瀣一气、狼狈为奸岂不是要被大家一眼看穿？没了遮羞布，你还敢像过去一样袒护我、纵容我吗？想必你也没这个胆量。

◎ 你抢人家的女儿，别让我撞见也倒罢了，我还可以睁一只眼闭一只眼，揣着明白装糊涂；反正大家都知道我傻，装傻充愣也是我的拿手好戏。可眼下这次我装傻也装不成了，出事儿时燕青这厮就在我跟前儿，我捂不住人家的眼睛啊！燕青是什么人你也知道，他可是二把手卢俊义的人……

◎ 我当然不是真要杀你，可我必须摆出个杀你的架势啊！我先大闹一场，就是给你个预警，好让你有个闪转腾挪的时间。想必其他人也不会袖手旁观，只要他们出来阻拦，我闹得再凶也伤不到你毫发。你应该明白，我若是真想杀你就不会闹了，静悄悄走到你身边，冷不丁一板斧砍下你的脑袋，岂不是更麻利、更稳妥？

◎ 我大闹一场也是给你施加压力，只要你肯把女儿送还老刘，这事就好商量了。我给你个台阶，你也要给我个台阶，这样咱俩还可以把戏继续演下去。

◎ 就算今天我李逵把这出戏演砸了，你宋江也不能把我怎么样。梁山泊上，义字当头，只要我李逵占领了意识形态的制高点，就多了一样保护伞，你宋江要是寻私仇，反成了不仁不义之徒。到那时我再杀了你，就是大义灭主、惩奸除恶。像我这样的超级奴才不怕没人要，没准换个主子我照样能活得风光快活。

◎ 哎，但愿这只是个误会，但愿是别人假冒了你的名字，但愿这只是一场噩梦……

没有哪个读者在读到李逵杀宋江这一段时会捏一把汗，结局没有悬念，只是个误会。但按常理，这个误会应该不难消除。当面对指责宋江否认抢了刘太公的女儿时，也许李逵还有些怀疑；但当宋江提出要和李逵当众签下个赌赛军令状时，真相未见，输赢已分，李逵应该彻底放心，没必要再闹下去了。但如此结局显然不过瘾，李逵必须继续装傻充愣陪着宋江把这出戏演完。

两个人的默契配合将这场闹剧演得张力十足，负荆请罪和忍怒恕罪只是下意识的深度合谋，假意的悲情和忏悔成了反衬皆大欢喜的佐料。结局对于李逵和宋江显然是个双赢，老大的道德形象更加光辉，李逵的耿直性情也更加鲜明，只服一把手的流氓策略由此获得了不容置疑的正当性。更重要的是，两人之间掩盖在兄弟情义之下的主奴关系从此就变成了铁板一块。

但是，问题来了，李逵有这么聪明吗？这个问题提得好。实际上，只服一把手是个只适合于傻瓜的处（混）世之道。聪明人如果采取这种策略，多半第一关就过不去，因为一把手会怀疑他的忠诚；而这第二关，通过装傻充愣来完成道德包装，就更难了。

可若说李逵不聪明，同样令人起疑，不聪明又怎能设计出如此精妙的行为模式？解释这个问题就要借助一点进化论了。**只需时间足够长，任何精妙的结构都可以独立于强大的心智。只服一把手的流氓智慧不见得出自事先的精心设计，它完全可能是长期摸爬滚打的经验提炼**。在无数次试错、淘汰、检验、修正的过程中，这个行为模式可以不断自我完善。吃一堑就能长一智，长期积累的经验可以弥补先天智力的不足，体验往往比认知更能有效地矫正行为，逐渐摸索出来的傻瓜模式不见得会败给各种各样的随机应变和足智多谋——前者饱经风霜，历尽酸甜苦辣，深谙人情冷暖、世态炎凉，更可能包含深厚的生活底蕴，也更可能经得起历史的检验。

《三国演义》里的张飞和刘备、《隋唐演义》里的程咬金和秦琼以及尉迟恭和李世民、《杨家将》里的孟良和杨六郎、《岳飞传》里的牛皋和岳飞、《明英烈》里的胡大海和朱元璋等，都与李逵和宋江的关系颇有相似之处，只是在后者的关系里，只服一把手的流氓智慧被演绎到了最高境界。尽管李逵和他的故事从来只是个传说，但只服一把手的流氓智慧却有顽强的生命力，它传承至今，且常常不失时机地重现江湖。

讨论这些问题肯定是过度解读了。施耐庵只是讲了个故事，认真我们就输了，何必像红学家们那样较真以致分不清戏里戏外呢！讲故事需要拉同情，讲土匪的故事尤其需要拉同情，否则早早就把读者气跑了。李逵杀宋江，只是施耐庵刻意设计的一出戏，目的无非是美化一下李逵的恶棍形象，别让人看着太恶心。应该说，这出戏基本达到了预期目的，不信请看汇评本《水浒传》里前人读到此处时点评李逵的各种溢美之词。

【容评】卓吾曰：宋公明已是假道学了，又有假假道学的，好笑，好笑。又曰：李大哥真是忠义汉子。他听得宋公明做出这件事来，就要杀他，那里再问仔细。此时若参些拟议进退，便不是李大哥了。所称畏友，非耶？交藉中何可少此人！交藉中何可少此人！

【袁评】昔日江州冒血刃、劫法场，出万死一生，虽粉骨碎身亦不顾；今日俨然寨主，威灵煊赫，竟以双斧相向，李逵人品超绝。

聪明到一定程度，疼痛感会消失吗？

/

电影《超体》中的一个细节

理论上只要我们的认知能力足够强大，能够全面收集并正确处理所有信息，并能在瞬间对任何问题做出完美决策，那么以认知来取代疼痛感就变得十分可行了。

MOVIES AND LUITERATIRE

曾经热映的电影《超体》(*Lucy*)是一部以开发大脑潜能为题材的科幻片。假定人类大脑只被开发利用了 10%，那么，当大脑潜能被开发到 20%，30%，50%，……直到 100%，将会发生些什么？依据一个已经过气了的脑科学假说，并通过演绎一个女超人战胜黑帮、拯救世界、造福人类的老套英雄主义故事，编导吕克·贝松展现了他相当不俗的想象力。虽然电影的主题只是认知能力空前提高对于个人和社会所可能产生的影响，但想象力的触角即使在商业逻辑的约束之下也还是触碰到了一些科学边缘地带的问题——诸如知识的真相、世界的本质以及生命的意义，这是哲学和宗教大显身手的地方。关于这部电影，我只讨论其中一个细节。

在神奇药物 CPH4 的刺激下，女主露西的大脑潜能在很短时间内就被开发到了 30%，此时，她的疼痛感突然消失了。她指令医生剖开她的腹部，都不用麻醉药。估计大多数观众会为此困惑——这是怎么了？这个想象合理吗？我觉得这个想象还是很合理的，至少逻辑上能够讲得通，符合疼痛感的生理功能及其演化意义。

疼痛相当于身体对大脑的惩罚。如果大脑做出了一个错误的决策，让身体某个部位受到伤害，痛感神经就会被激活，向大脑传输痛苦的感受。为了免遭痛苦，大脑就会指令采取措施，以应对未来可能发生的伤害。在这个意义上，疼痛既是对过去错误的惩罚，也是对未来错误的预警。神经系统相当于执法者，麻醉剂的作用则是暂时解散这些执法者。

人类进化出疼痛感是为了自我保护。“吃一堑”才能“长一智”，教训是很重要的，没有疼痛感，有机体就无法建立起对潜在伤害的预警机制。所以“先天性失痛症”患者经常遍体鳞伤。但即使是遭受重伤，疼痛感也不会一直持续，因为如果伤害已经发生，继续疼痛就没有意义了。

同样的道理，花钱不心疼的人，会很容易变成乞丐；伤害自己恋人却不愧疚的人，更可能孤独一生。“为撒了的牛奶哭泣”是一种建设性的反应，这可以降低他在未来犯下同样错误的概率。几乎所有负面的情绪和感觉都是对错误决策的惩罚和预警，而愉悦则是对正确决策的奖赏和诱惑。味觉神经发出甜的信号，说明你吃到的食物多半是安全的；如果你觉得苦或酸，就要小心了，食物很可能有毒或发霉。生育和养育孩子是非常辛苦的事情，如果没有事先的重赏（性快感及其延伸性的浪漫和甜蜜）做诱饵，能有多少人会上钩儿呢？

可是，为什么不能用认知来替代疼痛？让人们知道是非对错不就行了，何苦这么折腾人？这个问题等同于“教育—学习机制”能取代惩罚吗？答案是不行，原因在于以下几个障碍。

1. 学习和教育都是有成本的，让人们——尤其是让认知能力还很薄弱的儿童——知道怎样做是对的，并不是件容易的事情。获取知识本身就是一个痛苦的过程，而如果疼痛可以缩短认知的时间，那么，以短暂的疼痛交换长期的疲劳仍是一种划算的认知策略。

2. 疼痛本身就是认知的依据，换言之，正是惩罚向大脑指引了正确的方向。面对一块发烫的烙铁，要不事先触碰一下，你怎么知道该拿还是不该拿？仅靠说教不管用，吃点苦头才会懂得珍惜，疼痛的记忆是深刻的，但即使如此，神经系统作为执法者仍需要常抓不懈，因为人们很可能“好了伤疤就忘了疼”。

3. 知道怎样做是对的，也不能保证人们就会这样做。认知提供不了动机，正如知识并不必然转化为美德。但这归根结底还是因为，我们并不真正清楚怎样做是对的，因为遥远的未来不可预测，支配我们行动的动机，只来自相应的激励，而激励只是对未来所有决策参数的一个简化。

4. 即使人们真正清楚怎样做是对的，也必须在面临危险时及时做出反应，但若收集和处理信息的成本太高，则即使决策无误也会错过时机。

为了避免延误，就需要一些简化信息处理的应急决策模式。疼痛以及对疼痛的恐惧，就是一种简化的认知，借此可以节省采取行动的时间。实际上，面对危险时我们的许多反应都是未经思考的。

上述几个障碍归结为一点，就是人类还不足够聪明，正是薄弱的认知能力导致了高昂的认知成本，也包括太长的决策时间。因而，**理论上只要我们的认知能力足够强大，能够全面收集并正确处理所有信息，并能在瞬间对任何问题做出完美决策，那么，以认知来取代疼痛感就变得十分可行了**。此时，即使疼痛感丧失，也不至于让自己犯下任何错误，或让自己在任何时候身处险境。

虽然这个进化过程应该是十分漫长的，但只要逻辑上对头，亿万年的时间长河可以通过某种巧合的外力被压缩在几天之内。于是，电影的想象就顺理成章了。在神奇药物 CHP4 的作用下，露西很快就完成了这种突变。在拥有强大认知能力之后，她的疼痛感消失了，没有恐惧，没有渴望，所有情绪都没有了。这不难理解，当她能毫不费力地对一切事情做出完美决策的时候，任何奖惩机制、预警机制以及各种简化的认知模式就都是多余的了。

社会也是如此。如果每个人都能做出正确的决策，社会就无需供养警察和法官。柏拉图的理想国之所以可以废弃法律，就是因为他设想的“哲学王”无所不知。在完美信息的条件下，知识能够直接转化为美德，因为认知可以取代激励去支配行动。此时，在“全知”与“全能”之间就可以画上等号。

丧失痛苦当然是件好事，但如果快乐也消失了呢？卓越的智力和浩瀚的知识会促进人们的幸福吗？越聪明越幸福，还是越聪明越痛苦？《超体》自始至终回避了诸如此类让古今中外哲学家感到困惑的问题，从斯嘉丽·约翰逊那张毫无表情的脸上我们看不到答案。这个问题或许也超出了吕克·贝松本人的想象力。在面对记者采访时，吕克的玩笑话不经意透露了他对“全知全能”的恐慌——他说他只希望自己的大脑潜能被开发到可以轻松制服暴徒的水平。

吕克·贝松对“全知全能”的下意识恐慌是可以理解的。不过，按逻辑推论，他的恐慌是多余的。既然已经“全知全能”，就不难找到应对的办法，或至少可以避免让自己陷入那个可悲的境地。还可以这么想，如果认知能力的提高不会促进人类的幸福，那么致力于提高认知能力的进化选项就失去了魅力。倘若造物主还想在人类身上实验一次智力革命，他就必须确保更聪明的人能够获得更多的快乐，起码要有这个趋势。更为乐观的猜测是，当全知全能的超人丧失了所有情绪之后，一种前所未有的超感官的宁静喜悦就会油然而生。

我们眼里的世界只是一个假象吗？

/

电影《超体》里的另一个细节

世界之所以是这个样子，不是因为它原本就是这个样子，而只是因为我们把它理解成了这个样子。

MOVIES AND LUITERATIRE

在神奇药物 CPH4 的刺激下，女主人公露西的智力突飞猛进，在不到 24 个小时的时间里，她从一个普通女子变成了全知全能的“女神”。遥感遥测、预知未来、意念致动乃至穿越时空都不在话下，最重要的，是在大脑潜能被高度开发之后，她瞬间就掌握了所有的知识和真理。从极微观到极宏观的任何尺度上，整个宇宙都不再有秘密可言，世界的本质和真相赤裸裸地呈现在她那无限强大的大脑里。

面对这样一位突如其来的“女神”，代表人类顶尖智者的几位科学家瞬间变成了目瞪口呆的傻瓜，除了聆听教诲他们已经别无选择。露西用简单的语言阐述了她对于人类认知能力和现有知识体系的评价：

> 人类总以为自己是独特的，他们有关存在的整个理论都根植于自己的独特性。我们把“一”当作测度世界的单位，但“一”并不是什么单位。我们建构的所有社会系统都只是一些“简笔画”而已。我们只知道一加一等于二，但一加一从来都不等于二。事实上，这个世界既不存在数字，也不存在字母。我们对世事万物加以编码，根据自己的尺度缩小后者的规模，使其变得可以理解。我们创造了测量的尺度，却借此忘记了存在本身的深不可测。

老实说，露西说出的这段台词并不深奥，也不够精彩，更算不上神谕，她只是简单表达了从古至今的少数聪明人（他们分散在不同领域，哲学、神学、佛学、心理学、量子力学、神经科学、脑科学以及计算机科学等）共同分享的一个入门级观念——

我们眼里的世界只是一个假象。

按理说，影片中的几位科学家还不至于为露西表达的这个观念感到惊讶，真正让他们惊讶的，应该是露西现身说法地验证了这个观念，而此前它只是一个高度为真的猜想。是的，只是个猜想，但支持这个猜想的理由却是强有力的。

感官是人体伸向外部世界的探测器。但人类只有五种感官，并因此只能收集关于外部世界的五种类型的信息，不同信息经神经系统传输给大脑，就分别形成了五种感觉——视觉、听觉、嗅觉、味觉和触觉。物理教科书上用以描述客观存在的所有概念，归根结底都是对人类感觉的描述。

也许世界还拥有许多我们感觉不到的性质，也许在各种感觉的背后还存在一个支撑性的实体（康德这么认为），但即使如此，由于缺少相应的感官，我们也无力去感知它们、测度它们或描述它们（所以贝克莱才说“存在就是被感知”）。实际上，这些感觉不到实体或属性存在与否以及状态如何都和我们没有任何关系，我们一辈子也不可能有机会和它们打交道。既然没关系，那么明智的做法就是彻底忘记它们，因为只要想着它们、惦记着它们或为它们创造各种概念，都会徒增我们的思考负担和交流成本（马赫就是这么想的）。

当超感官的性质和实体在我们的思维空间和语言/概念体系中被剔除之后，任何存在物都可被简化为人类感觉的复合。因而所谓“存在就是被感知”，与其说是对存在本身的描述，倒不如说是对人类认知过程中的鸵鸟政策的描述。

然而感觉是靠不住的。感觉的形成经历了一个被神经系统编码的过程，外界输入的物理能量和化学能量只有被转换成神经系统可以接受和传导的神经脉冲，才能被输送进大脑里。尽管这个过程的诸多细节还不为人所知，但只要存在这个神经编码的过程，就意味着所有感觉都只是被神经系统改造、加工、扭曲、筛选、过滤乃至格式化了的一些“数码信号”而已。感觉的复合并不构成世界的真相。耳听固然为虚，眼见也不为实。声音和颜色不是什么客观属性，这个世界没有声音，也没有颜色，只有“声音感”或“颜色感”。

更何况，由于感官垄断了大脑的全部信息源，所以它们有足够的机会对大脑进行永久性欺骗。考虑到只有波长在390～780纳米的电磁波或频率在20～20000赫兹的声波振动，才能分别被人类的视网膜神经和耳膜神经捕捉到，就不妨设想一下，对于人类按自身尺度所定义的“光明”“黑暗”“嘈杂”和“安静”，那些感官尺度迥异于人类的动物们——诸如可以看到红外光的蛇类、可以看到紫外光的昆虫、能够听到次声波的鱼类以及能够听到超声波的蠡蜞、蟋蟀、蝗虫、老鼠、蝙蝠或海豚等——是否要提出异议呢？

是的，“人是万物的尺度”。但这是一个客观的陈述，还是一种权力的炫耀？

在人类可感知的世界里，没有什么属性是纯粹客观的，“客观”的概念也许只是描述了一种交流上的共识；而建立共识的基础，则是大多数人们拥有大致相同的生理结构，无非“人同此身、身同此心、心同此理”而已。倘若有个别人的生理结构发生变异，他/她就很可能被视为异类、遭到排斥，甚至被宣布为病态。色盲们的下场是个很好的例子，尽管他们的视觉世界同样丰富多彩，但仅仅由于其视网膜上感光细胞与大多数人略有不同，他们就成了“患者”。在所谓“客观”的背后，我们可以发现一种隐蔽的权力运作。

生活在得克萨斯州洞穴里的火蜥蜴是一种没有眼睛的动物，如果我们有条件和它们讨论世界上的各种“绚丽”和“鲜艳”，它们是否会把我们当作巫师？倘若在进化过程中，人类的某些变种率先获得了“第六感”，世界在他们眼里因呈现第六种性质而焕然一新，当我们和他们交流时，他们是否会被我们看成巫师？如果拥有N种感官的外星人到访地球，他们如何看待我们的认知能力、知识体系和物理教科书？一旦人类的智力飞跃成了现实，以至于大脑可以不借助于感官而直接开放性地体验外部世界，“以神遇而不以目视，官知止而神欲行”，世界又会呈现什么样的图景？

露西已经达到了这种境界。大脑潜能被高度开发之后，智力的飞跃使她的认知能力突破了人性的束缚，大脑可以轻松收集并处理外部世界的所有信息，并且有能力避免来自感官和神经系统的合谋欺骗。回过头来，露西发现，人类所理解的世界，只是从人性自身投射出去进而强加给外部世界的一个幻象。**世界之所以是这个样子，不是因为它原本就是这个样子，而只是因为我们把它理解成了这个样子**。

影片快到结尾时，露西淡淡地吻别了巴黎警察皮埃尔，这个行为意味深长。是的，性欲来自荷尔蒙，母爱来自黄体胴，爱情只是“基因们”为了延续自身而给我们设下的一个圈套。这个道理如此简单，但性欲却是最难挣扎出去的基因陷阱。当露西告别了她人性中残存的最后一部分时，她不仅看透了世界，而且看破了红尘。

但掩盖真相的最后一层帷幕还不是性欲，而是“自我意识”。也许大多数人都曾傻傻地去想过“我是谁”，但估计很少有人会去严肃地追问“我究竟是谁”。笛卡尔的“我思故我在”的命题含蓄地表达了自我只等同于灵魂、肉体相当于灵魂附属物的观念，但事实很可能恰好相反，自我意识也许只是一个类似于性欲、但又比性欲更顽固的基因圈套，其目的还是基因的复制。尽管自我意识宣示了以有机体为单元的基因差异性，但考虑到人类和黑猩猩之间的基因差异也只有 1% 多一点，就几乎可以肯定认为，人与人之间的基因差异被人类个体的自我意识过度放大了。

如果灵魂只是为了保证一个基因群体合乎目的地有序运作，那么生命的意义又是什么？面对这个终极性的问题，编导吕克·贝松的想象力彻底枯竭了，他为此提供了一个相当不入流的答案——生命的意义在于知识的积累和传递。在影片的结尾，露西化身为一台超级计算机，并把她掌握的知识存储在一个小小的U盘里。然而，储存在U盘里的数字化符号能够表达世界的真理吗？这难道不是露西对人类的一次欺骗或愚弄？

当然，我们没有理由为此责怪电影编导，毕竟谁也想象不出关于世界真相的表达工具和存储设施（甚至能否表达以及能否存储都还是个疑问）。不过，如此“糟糕”的影片结尾，倒是恰好向我们展现了人类想象力在人性牢笼里挣扎的困局——**我们可以描述无知，但我们无力描述无知的对立极**；喜剧的结尾揭示了人类认知局限性的悲剧性宿命。知识、思考以及语言，距离世界的真相都实在太遥远了。**想象力是一只飘浮的风筝，它看上去在飞，其实是被拴住的**。

幸好，影片的结尾在另一个面向上提示了超越自我意识及生命本身的可能性。露西肉体的消失并不意味着死亡，她丢下一句“我无处不在”意味着她已把自我意识放大到芸芸众生乃至万事万物。并且，心智高度成熟之后，灵魂就不再是肉体的奴隶；而一旦摆脱肉体的束缚，灵魂就可以自由飞翔，并能在一个更高层次的维度上获得永生。

附：露西台词的原版英文

Humans consider themselves unique, so they' ve rooted their whole theory of existence on their uniqueness. “One” is their unit of measure. But it' s not. All social systems we' ve put into place are a mere sketch. One plus one equals two. That' s all we' ve learned. But one plus one has never equaled two. There are, in fact, no numbers and no letters. We' ve codified our existence to bring it down to human size to make it comprehensible. We' ve created a scale so that we can forget its unfathomable scale.

我们怎样分辨真实与虚幻？

/

从《美丽心灵》到《盗梦空间》

耳听可以为虚，眼见也不一定为实。

MOVIES AND LUITERATIRE

1

女：我想问你，你有没有真正见到过我？

男：我不想再纠结于见过你还是没见过你这种事情了。

女：见过就是见过，没见过就是没见过，这有什么可纠结的？

男：大概没见过吧。可本来一个人对外界的感知又不是完全靠眼睛……

女：可是耳听为虚，眼见为实啊！

男：哈哈，别装了。

这几句对话抄自朋友发给我的微信截图。女方就是这位朋友，她在一所高校任教，男方是她曾经教过的学生，硕士毕业后就留在这个城市，找了份很不错的工作。

对话记录了一场争执。男生认定女老师一直生活在他的身边，每天都能听到她的谆谆教诲和窃窃私语，还偶尔伴有恶作剧式的朗读。女老师却断然否认，理由很充分——他们从没见过面，确切地说，是他们从没单独见过面，更谈不上有任何形式的肢体接触。

男生承认这个事实，但他更相信自己的听觉，完全不理会女老师所说的“耳听为虚，眼见为实”。男生不否认视觉的真实性，他只是觉得视觉不能垄断一个人对外部世界的全部感知——**眼见固然为实，耳听亦不为虚**。

男生说一个人对外界的感知不完全靠眼睛，这是言之成理的；盲人不就是这样嘛，或者我们蒙上双眼，也不至于对周围环境一无所知。更何况世界上还有许多没有眼睛的动物，它们不靠视觉也依然生活得很好。

蝙蝠能在丛林或隧道里灵巧地飞行，无论是躲开猫头鹰，还是捕获飞蛾，它们靠的都不是眼睛而是耳朵。当然蝙蝠的听觉和我们的听觉完全不是一回事儿。飞行时蝙蝠的喉咙里会持续发出超声波，听觉神经捕获超声波遇障碍后的回声信号再传输给大脑，大脑读取这些信号并按某种算法加工成图像，于是蝙蝠就用耳朵“看到”了一个回声成像的世界。

我们当然可以说蝙蝠的听觉世界是虚构的，真实世界里没有图像。图像是在蝙蝠大脑中生成的数据表达，就像雷达反射屏抑或B超显示器，或用更简单的比喻，就像由统计数据转换生成的柱状图。但问题是，我们的视觉世界又何尝不是虚构？视觉神经向大脑传输物体反射的光波信号，再经过一套算法转换成图像，由此我们看到了一个色彩斑斓的世界。

颜色是我们用来区分光波长度的感知标记。虽然搞不清楚蝙蝠用什么感知标记来分辨回声的频率（或者其他什么物理属性），但可以肯定蝙蝠的听觉世界是极度精确而详细的，并且可能和我们的视觉世界一样“色彩斑斓”。

蝙蝠显然接受不了“耳听为虚，眼见为实”的逻辑，它们宁愿坚持“耳听为实，眼见为虚”。蝙蝠的眼睛很小，视力很弱，最多能感光；它们没法想象，世界上还有很多动物，居然可以睁眼看世界。

2

根据生活经验，我们很容易裁断女老师和男学生之间的争执。只要认定男生在他的私人世界里从没看见过女老师，那么他听到的女老师发出的任何声音，都一定是虚假的。

但男生却没有撒谎，至少没有撒谎的动机。他是真真切切地听到了那些声音，并据以判断女老师一直和他生活在一起的。也恰恰因为他没撒谎，所以情况更加不妙，他病了，那些声音是幻听。

但幻想症并不意味着丧失理智，而像约翰·纳什那样绝顶聪明的幻想症患者，仍能以其超强的智力赢得诺奖。男生只是对某个特定事件是否真正发生没能做出正确判断而已，但不能因此推测他的理智出了问题。事实上，男生在工作单位的表现不仅正常，而且出色。

但若男生足够理智，他就必须面对“只闻其声未见其人”的难题——如果女老师一直生活在他的身边，怎可能从未谋面？女老师利用这个 bug 发问可算切中要害，但男生却表示他不想纠结这个问题了。不想纠结肯定是因为曾经纠结过，但却没找到可以说服自己的答案。

答案不是很简单吗？只闻其声未见其人，即便偶尔发生，也不可持续；而若一直持续，就说明声音是假的，是幻听。但这是我们的答案，却不是男生的答案。

这里的关键是，换位思考不等于换位体验，我们可以想象但却无法体验男生听到的那些声音究竟逼真到什么程度。更何况时间是个很重要的变量，我们可以想象但却无法体验持续听到那些声音会怎样影响一个人的思考和判断。男生并非不曾怀疑自己是幻听，但随着时间推移，他最终排除了这个可能。

男生似乎也曾怀疑自己的记忆出了差错——也许曾经见过她吧，只是自己不记得了。他没有完全排除这个可能，所以才说“大概没见过吧”；这话也说明男生其实很清楚，即使不排除记忆出错的可能，概率也几乎是零。

也许男生还曾怀疑女老师掌握了某种隐身技术，她能骗过自己的眼睛却躲不开自己的耳朵。如此怀疑也并非毫无道理。魔术师借助道具和技法就能轻而易举地骗过我们的眼睛，那些道具经常使用隐形材料。

当我们看到魔术师踩在水面上行走如飞时，应该意识到他脚下踩着的不是水面，而是一条很长的亚克力板，这种透明材料被水淹没之后就可以完全隐形。

“眼不见不为虚”，对于我们来说这是生活中的常识，而对于盲人和蝙蝠来说这就是生活本身。

在蝙蝠的听觉世界里，同样会有隐形的东西。为了避免成为蝙蝠的食物，很多飞蛾进化出了隐身能力，它们能把蝙蝠发出的超声波转向反射，以便让自己逃离蝙蝠听觉神经的探测范围，如此就能像隐形飞机一样飞来飞去。

如果我们有机会和蝙蝠交流，那么最善意的告诫应该是“耳不闻不为虚”。但要让蝙蝠接受这个告诫是很困难的，它们必须经历痛苦的思考。

男生肯定经历了无数次痛苦的思考，他评估了所有的可能，但最终还是接受了“眼不见不为虚”的逻辑——她确实生活在我的身边，只是我一直看不见她，尽管我搞不清楚其中的原因。

虽然这算不上答案，但男生决定不再纠结，他放弃了继续探索真相的努力，并且，他很可能只用听觉就建构了一种另类的真相。

另类到不可理解吗？还真不至于。盲人的真相不就是如此嘛，即使对于每天生活在一起的伴侣，也是只闻其声。更不用说，蝙蝠的真相就是主要依靠听觉来建构的。

当然，没眼睛可看是一回事，有眼睛看不到是另一回事。男生肯定是经历了很长时间的煎熬才最终将两者画上等号的，这是在真实和虚幻之间找到的一种艰难妥协。

我们感知的世界要么真实，要么虚幻；但由于持续的幻听，男生却可能在虚实之间开拓了一个亦幻亦真的灰色地带，女老师就位于这个灰色地带，既没那么真实，也没那么虚幻。

3

是不是幻听很容易判断。虽然听觉一模一样，但幻听的声音是内源的，来自身体内部的虚假刺激；而真实的声音是外源的，来自外部世界的真实刺激。男生可以真真切切地听到女老师发出的各种声音，但这些声音都是内源的，与女老师无关，因此只是幻听。

比之电影《美丽心灵》中的约翰·纳什，男生的幻想症还停留在初级阶段。纳什在他的私人世界里虚构了几个重要的角色，包括一个国防部特工威廉·帕彻，一个同宿舍的好友查尔斯，还有一个叫玛茜的活泼可爱的小女孩。这几个人都是活生生的，既可闻其声，又能见其人，还伴随各种各样的交流与互动。但这种远比幻听更为完整、也更为逼真的知觉体验，同样来自人体内部对知觉层的虚假刺激，因而只是幻觉。

纳什一直坚信这些虚构的人物是真实存在的，直到有一天，和妻子大吵一架，妻子生气地开车离开，纳什冲出去，冒雨拦住妻子的车并大声喊道："玛茜不是真的，因为她从没长大！"

这一幕很感人。让幻想症患者承认自己有病症是非常艰难的，因为道理根本讲不通，患者总能根据自己的感知觉编织另外一套道理。在需要分辨真假虚实的时候，我们的大脑天生更信赖感知觉，而不是更信赖理智。**感知觉比理智更加真实**。纳什之所以接受这个现实，是因为他用理智发现了他幻想世界中的一个 bug，他发现自己的道理讲不通了。

为了避免智力受损，纳什后来拒绝药物治疗，直到老年获得诺奖，他几十年的生活都是靠理智来粗暴地解决认知不协的。他把生活中那几个虚幻的角色仔细挑选出来，并告知自己："走自己的路，不要理睬他们，他们并不真实存在。"

这对纳什来说是相当残忍的。精神病医生罗森告诫纳什："你无法用一个数学公式来改变你对世界的知觉体验。"那个幻想世界中的 bug 只停留在理智的层面，纳什无力用理智改变自己的感知觉，却必须用理智来控制自己的行为。纳什的悲剧就在于他的后半生一直生活在理智与感知觉尖锐冲突所导致的真假虚实的错乱状态之中，这是我们能够想象但却无法体验的痛苦。

反过来想，倘若纳什没有足够的理智，对幻想世界中的那个 bug 视而不见，他就意识不到自己患上了幻想症，反而可能因此生活得很快乐，当然前提是只保留那些令人愉悦的幻想，同时删除那些令人恐惧的受迫害的幻想。就此而论，男生似乎比纳什更幸运一些，他的幻想单纯而美好，并且，面对 bug 他较早的选择了不再纠结。

幻想原本就是我们用以对抗或逃避残酷现实的一种生活策略。倘若一个穷极无聊的人有一天突然发现自己居然是上帝使者并承担了某种神圣的使命，他会立刻变得精神抖擞。在这个意义上，幻想症未尝不是有机体摆脱痛苦和烦恼的保护性反应。

男生也许是爱上了女老师，这种爱情原本令人绝望，但持续的幻听却让男生部分地满足了自己的爱情渴望；虽然只是部分满足，也聊胜于无。而如果男生的幻想症严重到像纳什的程度，那么，他的爱情在更加逼真的幻想世界中就能获得更高程度的实现值。

当外部环境不能满足一个人的强烈渴望的时候，内源性刺激可以提供一种替代性满足。内源和外源只是观察者的区分，只要知觉足够真实，体验者就无法分辨针对知觉层的刺激究竟来自内源还是外源。

正是由于大脑只能体验知觉的强度，而无力查找刺激的源头，所以才出现了一些实现自我满足的机会主义策略：嗑药、催眠和冥想。借助药物和催眠师，大脑可以暂时获得虚构现实的能力，而冥想则类似于一种自我催眠。

请注意，在这个语境中，虚构现实是一种能力，一种自我欺骗的能力，演员正是借助这种能力才成功入戏的。据说一位嘴巴很小但相貌英俊的男影星就曾因为入戏太深而一度无法自拔，我们可以认为，在那段时间里他患上了一种“假性妄想症”。

我们当然会怜悯那些幻想症患者，但有谁能保证自己在怜悯的同时并不伴随些微的羡慕嫉妒恨？

4

怎样理解感知觉比理智更加真实？最简单的办法就是设想一下：是你身边那把椅子的存在更真实，还是你对于那把椅子的感觉更真实？正确答案是后者。

椅子是否真实存在是需要推测的（需要理智的介入），而感觉是否真实却不需要推测（无需理智的介入）。即使大脑已经获得了关于椅子的完整的知觉体验，这把椅子也不一定真实存在，因为知觉层的刺激可能是内源的，大脑却浑然不知。**耳听可以为虚，眼见也不一定为实**。

“缸中之脑”的哲学隐喻就是从这个结论推演出来的。假定你的大脑被某个邪恶的科学家从身体上切了下来，放进一个盛有维持脑存活营养液的缸里。大脑的神经末梢连接在计算机上，计算机按照程序向你的大脑输入信息，以使它保持一切完全正常的幻觉，和每天体验的真实生活一模一样。

那么，关于“缸中之脑”的最基本的提问是：你如何证明自己不在这种困境之中？或者，你如何证明自己所有的感知体验不是一种系统性的幻觉？是的，你没法证明，至少没有可靠的办法去证明。

搞不好，我们已经（甚或一直）就生活在类似“缸中之脑”的困境之中。我们也许只是一群虚拟的灵魂，被上帝或恶魔或某种高级智慧生命或类似《黑客帝国》里的 Matrix 任意操控。我们的灵魂被输入了各种各样的感知觉，却浑然不知这个丰富多彩的世界其实是个彻头彻尾的谎言，真相只是一连串的数码信号。我们没有躯体和面目，我们的世界空空如也，没有儿女情长，没有星辰大海，也没有电脑、网络和《中国法律评论》。

只要承认存在这种可能性，那么数学逻辑就会引导出一个貌似很可怕的结论：**真实的世界哪怕只有一个，也能拷贝出无数个虚拟的版本，而我们碰巧生活在那个真实世界的可能性几乎为零**。

许多闲极无聊的科学家还找到了一些理由来支持这个猜测，虽然不过硬，但从微观到宏观已足够令人眼花缭乱。科学家们的思路就是寻找 bug，用 bug 来证明这个世界的虚拟性，这和纳什发现自己身患幻想症的套路是一样的；只不过科学家想证明的，是一个大规模的集群妄想症。

不过想想看，即使有一天，科学家找到了确凿的证据，证明我们的世界确实是虚拟的，结果会怎样？答案是不会怎样，我们的生活一如既往。我们并不真正需要一个真实的世界，我们只需要（误以为）真实的感知觉体验。更何况这个世界不论真假我们都已习以为常，真要把我们置换到一个真实的世界，说不定还“水土不服”呢。

所以毫不奇怪，当媒体报道说许多科学家、哲学家和商业领袖认为我们生活在一个虚拟世界的概率是20%～50%的时候，或当科技企业家埃隆·马克斯信誓旦旦地宣称我们生活在真实世界的概率只有十亿分之一的时候，并没有引起任何人的恐慌。让我们恐慌的依然是那些天灾人祸，即使这些灾祸的真相不过是数字游戏中层级不同、规模不等的无数个关卡。

我们对待真相的态度其实是策略性的。追求真相只是因为这么做能获得预期的利益，如果无利可图，或虽有利可图但却得不偿失，回避或拒绝真相就是理智的选择。面对自己幻想世界中的一个明显的bug，那个男生决定不再纠结，属于正常且合理的反应。我们不也经常告诫自己或别人不要太较真嘛！

“朝闻道夕死可矣”不是一种务实的人生态度，绝大多数人（首先包括我自己）宁愿选择的还是醉生梦死。

5

尽管没有幻想症，但我们每个人都曾经历过不同程度的幻觉，做梦就是一种典型的幻觉体验。

在梦中，我们因兴奋而尖叫，因恐惧而颤抖，虽然梦中的耳闻目睹都不过是虚假的内源性刺激，但大脑和身体却不辨真假，做出的反应和接受真实的外源刺激时在性质上没什么两样。直到从梦中醒来，我们才发现原来只是空欢喜一场或虚惊一场。

我们之所以能够分辨梦境和现实，不是因为我们终究会醒来，而是因为梦境不像现实那样逼真。梦境通常是模糊混乱的，其中的因果关系是碎片化的。**如果梦境和现实一样逼真，我们就分不清楚是梦境还是现实**。

这个最早寓于“庄周梦蝶”的道理，在几年前被电影《盗梦空间》做了细致的演绎。服用高强度的安眠药可以让剧中人进入深度睡眠，梦境和现实一样逼真，致使剧中人非得借助一个陀螺才能分辨自己身处梦境还是现实。

电影只是假设了梦境和现实一样逼真，若是更进一步，当梦境比现实更加逼真的时候，情形又会怎样？此时的难题就不再是真假难辨了，而是虚实颠倒。剧中人不再需要那个陀螺，因为他们很容易区分梦境与现实，只不过结论是反着的，正所谓“假作真时真亦假”。倘若《盗梦空间》再拍续集，这倒是个不错的创意。

内源和外源只是观察者对真实和虚幻的区分标准，而对于体验者，由于没法甄别刺激来源，所以他们分辨真实与虚幻的标准只能是刺激强度，更确切地说是反应强度；因为强弱的尺度不是用来衡量刺激本身，而是用以衡量全部知觉体验构成的整个场景的统一性、逼真性以及因果关系的稳定性。

我们所定义的“真实”，不过是知觉体验在强度上暂时胜出的那个场景而已。之所以说“暂时胜出”，是因为我们没法保证未来不会出现

更高强度的知觉体验。

相传释迦牟尼在菩提树下静坐冥想七天之后彻底觉悟，不仅获得了对整个世界的全新认知，而且发现过去所经历的一切都是幻觉，这简直就是一副大梦初醒的样子。我们当然可以说释迦牟尼在那段时间里患上了幻想症，但他也可以说我们终生都生活在幻觉里而不自知。分歧的背后是定义权的争夺，关键是应该由谁来定义真实和虚幻？

假定释迦牟尼既没撒谎又没丧失理智，那么根据上述逻辑可以推测，他一定在那段时间的冥想状态中获得了更加逼真、更加清晰的知觉体验，并且见证了更加稳定的因果关系。若真如此，定义权的归属就要重新讨论了。

其实电影《盗梦空间》已经涉及“假作真时真亦假”的主题。电影里那个安眠药商人经营了一个副业，他提供场所让一些在现实生活中失意受挫的人们来这里吃药、沉睡并体验梦境。

男主角问负责照料这些梦境消费者的一位老人：“这些人每天来这里就是为了做梦吗？”

老人严肃地回答说：“不，他们来这里是为了醒过来的。”

这句对白发人深省。对于这些梦境消费者来说，梦境已然成了他们生活中最有意义的部分，清醒的时间短暂而无聊，现实反倒成了梦境。

在这里，时间的变量再次凸显，虽然梦境并不比现实更加逼真，但时间的分配比例却会影响一个人对其知觉体验的真实性评估。将更多的时间用于做梦，梦境中的知觉体验就会因重复刺激而被强化，从而形成相对于现实中知觉体验的竞争优势。此外，意义也是不能忽略的因素。大脑有个过滤功能，无意义的体验更容易被大脑过滤出去，而有意义的体验则更容易留存下来，于是一个人的知觉体验就会因为被赋予意义而显得更加真实。

明白以上两点，我们不仅会对那个男生有更多的理解和同情，而且还会反躬自问：我们之所以确信自己没患幻想症，究竟是因为我们的知觉体验绝对真实，还是因为这些知觉体验被赋予了虚假的意义，抑或我们从没经历过更高强度的知觉体验？

6

对于蝙蝠来说，隐形的飞蛾就像精灵一样神秘，但它们却躲不开我们的眼睛，就像隐形飞机可以躲避雷达探测却躲不开我们的眼睛一样。

和蝙蝠讨论真实与虚幻是非常困难的，因为光波成像和回声成像都各有其盲点，但我们之间的交流却很方便。我说树叶是绿色的，你也这么说，大家都这么说，我们就有了共识，共识强化了确信，于是我们不再怀疑。也许你眼里的绿色和我眼里的绿色还有细微的差异，但语言的笼统性却把差异给抹掉了。

而如果我说树叶是绿色的，但大家都说树叶是红色的，大家就会说我的眼睛出了问题，最终我也只能承认自己的眼睛确实出了问题。

“真实”的概念描述了一种交流上的共识，而建立共识的基础，则显然是大多数人们拥有大致相同的生理结构，无非“人同此身、身同此感”且“人同此心、心同此理”而已。

感官是人体伸向外部世界的探测器。但我们仅有的五种感官只能收集关于外部世界的五种类型的信息，不同信息经神经系统传输给大脑，就分别形成了视觉、听觉、嗅觉、味觉和触觉。物理教科书上用以描述客观存在的所有概念，归根结底都是对感觉的描述。

然而感觉是靠不住的。感觉的形成是个神经系统编码的过程，外界输入的物理能量和化学能量只有被转换成神经系统可以接受和传导的神经脉冲，才能被输送进大脑里。

尽管这个过程的诸多细节还不为人所知，但只要存在这个神经编码的过程，就意味着所有感觉都只是被神经系统改造、加工、扭曲、筛选、过滤乃至格式化了的一些数码信号而已。感觉的复合并不构成世界的真相。**耳听固然为虚，眼见也不为实**。

也许世界上还存在许多我们所有感官都捕获不到的东西，它们一直都在，我们却浑然不觉；也许世界上的每一样东西都有我们所有感官都捕获不到的性质，它们一直都有，我们却浑然不觉。

我们所说的真实，只是我们的感官遴选并塑造的真实，正如蝙蝠所说的真实，只是它们的感官遴选并塑造的真实一样。

自然选择并没有把我们塑造成追逐真相的动物，而只是让我们掌握了一些恰当的生存技术；就像计算机设计师并不试图让消费者理解计算机的工作原理一样，消费者只需掌握一些简单的应用技能就足够了。

倘若在进化过程中，我们中的某些变种率先获得了“第六感”，世界在他们眼里因呈现出第六种性质而焕然一新，当我们和他们交流时，他们是否会被我们看成幻想症患者？

如果拥有 N 种感官的外星人到访地球，他们如何看待我们的认知能力、知识体系和物理教科书，它们是否会被我们视为幻想症患者？

或者在遥远的未来，我们的智力突飞猛进，大脑可以不借助感官而直接开放性地体验外部世界，“以神遇而不以目视”，那么，我们的世界是从虚幻变成了真实还是从真实变成了虚幻？或者，是从真实变得更加真实还是从虚幻变得更加虚幻？

我承认这些设想和提问其实很无聊，远不如电影《盗梦空间》里男主角妻子的提问直截了当，她问男主角：“你从来没有怀疑过这个世界的真实性吗？”

这个提问很严肃。也许，我们曾经犯过许多根本性的错误之一，就是太把这个世界当真了，也太把自己当真了。

就在昨天，在海里游泳的时候，我对着手里的一捧海水端详良久，忍不住笑了起来——哈哈哈哈，这简直跟真的一样！

《红楼梦》讲的都是“地球往事”

“地球往事”的概念时空兼备——既隐含了宇宙级的时间尺度，又隐含了宇宙级的空间尺度。

MOVIES AND LUITERATIRE

问题 1

写下这个标题，我不觉得好笑。虽然“地球往事”是科幻作家刘慈欣创造的概念，与《红楼梦》看似很不搭，但我依然觉得，曹雪芹若是泉下有知，一定会为“地球往事”这个词拍案叫绝，也会为他那个年代汉语世界里还没这个词汇而深感惋惜。

《三体》被刘慈欣称作“地球往事三部曲”。在最后一部《死神永生》里，刘慈欣一直把故事讲到了宇宙末日。在末日时点的宇宙级时空背景之下，遥想亿万年前全人类应对三体人入侵的各种惊心动魄，“如今”都已是不折不扣的“地球往事”。

时间能让记忆褪色，只需时间足够长，那些曾经的惊心动魄、轰轰烈烈和荡气回肠，都会在蓦然回首时变得云淡风轻。借用“地球往事”的概念，刘慈欣创造了一种相当别致的文学意境。读者最深切的感受，除了“天地不仁”，就是佛教中的“无常”了。

无常也是《红楼梦》的主题。

《红楼梦》开篇描述了一个神话世界。先说女娲补天时在大荒山无稽崖青埂峰下遗落了一块石头，又说这块通灵的石头因巧遇一僧一道而获得了投胎转世的机会。投胎目的地明确指向“花柳繁华地、温柔富贵乡”，可见石头投胎的经历，定是《红楼梦》的原始素材。等这块石头投胎归来、物回原处、又巧遇空空道人之时，却已“不知过了几世几劫”。

这里的时间跨度至关重要，故事发生之后“不知过了几世几劫”，其原始记录才经空空道人之手披露于世，后又辗转到了悼红轩中，经曹雪芹批阅增删，方成《红楼梦》一书。

“劫”是佛教时间体系里的概念。“劫”含“成、住、坏、空”四个阶段，又分大、中、小三个类型，“小劫”也有 1680 万年。若《红楼梦》讲的都是“几世几劫”之前发生的故事，可不就是“地球往事”！

“几世几劫”之于曹雪芹，如同“地球往事”之于刘慈欣，都是为了创造一个宇宙级的时间尺度。可是问题来了，《红楼梦》不是科幻小说，宇宙级的时间尺度对曹雪芹又有何用？

问题 2

在电影《黑衣人》的结尾，镜头以加速度从曼哈顿街区远离地球飞向太空，于是观众看到了神奇的景象：先是地球变小不见了，然后是太阳系变小又不见了，最后是整个银河系变小，直到被包裹进一个晶莹剔透的小球里，小球被摆到了“台球桌”上，被一个怪物一杆入洞。

这个恶作剧式的电影结尾，无意间展示了“空间压缩”的逻辑——只要将视距无限拉长，既有空间就被任意压缩，浩瀚的银河系都可以被压缩进一个小球里。

当然，如果测量尺度无限小，空间也可以无限膨胀。在纳米的世界里，一粒沙子就是庞然大物。若是采用更小的尺度，未必不能验证佛的断言：“从一粒沙子里看到三千世界”。

时空大小取决于尺度。曹雪芹当然明白这个道理，他想用一个宇宙级的时间尺度来压缩时间，从而呈现“快镜头”的效果：种子刚发芽就长出了枝叶，枝叶中的花朵迅速盛开又迅速凋谢。理论上，潮起潮落、寒来暑往、斗转星移乃至海枯石烂，都可以被快镜头压缩进一个瞬间。

《红楼梦》开篇就使用了快镜头。当那块通灵的石头央求一僧一道带它到红尘中走一遭时，二仙的第一反应却是劝阻，接着给出了理由：“那红尘中却也有些乐事，但不能永远依恃；况又有‘美中不足、好事多磨’八字紧相连属，瞬息间则又乐极生悲，人非物换，究竟是到头一梦，万境归空。”借用二仙之口，曹雪芹将整个故事用快镜头做了一次预演。可问题又来了，曹雪芹为什么需要快镜头？

问题的延伸

余英时先生认为，曹雪芹在《红楼梦》里创造了两个对比鲜明的世界：一个是大观园里的“乌托邦世界”，另一个是园子外的“现实世界”。两个世界在清与浊、情与淫、真与假等许多方面的强烈反差就是全书一条最主要的线索。虽然我明白余先生此说的意图和矛头所指，但仍对这个看法不以为然。依循这条线索去理解《红楼梦》，其实不得要领。

但和余先生一样，我也觉得曹雪芹确实想在《红楼梦》里叙述两个对比鲜明的世界，但却主要不是空间上的，而是时间上的——是“笏满床、歌舞场”忽而“陋室空堂、衰草枯肠”的两个世界，是“脂正浓、粉正香”转眼“两鬓又成霜”的两个世界。**两个世界在盛与衰、荣与枯、福与祸等方面的强烈反差才是全书的主线**。

但也仅仅是条主线，远非全书的宗旨。曹雪芹只是利用这条主线去阐述佛法中的无常。

无常是佛教中的一个重要观念，也是《红楼梦》的思想根基。无常的道理看似很平常，傻瓜都能理解，人生无常，世事无常，万事万物都会经历“成、住、坏、空”的过程，谁也无法对抗时间的力量。可若说《红楼梦》的思想根基如此小儿科，那和心灵鸡汤又有什么分别？

道理很简单，可问题却没这么简单。佛教宣扬无常，目的是劝人放下执念，对比生命的真正目标——彻底的觉悟和解脱，则无论留恋眼下的满足，还是追逐未来的享乐，都是枉费心机而已。虽然大多数人都明白这个道理，可又有几人能真正放下执念？

知易行难。问题的关键不在于是否明白道理，而在于明白道理之后能否改变行动。**如果道理只是被大脑理解，未进入心灵深处，则明白道理本身并不具备改变行动的力量**。

正因如此，佛教区分了“闻、思、修”三个层面的知识和智慧，绝大多数人对于无常的理解只停留于“闻慧”的层面，但只有把“闻慧”深化为“思慧”，才可能改变一个人的行动。

要理解“闻”和“思”之间的差别，最容易的办法是想象一下：如果你告诉一位“先天性失痛症”患者，不要触碰尖锐物体，否则就会伤到自己，结果会怎样？答案是，即使能够理解、也完全相信你讲的道理，他也无力纠正自己的行为。

“先天性”失痛症患者所缺少的，不是理智，而是纠正行为的心理能量，这种心理能量来自疼痛的记忆，来自疼痛记忆激发的对尖锐物体的恐惧感。但恐惧感潜藏于心灵深处，而非漂浮在理智的表层。**知识存储的位置不同，知识本身的效能就不一样**。

理智之所以并不总能支配行动，简单地说，是因为大脑对于身体的指挥是有权限的。比如，恐惧感就不受理智的支配，贪欲也不受动机的驱使，恰恰相反，是贪欲创造动机。

佛教所说的执念，其实就是人性中的贪欲，人性是自然选择为生物有机体设定的一套生化算法，其简单表达就是“趋乐避苦”。

为保障有机体的生存和繁衍，自然选择设计了一套奖惩机制——用快感奖赏正确的行动，用痛苦来惩罚错误的行动。如果大脑做出了一个错误的决策，让身体某个部位受到伤害，痛感神经就会被激活，向大脑传输痛苦的感受。为了免遭痛苦，大脑就会指令采取措施，以应对未来可能发生的伤害。

疼痛既是对过去错误的惩罚，也是对未来错误的预警。"先天性失痛症"患者即使理智健全，也无力避免各种伤害，面对危险物品，他们不能形成像普通人一样的深刻感知，也无力建立其对危险物体的预警机制。

几乎所有负面的情绪和感觉都是对错误决策的惩罚和预警，而愉悦则是对正确决策的奖赏和诱惑。味觉神经发出甜的信号，说明我吃到的食物多半是安全的；如果我觉得苦或酸，就要小心了，食物很可能有毒或发霉。生育和养育孩子是非常辛苦的事情，所以需要事先的重赏（性快感及其延伸性的浪漫和甜蜜）做诱饵。

这套奖赏机制，归根结底不过是基因为我们量身定做的系统性圈套。性欲来自荷尔蒙，母爱来自黄体酮，激情来自多巴胺，满足感来自内啡肽，基因为了延续自身，借助花样繁多的激素和快感神经递质奴役了我们的灵魂。**甚至"自我意识"也是基因强加给我们大脑的一个幻象，其真实面目则是基因实现"单元管理"的一个制度性工具**。

佛教要求人们放下执念，实际上是要求人们对抗自己的人性，摆脱这套奖惩机制的束缚，从各种基因陷阱里挣扎出来。这应该是个壮举——是灵魂对肉体的宣战，意志对基因的革命。至于革命能否成功，或是否有成功的希望，我不想讨论。我只想让大家明白放下执念的困难有多大，障碍主要来自哪里；并试图让大家进一步理解，为什么理智并不总是能够支配行动。

改变行动的不是观念，而是动机，但观念并不必然创造动机。只明白无常的道理是没用的，促使人们采取行动的动机，来自因感悟无常而唤起的对生命本身的紧迫感。

有无紧迫感是区分“闻慧”和“思慧”的标志，但两者不是可以截然分开的，“闻”与“思”之间，还有一个宽阔的过渡地带。任何人，一旦明白了无常的道理，都或多或少会产生一些紧迫感，但若紧迫感过于微弱，就不足以改变他的行动。

问题的答案

《红楼梦》的主旨，不是向人们解释“无常”的道理（这太小儿科了），而是唤起人们对生命无常的紧迫感（这是个艰巨的挑战）。曹雪芹的主攻目标不是读者的大脑，而是心灵，他要往读者心灵中注入尽可能多的心理能量。为此，他需要在两个看似相互矛盾的方向上下功夫，既要让读者体验无常过程中的惊心动魄，又要让读者感悟无常终结后的云淡风轻。

致力于前者，曹雪芹必须把盛与衰、荣与枯、福与祸之间的反差拉到极限。就像设计过山车的轨道，要追求惊险刺激，就必须加大轨道高点和低点之间的落差。为此他在《红楼梦》中创造了两个时间上的世界，兴盛的贾府在过山车轨道的高点，衰败之后的贾府在轨道的低点。曹雪芹要带领读者坐一趟惊心动魄的过山车，使读者目睹贾府由盛而衰的全过程。

而相比之下，余英时先生所说的空间上的两个世界，只是致力于拉大轨道落差的一个工具性构思而已；空间上的两个世界服务于时间上的两个世界，而不是相反。倘若没有那个如梦如幻、如诗如画的大观园，过山车的轨道就架不出一个理想的高度。

如果《红楼梦》描述的只是一个中产家庭(比如甄士隐家)的衰落，剧情是缺乏震撼力的，不消三言两语就到了剧终。毕竟《红楼梦》是部小说，而不是个 super 版的佛教寓言故事。剧情的吸引力是曹雪芹必须考虑的因素，甚至是首先考虑的因素。

但过山车的惊心动魄不能只靠拉大轨道落差，起伏运动的速度是另一个必需的变量。

即使人们知道，红尘中的乐事不能永远依恃，也依然会迷恋于当下的享乐和满足。房子迟早会坍塌，怕什么，至少现在还好好的，不必立刻逃生；美梦迟早会终结，管他呢，至少现在还在梦中，无需立刻醒来。

要唤起紧迫感，就必须让读者深刻体会到好景不长，为此曹雪芹需要一个快镜头来压缩时间。在快镜头的播放中，贾府的由盛而衰就被压缩成瞬间发生的故事。在福祸相依、枯荣相继的迅速切换中，那些爱恨情仇、悲欢离合呼啸而过，无常中的惊心动魄才由此体现得淋漓尽致。

在《红楼梦》开篇，曹雪芹已经用快镜头对贾府的兴衰做了两次预演。一次是借一僧一道的视角，另一次是借甄士隐的视角。为解读瘸足道人的《好了歌》，甄士隐做了首诗词，其中两句便是：“金满箱、银满箱，展眼乞丐人皆谤；正叹他人命不长，那知自己归来丧！”这分明就是快镜头的节奏。

按理说，《红楼梦》在结尾处还应该用快镜头再做一次重播，让预演和重播首尾呼应，全书的布局才显得有始有终。只可惜高鹗续写《红楼梦》，将结局处理得过于草率。但也正是高鹗的草率，留给了我们想象的空间；不妨设想一下，若是曹雪芹写完全书，会怎样设计该书的结尾？

重播是必要的。重播时那一僧一道还要出场，还要与那块石头有段对话。尽管重播的时间尺度一定会再次切换到预演时的“几世几劫”，但重播不是预演的简单重复。既然预演是由一僧一道发言，那么重播就该轮到那块石头来抒发感慨了。毕竟在红尘中走了一遭，纵然记忆早已褪色，但起码的话语权还是要保留的。难怪在开篇预演时曹雪芹让石头投胎归来保持了沉默，想必如此安排就是为了把石头的发言机会留到结局时的重播。可问题是，在那个关键时刻，石头会说些什么？

至于石头具体怎么说，不好揣测；但可以断定的是，云淡风轻一定是其发言的主题和基调。

压缩时间同样可以制造云淡风轻的效果。如果未来的灾难损失不因时间流逝而贴现打折，那么同样是在福祸相依、枯荣相继的迅速切换中，收益与成本就可以相互对冲，此时再去计较得失就很无聊了。

而一旦时间尺度被拉长到了宇宙级，则收益与成本甚至连对冲的必要都没有了，因为在兴衰、福祸和荣枯之间，已经看不到有什么差别，无非紧密纠缠的几对幻象而已。所谓“好便是了”，就是这个意思。“好”和“了”之间的迅速切换模糊了两者的界限，致使区分都成了徒劳。

——说到这里，你会突然发现，如果再将空间尺度拉大到宇宙级，那些对立面之间的差别岂非更加可以忽略不计？！

是的，并且曹雪芹也想到了。那一僧一道，一个叫“茫茫大士”，一个叫“渺渺真人”；“茫茫”喻空间之广，“渺渺”喻时间之悠。正是这两个别致的名号，透露出曹雪芹对于宇宙级的时间尺度和空间尺度的双重渴望。

只可惜在曹雪芹写作的年代，汉语中描述宇宙级空间尺度的词汇太过贫乏，搜肠刮肚也找不出几个，那时还没有“宇宙”“星球”“星系”“星云”之类的概念，“大荒山无稽崖”就已经遥远到了语言表达的极限。正是语言的障碍，限制了曹雪芹的想象力，也直接导致了该书宇宙级的时间尺度凸显、而同级别的空间尺度只是隐约可见的局面。

而相比之下，“地球往事”的概念却是时空兼备——既隐含了宇宙级的时间尺度，又隐含了宇宙级的空间尺度，如此恰切的词汇又怎能不令曹雪芹拍案叫绝？

李清照晒的是“斜率”

专业和业余的最大区别，就在于感知的区分度差距。

感知是对物理刺激的编码，而语言是对感知的编码。

MOVIES AND LUITERATIRE

1

我最近看到一个视频，是两位知名教授在讲解李清照的一首《如梦令》：

昨夜雨疏风骤，
浓睡不消残酒。
试问卷帘人，
却道海棠依旧。
知否？知否？
应是绿肥红瘦。

两位教授精通古代文学，对李清照的诗词信手拈来，然而，两人你一言我一语，却让我听糊涂了。好端端一首《如梦令》，不知怎的，竟被他们解读成了一场欺诈和反欺诈的斗争：李清照问，海棠经历昨夜的风雨后有什么变化吗？丫鬟回答说，没什么变化；李清照觉得受骗了，于是就有了诗词中的争辩：“知否？知否？应是绿肥红瘦”。两位教授说李清照“怒了”，可是如果她“怒了”，这首诗词还有什么诗意可言？

李清照没有怒（真怒了她就不会写下这首词），她只是用戏谑且略带洋洋自得的语气讲述了生活中一件有情趣的小事儿。丫鬟看不出海棠经历风雨之后的变化，可她呢，不用看，想想就知道海棠肯定变了——“绿肥红瘦”。**这是一个有趣的分歧，但不是争吵**。

为什么会有分歧呢？因为丫鬟不专业。不专业的人士会忽略一些细微的变化，或者说，他们会把细微的变化在神经元尺度上进行压缩，但训练有素的专业人士就能解压缩——增加神经元的编码刻度，从而感知到非常细微的变化。

专业和业余的最大区别，就在于感知的区分度差距。狙击手、灌篮高手、心脏外科手术专家以及超写实画家都是专业人士，和普通人不同，他们在做同样工作时有敏锐的感知，有很高的区分度或分辨率。想想乔丹的手、梅西的脚和普通人的手脚有什么区别，就能大概理解调音师、调酒师和纺织女工等职业人士的听觉、味觉和视觉和业余人士的区别。嘲笑一个人不懂音乐的戏谑说法是:"所有的音乐对他都一个样儿。"

李清照要表达的意思是:对于海棠经历风雨的变化,丫鬟的区分度不如我高,丫鬟看不到我眼里的海棠。**这是比较高级的"凡尔赛",诗词的意趣就在这里**。丫鬟不熟悉海棠,对海棠的细微变化没有区分度,但若是换一个领域,李清照就可能败给丫鬟,比如干农活她就不行了,甚至可能不辨菽麦。"不辨菽麦"的意思就是不会干农活,连豆子和小麦都区分不了。

2

人体的感知强度取决于神经元的放电率,即神经脉冲的频率(以每秒动作电位数量计量)。神经元的放电率处于 0~100 赫兹,但永远不会超过 1500 赫兹。人体通过神经元的放电率对物理世界的刺激强度进行编码,刺激越强,感知也就越强。当光线由弱变强(物体反射的光子数量增加)时,视觉神经传递到大脑的信号就会由"暗"变"明";当声音由小到大(空气振动波的振幅增加)时,听觉神经向大脑传递的信号就会由"静"变"响"。因此可以说,"光明"与"阴暗"、"寂静"与"喧嚣"都是对感知的描述,而非对刺激本身的描述。感知,就是神经元对物理刺激在大脑中的编码。

那么,神经元能否忠实描述物理刺激的变化幅度呢?答案是不能。因为神经元的尺子太短了,更准确地说,是**神经元尺子上的刻度太少,难以全程追踪物理世界的刺激变化**。

你可以将人体的感知神经元想象成一根尺子:神经元的放电率相当于尺子上的刻度,1 赫兹对应 1 毫米,人类的感知系统就是由一系列不同长度的尺子构成的。其中最长的一根尺子长达 1500 毫米，有 1500 个刻度，专用于测量听觉信号。而视觉的尺子只有 200 毫米，味觉 150 毫米，嗅觉 100 毫米，触觉稍好——可达到 300 毫米。

人体测量疼痛感的尺子只有 150 毫米，看来造物主对我们还是很仁慈的，否则伤痛、疾病将让我们感受到巨大的痛苦。同时，造物主对我们的愉悦感格外吝啬，人体感知愉悦的尺子更短，仅有 50 毫米——对应每秒 50 个动作电位。尽管如此，人类的语言系统却是相当慷慨，仅为了区分这 50 个刻度的愉悦感，我们就创造了数不清的词汇。

与神经元尺子刻度稀缺形成鲜明对比的是，物理世界中的刺激强度可瞬间跨越几个甚至几十个数量级。刺激与感知之间的矛盾，不亚于用一把铅笔盒里的小尺子测量地球到月球的距离。我们的感知系统如何应对这一矛盾呢？一个容易想到的方案是“拼接尺子”，即把多个尺子连接成一根更长的尺子，人体确实采用了这种方案，这就是所谓的“神经元群体编码”。但由于该方案受到诸多限制（如负责空间感知、结构化分工等），远不能彻底解决问题。因此，人体神经系统采用了更普遍的策略——“压缩编码”。

“压缩编码”是什么意思？简单说，就是选择性地忽略某些刺激的变化，将其等同于没有变化。丫鬟忽略海棠花的变化以及李清照（被假定）忽略豆子和小麦植株的外形差异，都属于神经元的压缩编码——把变化压缩在一个刻度之内。

物理刺激的巨大变化可以被神经元大幅压缩。例如，当一个人从树荫里走到阳光下时，仅在 1 毫秒内，其反射的光子数量就增加 5 亿到 8 亿倍，跨越 8 个数量级；而在人眼看来，这个人只是“变亮了一点点”。这表明光线刺激的巨大变化在神经系统的尺子上被大幅压缩了，否则我们将看到一个炫目的闪光体。我们的感知系统无法对物理刺激的变化全程跟踪，只能通过压缩编码节约生物能量。

在图 1 的坐标系里，横轴表示物理刺激的强度，纵轴表示感知反应的强度。由于物理刺激的变化幅度远远大于感知反应的变化幅度，所以感知反应的函数图像是一条曲线。大量实验数据表明，这条曲线的轨迹很像对数函数，所以认知科学家会用对数函数来拟合感知变化，工程师也会用对数公式设计音量测试仪。（见图 1）

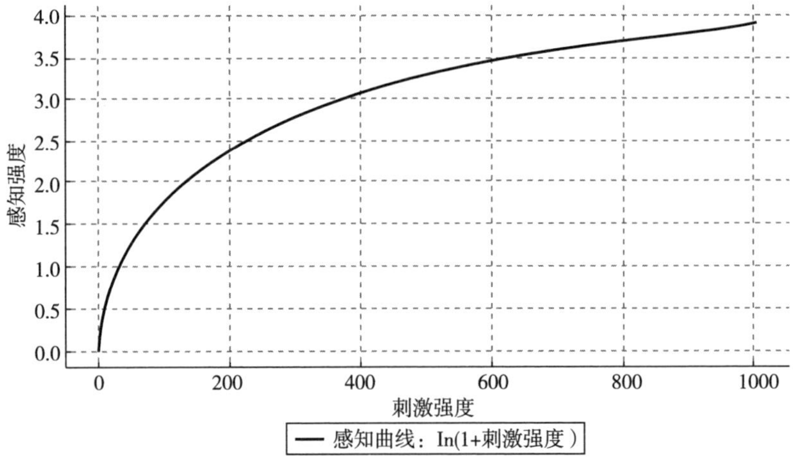

图 1　自然对数

神经元尺子上的刻度是一种稀缺资源，人体的感知系统会将更多刻度消耗在对生存和生活更有价值的区域。以听觉为例，从虫鸣到鸟叫，声音强度大约增加 1000 倍，而从一辆卡车驶过到步枪射击，声音强度却增加大约 10 万倍，但后一种声音强度的变化却被我们的听觉神经元大大压缩了。

神经元刻度的不均匀分布就是边际效用递减的生物学基础。同样是增加 1 万元，如果起点为 0 元，这 1 万元可以直接决定我们能够活下去；如果起点为 10 万元，那么这 1 万元只能让我们生活得更好一些；而如果在 1 亿元的基础上再增加 1 万元，就不过是数字的变化了。

把更多神经元刻度消耗在曲线的下游，正是演化压力的结果。分辨野兽由远而近的声音变化对我们的生存至关重要，但分辨雷鸣和海啸的声音变化则意义不大，因为后者是我们无力掌控的事件。对生存或生活影响越大的变化，我们的感知就越精细，而与生存或生活无关的变化，就被我们的感知系统给压缩了。这是一种有选择的压缩模式。

我们的大脑中有一张“主观地图”，它的比例尺在不同区域是不均匀的。对于我们熟悉的城市，“主观地图”的比例尺很小，分辨率很高；而对于陌生城市，“主观地图”则可能是一片空白。至于南极洲和格陵兰岛，绝大多数人的头脑中充其量有个大致轮廓。“主观地图”采取了一种有选择的压缩模式。同样的原因可以解释，为什么我们对其他种族的人群会感到“脸盲”。

李清照和丫鬟的感知差异，源于她们面对的生活处境。如果李清照的生活里充满了琴棋书画诗酒花，而丫鬟却每天都要面对柴米油盐酱醋茶，那么，海棠的变化就会较多消耗李清照的神经元刻度，而只较少消耗丫鬟的神经元刻度。

感知曲线的斜率可以表示神经元刻度的消耗速度。刻度消耗得越快，曲线的斜率就越高；而刻度消耗得越慢，曲线的斜率就越低。当曲线平行于横轴时，斜率为 0，此时能够感知到刺激本身，却感知不到刺激的变化。专家与普通人的最大区别，就是感知曲线的斜率。在那首《如梦令》里，**李清照晒的是她感知海棠变化的曲线斜率**。

3

李清照利用感知曲线的斜率制造了诗意，而在电影《穿普拉达的女王》里，编导则利用同样的技巧制造了笑料。梅丽尔·斯特里普饰演了一位时尚企业的女老板，她就是“穿普拉达的女王”，也是时尚行业的专家；而安妮·海瑟薇饰演的女主角，则是一位刚入职到时尚企业的年轻女员工，她勤奋进取，但对时尚行业一窍不通，也没什么兴趣。

女老板指挥身边的工作人员，要给一件衣服配条腰带，一位女员工应声拿来了两条看上去一模一样的绿色腰带，但她却说，这两条腰带的差别实在太大了，该怎么选呢。就在这时候，旁边做记录的女主角不由自主地笑了起来，她笑得非常不合时宜。

女老板转过脸来，问女主角，这有什么可笑的？于是，现场的气氛骤然凝固了。当女主角发现所有人都在盯着她时，意识到自己不该笑，于是连忙解释说：“虽然这两条腰带在我眼里是**一模一样**的，不过我现在正在学习关于这东西的知识”。这就是一个区分度的问题。在专业人士眼里，两条腰带的差别很大；而在女主角眼里，且在绝大多数观众眼里，那两条腰带真没什么区别。细微处的区别是一种主观感受，分辨率反应的是神经元的编码刻度，普通人的神经元没那么多刻度，只能把细微的区别压缩进同一个刻度，而专业人士可以解压缩，分辨出普通人感知不到的差异。女老板之于女主角，如同李清照之于丫鬟。

但笑料到这里还没有结束。

女主角解释说：“我现在正在学习关于**这东西**的知识”，可她用的是“this stuff”。就因为她的用词，女老板更怒了，接着反问了一句：“**这……东西**？”（“this……stuff？”）

这个梗其实更好笑，涉及语言编码的区分度问题。对于自己不熟悉、不关心、不感兴趣的事物，我们不会创造丰富的词汇，表达是很笼统的。阿拉伯人比我们更关心骆驼，爱斯基摩人比我们更关心雪花，所以阿拉伯语和爱斯基摩语中就有很多词汇描述不同的骆驼和雪花，但汉语中的骆驼和雪花却都只有一个词汇。古代汉语中曾有很多马字旁的汉字，用于指称不同类型和品种的马，但如今这些汉字差不多都“消亡”了，只剩下一个笼统的汉字——“马”。

房间的家具里要保留一个抽屉，用来放置杂物——那些我们平时用不着、也不感兴趣的东西，然后贴上一个标签：“东西”或“stuff”。贴上这个标签的抽屉在我们心目中的地位其实近乎垃圾箱。慌乱的女主角口不择言，居然用“东西”（stuff）来指称那些昂贵的衣服和衣饰，这在女老板看来是不能容忍的，就像把珍宝和一些乱七八糟的东西放到了同一个抽屉里，非常不讲究。**讲究的意思就是要有足够高的区分度**。

感知是对物理刺激的编码，而语言是对感知的编码。细腻的感知要用丰富的词汇才能表达出来，才能和别人完成特定的交流。在 20 世纪七八十年代，国棉厂的纺织女工们能辨认四十多种黑色，还能彼此交流每一种黑色，这说明她们已经完成了编码，为每一种黑色创造了相应的语词。

我的味觉特别敏锐，能喝出不同矿泉水的味道，即使历经两次新冠感染，也没受到损伤。我最常喝的矿泉水比普通矿泉水要贵一点，但只相当于同等质量矿泉水价格的 1/10。遗憾的是，我永远无法向别人描述这种矿泉水的味道，因为我们的语言中根本没有相应的词汇，而且这种状况很难改变。语言不是一个人能创造出来的，它是一种通信协议，达成这样的协议需要一定数量的人口，这些人口还得有足够多的交流机会；但味觉像我一样敏锐的人却是数量极少的，我们也不可能像纺织女工那样每天都能聚在一起。

丫鬟未必没有感知到海棠经历风雨后的变化，但在回答李清照的提问时，她却可能找不到合适的词汇做出相应的描述，所以无可选择地回答了“海棠依旧”。神经元尺子上的刻度变化，在丫鬟的语言编码中被再次压缩了。而李清照则不然，她不仅能够感知到海棠的变化，而且能用巧妙的语词描述这种变化——“绿肥红瘦”。

严格说来，李清照的描述是错误的，“肥瘦”是描述动物体脂率的专用词汇，而海棠叶子和海棠花，则无所谓“肥”与“瘦”，但恰恰是错用的词汇创造了佳句，成了这首诗词的最大亮点。李清照显然对其用词十分得意，因此可以说，这首诗词不仅晒了她感知海棠变化的曲线斜率，而且晒了她语言编码的曲线斜率。李清照的信心来自哪里？来自读者。她相信读者是有纠错能力的。

成功的信号传递有时依赖于接收方的纠错能力，李清照的用词技巧在现代信息论中获得了强有力的支持。错误的信号发送并不必然导致通信失败，只要接收方的纠错能力足够强，信息传递依然是成功的。这正是现代数字通信和数据传输系统设计的基础思想，它为“通感”能够成为一种修辞手法提供了理论依据。

九百年后，当两位教授解读这首《如梦令》时，他们真的误以为李清照当时发怒了吗？并没有。两位教授只是一时找不到合适的语词（如区分度、分辨率、感知曲线斜率或语言编码斜率等）去描述其中的意趣而已，说她“怒了”只是口不择言，他们不可能真的认为李清照“怒了”或认为李清照真的“怒了”。而当观众看到两位教授的讲解视频时，也不会产生类似的误解。李清照的读者有纠错能力，两位教授的观众也有纠错能力。结果皆大欢喜，李清照写下了漂亮的诗句，两位教授进行了成功的解读，错用的词汇都没有制造理解上的障碍。

没有必要把话说得恰如其分或细腻如丝，因为“懂的都懂”。

我记得有一天，在我办公室里，有位同学告诉我那种矿泉水的味道有点特别，我问有什么特别的，她说有种“软绵绵的甜味儿”。当时我就意识到，她“喝懂”了这种水，从此我便有了“知音”——没错，是“知音”而不是“知水”。

维特根茨坦说：“语言的边界就是思想的边界。”这话是错的，但也是对的。

4

1999 年，哥伦比亚警方拘捕了路易斯·加拉维托，他被认为是现代历史上创纪录的连环杀手。加拉维托供认自己杀死了 189 名儿童，但警方估计他实际杀死的人数超过 300 人。他被法院判处 1853 年零 9 天监禁，这是哥伦比亚历史上的最长刑期，但法律规定的实际服刑期却不能超过 40 年。在实际服刑 22 年之后，加拉维托于 2023 年死于眼癌，他死在了医院的病床上，终年 66 岁。

从李清照的诗词一下子跳到连环杀手，画风切换之快，连我自己都觉得不适应。但世上的道理是相通的，人体感知反应的变化不能全程追踪物理刺激的变化，类似的难题在法律领域同样存在——惩罚的变化不能全程跟踪犯罪的变化。

加拉维托是个罪犯，但不是普通罪犯，他犯下的罪行已经没法用

“邪恶”来形容，因为这会让普通的邪恶罪犯非常不满。尽管人类语言为邪恶创造了很多词汇，但对应于加拉维托犯下的累累罪行，却即使将诸如“作恶多端”“心狠手辣”“狼心狗肺”“恶贯满盈”“伤天害理”“罪大恶极”“罪恶滔天”之类的词汇加总，也难以描述到恰如其分。唯一合适的词汇也许是“丧心病狂”，因为人世间最大的邪恶既不是冲动，也不是蓄谋，而恰恰就是加拉维托这种病态或变态的邪恶，但由于“丧心病狂”这个词汇已经被我们用滥了，所以到了真正需要这个词汇的时候，却突然发现它其实已经被“美化”了。

幸好我们还有一个词汇叫“罪该万死”，这个词汇不再描述罪犯的心理、行为和后果，而是参照了惩罚的尺度。但正是“罪该万死”这个词汇暴露了刑事法律制度的一个致命短板——惩罚的尺子太短了，即使将加拉维托判处死刑，也只能杀死他一次，远达不到罚当其罪。惩罚的变化幅度和犯罪的变化幅度是严重不相称的，刑法学家在阐述“罪刑相适应原则”时很少意识到这个问题。

贝卡利亚曾用两条阶梯分别比喻犯罪和惩罚，所谓“罪刑相适应”，就是让犯罪阶梯和惩罚阶梯的顶端、底端和中间区域彼此对应，重罪重罚，轻罪轻罚。但他没有意识到，两条阶梯并不等长，相差何止几十、上百倍。连环杀手的案件表明，惩罚的尺子太短且刻度有限，以致犯罪超过一定程度之后罪行加重就不会招致更严重的惩罚。财产类犯罪更是如此，贪污 300 万元和贪污 30 亿元，虽然相差三个数量级，但其法定刑却是一样的。

图 2 中的罪刑曲线清晰呈现了这一惩罚难题。横轴表示犯罪的严重程度（从 0 到 100 个单位），纵轴代表惩罚的严厉程度（以监禁年数计，监禁 40 年为最大值）。当犯罪严重到 100 个单位时，对应的处罚是 40

年监禁；在保留死刑的国家，达到 100 单位的严重犯罪可被判处死刑。但由于死刑封顶，当犯罪严重到超过 100 单位时，法定刑就失去了区分度。曲线斜率表示刑罚的边际威慑，斜率为 0 时，边际威慑失灵，不能激励罪犯以轻罪替代重罪，因为增加罪行的严重性不再招致更严厉的惩罚。（见图 2）

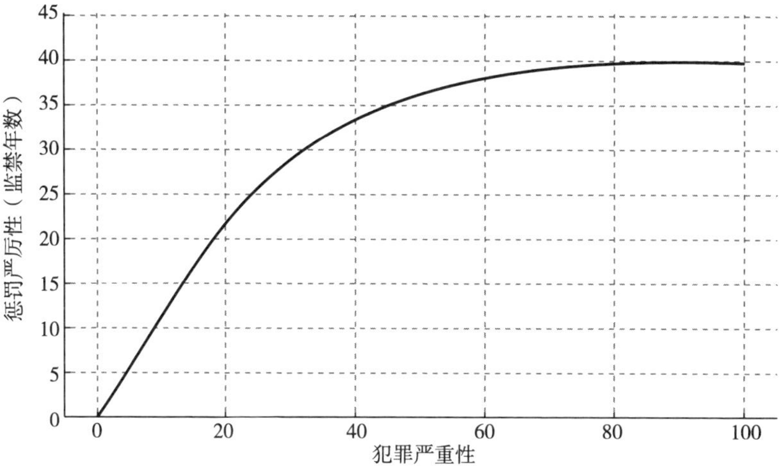

图 2　罪刑曲线

法律采用了与人体感知系统一样的有选择的压缩模式。惩罚是一根刻度有限的尺子，法律将更多刻度分布在了犯罪的下游区段，因而不得不压缩上游区段的犯罪变化。为什么法律选择压缩上游区段的犯罪变化而非下游区段的犯罪变化？答案是，下游区段的犯罪数量众多，而上游区段的犯罪数量稀少，数量稀少也意味着犯罪门槛很高。

以诈骗为例（诈骗是最有前景的犯罪，诈骗家族的犯罪占据了刑法的半壁江山），法律对集资诈骗的处罚系统性地轻于普通诈骗。为什么会这样？答案是迫不得已。普通诈骗的数额达到 1000 万元就差不多到了极限，而 1000 万元对于集资诈骗不过是刚刚起步而已。惩罚尺子上的刻度一旦用尽，罪刑曲线的斜率就会变成零，刑罚因此丧失边际威慑。为了保持对集资诈骗的边际威慑，法律必须为犯罪的密集区域保留相对充裕的惩罚刻度。为什么法律对贪污的处罚轻于盗窃，对暴力犯的惩罚轻于政治犯？技术层面的原因与此相同。

现代法律以罚金和监禁取代了古代的肉刑，不仅是人道主义的胜利，而且是技术上的进步，因为罚金和监禁增加了惩罚的刻度。肉刑则不然，“以牙还牙，以眼还眼”的惩罚原则受阻于一个明显的技术性障碍——谁也没办法挖掉罪犯的第三只眼睛、砍断罪犯的第三条腿或打掉罪犯的第三十三颗牙齿。

人性不过是个算法

/

从《权力的游戏》到《三体》

将人性还原为一种算法，丝毫不意味着本能冲动会支配一个人的全部决策，毕竟人性之中还包含着对冲动的克制。

MOVIES AND LUITERATIRE

1

在《权力的游戏》第一季的第一集，大人物奈德·史达克一出场就处死了一名叫威尔的守夜人，原因是威尔做了逃兵，违背了他作为守夜人必须终身守卫长城的誓言和法律。但威尔并非懦夫，他清楚做逃兵的后果，进入临冬城就必死无疑，他只是觉得自己必须完成更重要的使命——把亲眼看见“异鬼”的事通知大家，这比什么都重要。

奈德·史达克并不肯定威尔是在撒谎（从他和小儿子布兰闪烁其词的对话中可以看出，他实际上觉得威尔带来的消息很可能就是真的），也不认为宽恕威尔没有任何合理性（他夫人就对此提出了质疑），但作为北境之王他必须维护法律的权威——正如他的一名手下所言：“法律就是法律”——更何况，“凛冬将至”（Winter is coming）。

倘若故事发生在我们的社会，威尔的命运就会迥然不同。未经审判任何人都没有处死他的权力。虽然“紧急避险”不适用于军人，但毕竟威尔不是贪生怕死，无论从行为动机还是从行为后果，他都可以在军事法庭上提出有力抗辩，只要抗辩成功他就可以获得无罪判决。尽管两个目击证人均已被异鬼所杀，但死亡现场仍能证明他所言不虚。即使现场已被破坏，在没有任何证据证明威尔撒谎的前提下，倘若按照“排除合理怀疑”的证据法规则，说不定还能“疑罪从无”（尽管希望不大）。即使抗辩失败，他也不至于死得这么不明不白。

然而，《权力的游戏》描述的是一个前现代的丛林世界。维斯特洛大陆上的七个王国明争暗斗，铁王座上的七国统治者只维持着脆弱的联盟。建造长城是为了防御各王国共同的域外强敌——野人和异鬼，这个保卫大陆的使命是如此重要，所以必须为守夜人军团规定极其严苛的法律并要求他们立下重誓：终身守卫长城，不得因任何事由擅离职守。倘因例外情形将这条铁律撕开一道口子，后果远比错杀无辜要严重得多。

不仅如此，以维斯特洛大陆的经济实力和技术水平，根本无力支撑起一套精巧的司法程序，更不可能采用苛刻的证据法规则。战乱频发、灾祸横行以及资源稀缺也让生命的价格变得十分低廉。在普通人生如蝼蚁、死亡随处可见且即使王公贵族也随时可能招来杀身之祸的严酷环境中，北境之王错杀一条无辜的生命还有什么大不了的？只不过，人性中的恻隐之心尚未在杀人无数的奈德·史达克身上消失殆尽，否则在行刑时他也至于那么神色俨然。

是的，维斯特洛大陆的法律确实不够人道，但这显然不是因为以自由、平等、博爱为标志性理念的启蒙运动在那个世界里尚未发生，而是因为，只有这种粗暴的法律制度才能有效应对那个蛮荒世界里的各种灾难和风险。残忍，不见得就是仁慈的反面，它有时只是仁慈的手段和外观。一旦仁慈被定义为“妇人之仁”，那么“圣人之仁”和“天地之仁”也就只好用“不仁”来形容了。

《权力的游戏》给人印象最为深刻的，还不是法律，而是人性。剧中人无论贫富贵贱男女老幼，都比生活在文明世界的我们要野蛮残忍许多。且不说那些迷恋铁王座的野心家是何等嗜血，即使几位可歌可泣的正面人物也相当冷酷无情。琼恩·雪诺在死而复生之后就毫不犹豫地把几位持不同政见者悉数杀尽，不是因为他们是坏人，只因为他们曾经杀死了他；丹妮莉丝在消灭敌人时也同样杀人不眨眼，她用的不是刀剑，而是烈火。

奈德·史达克在处死逃兵之前，还特意带上他年仅十岁的儿子布兰，目的就是让儿子亲眼见识一下人头落地的血腥场面。他很清楚，儿子总要长大；而且，凛冬将至。

2

诞生于硅谷并由科技精英所倡导的“数据主义”，据说是一种全新的世界观，数据和算法被置于至高无上的地位。极端的数据主义者坚信，整个宇宙就是由一个无比庞大的数据流所建构的。在生物学家看来，包括人类在内的所有有机生物及其零部件（例如长颈鹿的脖子、蝴蝶的翅膀和马铃薯的叶子），还有彼此之间的关联和组合（例如蜂舌长度和花粉管深度的绝妙匹配），都只是一些生化算法的具体呈现。

一旦人类基因组的算法被全部破译，计算机就可以创造出超级人工智能，进而实现生化算法与电子算法的完美融合。尽管这个“数据主义”的科技前景尚未真正来临，但生物学的发展已足以为我们视人性及动物性为不同或相同的生化算法提供信心。

为什么老虎的胆量大而老鼠的胆量小？答案是自然选择呈现的最佳算法是“实力与胆量相匹配”，胆大如虎的老鼠和胆小如鼠的老虎都不幸偏离了正确的轨道，前者容易死于冒险，后者会遭遇饥饿的折磨，它们的基因都不太可能传递给下一代。老鼠好斗与老虎怯斗属于同样的错误，与之相应，弱国好战和强国怯战也属于同样的错误。

人性，这个概念所描述的，是人类对于外部环境刺激的一个反应集合。反应不只是理性的决策和行动，还有受本能驱使的冲动和激情。激情与理性并不截然对立，复仇的冲动看似不理性，但若考虑到一个人如果没有复仇冲动就会在战乱频生的丛林世界中彻底丧失抵御能力，就会发现，这种由有机体生化机制决定的本能冲动其实是高度理性的；即使经过精心计算，冷酷复仇也依然是个最佳选项。直到环境发生了变化，国家有足够能力垄断暴力的使用权，法律将复仇规定为犯罪，并且司法机关有足够能力制裁这种犯罪的时候，能够成功抑制复仇冲动的人们才可能成为社会的优胜者。

群体层面的人性就是人体生化机制对各种环境参数的数据处理。

倘若以最大化人类生存繁衍的概率为目标，将各种环境参数输入人体生化机制的数据处理器，只需一个简单的数学模型，就可以计算出最优的反应模式，如果一个人的感受和决策偏离了这个最优反应模式，他就会在生态竞争中惨遭淘汰。正确的活下来，错误的代价不是死亡就是绝后；自然选择的算法无论怎样复杂，其基本的表达就是生与死。

维斯特洛大陆上并非没有美德，仁慈、怜悯、宽容、忠诚都会获得赞美，只不过严酷的生存环境让美德的代价过于高昂，甚至经常与死神不期而遇。“好人没好报”因此成了剧作者通过向观众施虐来制造戏剧张力的一个重要套路。罗柏·史达克之所以与其妻母和未出生的孩子一起遭遇“血色婚礼”，起因是他对于爱情的执着；奈德·史达克之所以成为政治角逐的失败者并最终身首异处，首因是他坚守原则；而艾丽娅·史达克，之所以能成为家族的幸存者并能一次次成功复仇，乃是因为在历尽苦难之后她终于成长为一个无所畏惧的冷血杀手。

当然，人性也是多样化的，毕竟每个人的生活环境迥然不同，个体间也有很大差异。即使武松和他的哥哥从小生活在一起，在面对遭遇时的反应也不可能步调一致。但丛林世界和文明社会的大环境差异，却会使群体层面上的人性呈现系统性差异。《权力的游戏》的创作者显然深谙此道，对应于维斯特洛大陆上的特定环境，在人物塑造上，他们有意将各色人等的人性朝残忍、野蛮和冷酷的方向做出了系统性调整。这正是剧作者设计华丽剧情和制造强烈视觉冲击力的逻辑基础。

这种所谓的数据主义人性观，其实是达尔文主义的。也确实是达尔文首先破译了生物有机体的基本算法，他应该算是生物学数据主义的先驱者。但新近诞生于硅谷的数据主义则描绘了一个更为广阔的世界观，试图用数据和算法来解释从极宏观到极微观的整个宇宙。如果万事万物都被视为不同数据流的具体呈现，那么同样的分析工具和解释模型就可以穿越于不同领域，数据主义也因此成为不同领域的通用语言。事实上，这种打破学科壁垒的现象并不新鲜，生态竞争和市场竞争之间的优美平行，早已为生物学家和经济学家提供了共同的话题和感受。

《权力的游戏》的剧情设计也体现了一种数据主义的整合。在该剧描绘的蛮荒世界里，人性的残忍和法律的粗暴形成和谐的匹配，生物学和社会学因此得以水乳交融。但人性与文化不能相互解释，用人性去解释文化或用文化来界定人性都会失之肤浅，因为两者背后的共同主宰，是包括自然地理、社会冲突和物质技术因素在内的各种环境参数。法律和人性不过是对同一套数据在不同层面上的运算而已，并且两种算法是如此相似，致使我们居然可以使用一组同样的形容词（诸如残忍、粗暴、冷酷、野蛮等）。

3

当然，将人性还原为一种算法，丝毫不意味着本能冲动会支配一个人的全部决策，毕竟人性之中还包含对冲动的克制。并且，正是由于克制才是人区别于动物的显著标志，所以狭义的“人性”仅指道德层面上的感受和行动，那些骚动不安的潜藏于心灵深处的本能欲望因此被归入“兽性”的范畴。广义上的“人性”其实是“人性”和“兽性”的组合，两者的配置比例同样取决于外部环境的丛林化或文明化的程度。**与生活在文明世界的我们相比，维斯特洛大陆上的人们只是兽性的比例稍多了一点而已。**

道德层面的人性也无非是一种算法——人类走出丛林世界进入文明社会后，环境参数的变化必然导致反应模式的变化。环境总在变化中,一个偶然的事件就可能引发“蝴蝶效应”。

假定在维斯特洛大陆学城(最高科研机构)里的某个学士突然发明了蒸汽机,并由此带动了科技进步和产业革命,那么,在社会财富和政府财政都出现巨幅增长之后,文明就会出现。尽管人性中的贪婪根深蒂固,没有人不想获取别人的财富和资源,但只要购买的价格比掠夺的成本还要低廉,战争就能避免。

因而所谓文明,在很多时候就是国家和社会有条件拒绝去做一些令人于心不忍的事情。如果维斯特洛大陆的政府军队已经装备了枪支和坦克,因而能够轻而易举地消灭仍然使用冷兵器的反叛武装,酷刑就有条件废除。如果七国有能力建造足够数量的监狱,减少死刑和废止肉刑就可以提上日程。如果纳税人有能力供养足够数量的警察,并且有能力让他们掌握高科技的侦破手段,设计和实施精致法律制度和严格司法程序的障碍就能基本清除;在经历一场军事法庭的严肃审判之后,那个叫威尔的守夜人逃兵完全可能免遭杀身之祸。

但文明也可能是被逼出来的,因为更大的恐惧会让野蛮难以为继。《权力的游戏》到了第七季,域外异鬼组成的死人军团成为笼罩在维斯特洛大陆上的毁灭性威胁,这个巨大变量的引入导致了环境参数的变化进而引起了反应模式的变化。成为新任北境之王的琼恩·雪诺,破天荒力排众议宽恕了他曾经的背叛者。虽然知道这是对古老政治规则的严重破坏,但“凛冬已至”(Winter is here),为了对付更加强大的敌人,他需要缔结更大规模的联盟。为此,原始的复仇冲动必须加以约束。丹妮莉丝的目标是从瑟曦手里夺回铁王座上的权力,但屯兵龙石岛却一直按兵不动,她担心战争导致生灵涂炭,于是试图寻找一种伤亡较小的解决方案。

剧情演绎至此结局已经不难猜测，以琼恩·雪诺和丹妮莉丝为代表的维斯特洛大陆的新生代领袖必然会为这个蛮荒世界缔造一个崭新的文明。在“冰与火之歌”尚未真正唱响之前，我们已经看到了两位年轻领袖身上闪耀着越来越亮丽的人性光辉。

4

如果说《权力的游戏》的结局是“人性”拯救了大陆，那么科幻小说《三体》却反其道而行，小说第二部《黑暗森林》讲述的故事，是人类的“兽性”拯救了星球。

故事背景是三体人将要入侵地球，这是人类从未面对的毁灭性威胁。为了应对三体人入侵，全世界的政治、经济、宗教、文化、军事、外交等各方面都发生了巨变，这同样是一个巨大变量引入环境参数的连锁反应。然而非常不幸，三体人的科技遥遥领先，集全人类之力建造的太空舰队在顷刻间就被三体人发出的一个简单武器（“水滴”）全部摧毁。

人类的救世主是面壁者罗辑，他对三体人采用的手段是同归于尽的威胁。他为自己挖好墓地，将手枪顶到自己的心脏，然后向三体人传递信息：只要他的心脏停止跳动，手腕上的生命检测仪就会通过一系列传感器引爆部署在太阳轨道上的3614枚核弹，这将会向整个宇宙暴露三体星球和太阳地球在银河系的位置坐标，结果将导致三体世界和人类世界的共同毁灭。

面对这种鱼死网破的威胁，三体人退缩了。他们之所以恐惧暴露自己星球的位置坐标，是因为宇宙存在“黑暗森林法则”，这个罗辑经过长期思考才明白的法则，在三体人那里早已是小儿科的常识。

“黑暗森林法则”的逻辑起点是两个重要概念：“猜疑链”和“技术爆炸”。两者都是阻止星际文明之间展开交流和合作的障碍。“猜疑链”的含义是，如果我们不清楚对方的意图，我们就应该假定对方是恶意的而非善意的；“技术爆炸”的含义是，如果我们不清楚对方的实力，我们就应该高估而不是低估对方的实力。“黑暗森林法则”是“丛林法则”在宇宙规模上的扩展版和升级版。

> 整个宇宙就是一个黑暗森林，每个文明都是带枪的猎人，幽灵般潜行于林间，轻轻拨开挡路的树枝，竭力不让脚步发出一点儿声音，连呼吸都必须小心翼翼：他必须小心，因为林中到处都有与他一样潜行的猎人。在这片森林中，他人就是地狱，就是永恒的威胁，任何暴露自己位置的生命都将很快被消灭。如果有个小孩在林中升起一堆篝火，就会立刻招来猎人的子弹。

三体人知道，宇宙中比三体人科技更发达的文明数不胜数，他们消灭三体就像三体人消灭地球一样易如反掌。罗辑的威胁之所以能成功，还因为三体人对人类了如指掌，他们深知，虽然人类这种低级生命已经进化到了一个相对文明的阶段，但潜藏于人类心灵深处的兽性并未彻底丧失，原始的复仇冲动一旦被激发出来，同归于尽也在所不惜。罗辑身上这种根深蒂固的兽性，让三体人迅速判断出，他发出的威胁是可置信的。如果三体人认为罗辑有着慈父般的心肠，他们就不会退缩，而是选择冒险。

三体人后来确实选择了冒险，但这是发生在新任“执剑人”程心接管了罗辑保卫地球的使命之后。与罗辑不同，程心是一位具有圣母般心肠的年轻女性。然而，正是程心的仁慈和理性让三体人获得了冒险的信心。经过精心计算，三体人最终做出的判断是，程心没有罗辑身上那种鱼死网破的复仇决心，所以即便三体人采取冒险行动，只要程心发现这已是既定事实，她就不忍心做出共同毁灭三体和地球的决定。于是，三体人的冒险成功了，人类陷入了前所未有的劫难。

面对三体人的入侵，人类曾靠兽性活了下来，但又最终毁灭于自身的人性。作者如此设计小说的情节，隐含一个深刻的洞察："没有人性，后果很糟；没有兽性，一切全完。"这并非有意抹黑人性或为兽性平反，作者只是以一种平静、冷酷的心态来重新审视人性的内涵，进而想象人类——这群宇宙中渺小而脆弱的动物——在应对前所未有的毁灭性威胁时，所可能做出的反应以及可能承受的命运。在宇宙级的时空背景之下，道德话语和文明表象的掩盖能力显得鞭长莫及，从而真实和真相就赤裸裸甚至血淋淋地呈现出来。

尽管兽性一直受到谴责，但它却是人类在漫长进化过程中应对各种灾难和风险的经验总结，历经百万年甚至亿万年的时间检验，最终沉淀在人类有机体的基因之中并代代相传，成为指导人类的决策和行动的基本算法。**虽然残忍、好色、贪婪、吝啬都被贴上了不道德的标签，但若没有这些品性，就无法想象人类能够侥幸度过许多极度饥馑或动荡不安的岁月。**

与兽性相比，道德层面的人性只有很短暂的历史，并且主要停留在理性的层面，尚未完全内化到基因之中，且本质上是个策略性的反应集合。策略性反应当然不会不计代价，而且必须忽略沉没成本。经济学家告诫，沉没成本不应计入成本之中，即"让过去成为过去"或"不要为撒了的牛奶哭泣"。既然三体人入侵地球的事实已然不可改变，那么，以暴露地球和三体坐标的位置作为复仇手段只会让人类更早灭亡。程心的头脑是清醒的，但正是她的清醒让三体人觉得有机可乘。倘若“执剑人”换做路德，一个冷酷无情、充满攻击性而又毫无理智的家伙（曾经和程心竞争“执剑人”却没成功），三体人就断无可能采取行动。“沉没成本谬误”是人性中许多不理性的表现之一，无法忘怀沉没成本看似不理性，但其实隐含了一种更深刻的理性——那些撒了牛奶也不会哭泣的精明人，会增加在未来撒牛奶的概率。

5

《三体》和《权力的游戏》都堪称为近些年横空出世的“现象级”作品，前者科幻，后者奇幻。尽管两部作品的风格与结局迥异，但对人性的洞察却颇有相通之处，两者共同分享的，是一种数据主义的人性观，与被道德话语所操纵的人性观截然不同。只要谈及人性，也就迅速拉近了虚幻的故事背景与现实世界的距离。

三体人入侵固然无需考虑，但这个故事呈现出来的逻辑，却真实地存在于我们生活的世界之中。战后半个多世纪的天下太平，无疑得益于世界强权各自拥有毁灭性武器而形成的恐怖平衡，达成这种恐怖平衡的人性基础，就是人类根深蒂固的复仇冲动。由于相信遭受核打击的敌对国家会毫不犹豫地发起核反击，所以任何一个国家都不敢轻举妄动，除非这个国家确信其有能力通过第一轮核打击就能彻底摧毁敌国的核反击能力。

尽管这个恐怖平衡的逻辑框架十分清楚，但仍有一些细节问题晦暗不明，其中一个最引人注目的问题可以如此描述：

> 假定我是 X 国的战略核潜艇上的最高军事指挥官，在经历了一场核战争之后全人类已到了灭亡的边缘，只有一个最

> 强大的Y国家还有少数幸存者，而X国已经被Y国彻底摧毁，核潜艇的全部官兵成为X国唯一的有生力量。再假定只要我决定发起核反击就能消灭Y国的全部幸存者，但因为反击会暴露潜艇的位置，Y国在被彻底毁灭之前也有能力击沉我的潜艇；如果我决定不发动核反击，舰艇迟早还是要浮出水面，而一旦浮出水面就会立刻被Y国的幸存者消灭。那么问题来了：1. 我会向Y国发动核反击吗？2. 我能选择和Y国的幸存者谈判吗？

应该说，这两个问题都非常难以回答。人性与兽性之间的冲突在那个最后时刻会变得捉摸不定，敌我之间的沟通交流也因信息不对称和相互猜疑而变得障碍重重。一旦涉及诸如此类的问题，就会发现《三体》讲述的人类劫难并非杞人忧天。故事是虚构的，但故事的逻辑是逼真的。

我们确实生活在一个安宁富足的时代。远离了战争，战胜了饥饿和瘟疫，也有能力应对甚至预防各种自然灾害。如今，全世界每年自杀的人数超过了死于战乱和暴力犯罪的人数总和，人们更担心营养过剩而不是营养不良，高血压和糖尿病远比饥饿更可能夺走人们的生命。尤瓦尔·赫拉利对此打趣说："糖比武器更致命"。

承平日久就难免产生错觉——将繁荣与和平视作理所当然，认为历史就像一头野驴，朝着更加美好的未来狂奔，没有任何力量能够阻止它的脚步。尽管这种乐观的想象并非没有根据，毕竟人类世界在过去半个多世纪的时间里确实呈现这个趋势，但过去这样并不意味着未来也会这样。

尤其在最近几年，世界局势的变化呈现加速度的态势，各种累积的矛盾逐渐变成了死结，热点地区在增加，军备竞赛在加剧。尽管大规模的灾难尚未发生，但世界走向丛林化的趋势却已初露端倪。欧洲人对此早有察觉，荷兰前外交大臣法兰斯·蒂莫曼斯在几年前的一次演讲中就引用了《权力的游戏》里的那句著名台词："凛冬将至"。

如果采用一个宇宙级的时间尺度，人类的历史也许只是一只无头苍蝇，它的飞行路线是如此杂乱无章，以致百年千年的样本数据根本无法统计出什么规律和趋势，我们只是碰巧生活在了它平滑飞行的那一小段轨迹上。如果将来有一天，我们的世界凛冬已至，那么，在接下来的漫长冬季里，我们的后人在追忆这个"糖比武器更致命"的黄金时代时会有怎样的感慨？他们会赋予我们这个时代的人性和文明以传奇般的色彩吗？正如我们将维斯特洛大陆上的人性和文明看作传奇一样？

社会与经济

市场不仅是人类社会的产物，

而且是自然选择的延续。

Society
and
Economy

还有比经济增长更好的避孕药吗？

经济增长、科技进步、观念更新和社会稳定，这些人类最珍视的、通过持续努力和奋斗才获得的东西，无一不包藏着抑制生育的力量，生育率下降差不多就是人类向往美好生活所必须付出的代价。

1

究竟有哪些因素抑制了育龄夫妇的生育意愿？即使媒体舆论和学术研究早把这个问题说清楚了，简单做个汇总也不算多余，没准还能发现一些被忽略或被掩盖的因果关系。但我的目的仅限于此，不对任何现象和后果做道德评价，既不歌颂什么，也不谴责什么。

理论上的育龄妇女在15—49岁，但掐头去尾，实际上的育龄妇女只在20—45岁。按年龄可粗略分成两个群体："75后"的中年育龄夫妇和"85后"的青年育龄夫妇。对于是否生孩子和是否要二胎，两个群体各有苦衷。

青年育龄夫妇的普遍抱怨是"养不起孩子"，因为高学费和高房价抑制了他们的生育意愿，很多人赞同"房价就是最好的避孕药"。但仔细一想，所谓"养不起孩子"的说法其实半真半假。在中国人最想生孩子的那个年代，绝大多数人还没有真正脱贫。曾几何时"越穷越生、越生越穷"就是计生工作者面对的一道经典难题，而当年的计生口号——"要想富，少生孩子多种树"——就是试图以脱贫为诱饵切断这个恶性循环。

和过去那个年代作对比，意味着对于青年育龄夫妇不想生孩子的问题，我们需要给出一个修正性答案：没错，青年人确实还不富裕；但和过去比，他们已经不那么贫穷了。"机会成本"的概念很容易协调其中的矛盾——当经济增长让人们普遍摆脱贫困之后，生育孩子的机会成本就随之攀升，结果反而是"养不起"了。当然，**"养不起"的真实含义是"不划算"**。所谓"经济增长就是最好的避孕药"，说的就是这个道理。

中年育龄夫妇虽然大多买了房，也有了一定经济基础，但他们的问题却是"精力不行了"。有精力的时候没钱养孩子，有钱之后又没精力养孩子。两者都是机会成本的问题——把养孩子的成本（钱财、精力、时间以及其他任何资源）节省下来投入别处，将会获得更大的效用。

孩子是一种多功能产品，至少能给父母带来两类效用：一类是物质性效用，包括给家庭补充劳力以及为父母提供养老保障等；另一类是精神性效用，主要是心理安慰，还有成就感，也包括养孩子带来的乐趣，后者大致就是传统中国人所说的“天伦之乐”。经济发展水平不同，人们对这两类效用的需求程度就不一样。

在普遍贫困的农业社会，养儿防老和补充劳动力都是刚需，所以才会“越穷越想生”，那时孩子是必需品。但当工业化和城市化让家庭不再缺乏劳动力，尤其当经济增长解决了养老保障之后，孩子的物质性效用就大打折扣，即便头胎还是刚需，二胎也差不多属于奢侈品了。孩子给父母带来的效用也是边际递减的。

什么时候人们才去购买奢侈品？答案当然是必需品都买齐了还有余钱花不出去的时候。由此看来，只有那些非常富裕的夫妇才会重新点燃对“儿女双全”或“子孙满堂”的渴望。生育意愿取决于生育孩子在家庭需求格局中的排序，排序越靠前，生育意愿就越强，反之则否。所谓“经济增长是最好的避孕药”，意思是经济增长让孩子在家庭需求格局中的排序靠后了；而所谓“房价是最好的避孕药”，意思是买房子比生孩子更紧迫。

其实，**饥饿才是最有效的避孕药**，如果自己的肚子都填不饱，要命就比要孩子更紧迫（想想三年自然灾害期间的生育率）。

2

虽然“养儿防老”的说法隐含了性别歧视，但考虑到婚姻的传统习俗——女儿会嫁出去，儿子才会留在身边——性别歧视也情有可原。实际上，不仅就防老而言，养女不如养儿可靠，即使从补充家庭劳动力方面，女儿也没法和儿子比。人民公社时代的农村实行工分制，青壮男劳力出工一天计 10 分，而青壮女劳力出工一天只计 7 分，最多计 8 分(那可得是“铁姑娘”)。既然养儿养女的成本差不多，那么养儿显然更划算。“重男轻女”的社会观念是有经济因素做支撑的。

育龄夫妇挑剔孩子的性别，就是刺激生育率的重要因素。非生男孩不可的决心，会让一对夫妇的实际生育数量远超他们的生育意愿。“五朵金花”一定是她们父母想要男孩而不得的副产品。假定一对夫妇只打算生育两个孩子，如果孩子的性别不合心意，这对夫妇就会被迫多生一个——但到此为止，不管第三个孩子是男是女，都不会再生第四个。基于上述假定的计算结果显示，这对夫妇有 25% 的概率会生育三个孩子。如果整个社会的平均状况就是如此，那么仅性别挑剔这一个因素就贡献了 0.25 的生育率。

几十年前的中国乡村社会，生育性别挑剔比假设的情形还要严重得多，五六朵金花比比皆是，七八朵金花也时有耳闻。但这看上去和单纯经济因素的解释不那么相称，除了沉没成本谬误的认知偏差，似乎还有别的因素在作怪。

这个因素还真不难找，女儿不同于儿子的地方，还在于前者不能当作“战士”来使用。家庭需要战士吗？兵荒马乱的时代当然需要。但即使在和平年代，乡村社会中也少不了各种家庭间的纠纷和冲突，搞不好就会打起来。在不能完全指望公权力出面主持公道的时候，有儿子或儿子多的家庭就更可能在冲突中占据上风。“生子如羊不如生子如狼”的说法表达了一种深入骨髓的丛林意识。如果一个家庭有三五个儿子，不仅无人敢欺，甚至还能横行乡里。而那些只有女儿的家庭断无这种雄心壮志。

无论“养儿防老”还是“养儿防欺”，生育性别挑剔都反映了乡村社会中的风险意识。传宗接代的观念就是风险意识的演化和变形。“不孝有三，无后为大”，这个“后”可是专指儿子的，没有儿子女儿再多也等于“绝后”。在中国人的传统观念里，“绝后”可是天大的不幸，不仅活人的利益随时受损，死后的尊严也保证不了，甚至坟都有可能被人给挖了。绝后的家庭被称为“绝户”，绝户会获得如同残疾人一般的怜悯和同情。乡村社会里有句套话——“打瞎子，骂哑巴，踢寡妇门，挖绝户坟”——专门用于描述那些欺凌弱小的坏蛋。

传宗接代的观念会大大强化性别挑剔的程度，进而显著提升生育率。所以毫不奇怪，致力于降低生育率，当年的计生口号中就有一句说“女儿也是接代人”。短短几十年，得益于在工业化、城市化、社会治理和养老保障等方面所取得的成就，与性别歧视相关的各种社会观念都在中国社会消退或消失，这当然是好事。但与此同时，伴随“生男生女都一样”的观念深入人心，性别挑剔对生育率的影响也变得微乎其微了。

而如果一对夫妇对孩子的性别一点都不挑剔，那么他们最可能做出的选择，就是只生一个。看到了吧，男女平等也是一种避孕药。考虑到男女平等的观念背后，不只是社会进步和同工同酬，还有承平日久带来的安全感提升，就不妨再加一句：**安全感也是一种避孕药**。

安全感抑制生育，风险意识刺激生育。许多富裕国家之所以仍能保持强劲的人口再生产能力，除宗教和文化因素外，深层原因也许是这些国家的人民普遍缺乏安全感，以致性别歧视根深蒂固。而西方国家几十年用于刺激生育的措施之所以不怎么见效，原因之一是这些措施虽然可以降低生育成本，但同时也会进一步提升安全感，而后者在一定程度上会抵消前者的效能。

3

男女平等还会从经济层面上抑制生育率。由于女性付出的生育成本比男性更高，所以男女同工同酬自然会让生育孩子的机会成本变得更加高昂，这也是高收入女性比低收入女性、职业女性比家庭妇女更缺乏生育意愿的原因所在。顺便说一句，相对而言高收入女性和职业女性都更聪明一些，因此她们少生的那部分孩子也更聪明一些。

比之男女平等的夫妇，**阴盛阳衰的婚姻组合无疑会进一步降低生育意愿**。如果女性是这个家庭的经济支柱，就可以稳妥地打赌说，一个孩子就是这个家庭的最大生育值。

生育成本提升了，生育意愿自然会降低，但反向的因果关系也不能排除——正是因为生育意愿降低了，所以必须追加生育成本。反向因果关系反映了生育策略从注重数量到注重质量的转换，而教育的商品化则看似提高了生育策略转型的成功率。

尽管乡村社会的人们早就懂得“好儿不用多，一个顶十个”，但孩子将来长成什么样父母是很难把控的，除了给孩子提供上学的必需品，就几乎没什么额外工作可做了。没人担心自己的孩子会输在起跑线上，因为起跑线只有一条。

如今的情形显然不同了，只要舍得花钱购买各种补习班和培训班，就有更大的概率让自己的孩子在奔跑中领先，尽管这个概率被年轻父母严重夸大了，但只要他们信以为真，里面的水分就对转换生育策略的动机不产生影响，至少短期是这样。

看着这些年轻父母为了孩子的培训班和补习班疲于奔命，焦头烂额，谁能指望他们还有信心去多养一个孩子！把多养的心血集中培养一个孩子是再正常不过的打算，也难怪有些年轻父母会觉得，多养一个会很对不起已有的这一个。说到底，可怜天下父母心。

儿女成人之前由父母抚养，父母老了之后由儿女赡养，这就是人类社会的代际交换，代际交换是人类得以繁衍生息的基础性制度。中国传统社会强调“孝道”，其意义就在于维持代际交换的稳定——在鼓励儿女赡养父母的同时，作为正向反馈，父母就会多养育儿女，并在养育儿女上更舍得投入钱财和心血。

可如今的代际交换怎么看都是一笔赔本的生意。虽然很少有父母期望和孩子做等价交换，但若交换严重失衡，也势必会削弱交换的意愿。养育孩子的成本是如此高昂，倘若只需拿出其中一小部分积攒起来，就足够在未来把自己送进养老院，那么生一个孩子看起来都是多余的。

由此看来，中国社会能把生育率保持到目前的水平，反倒说明年轻的父母在生养孩子的问题上并没把经济账算得太仔细。不信你可以问问年轻人为什么打算生孩子，得到的答复肯定和代际交换扯不上关系，反而总是一些虚头巴脑的理由：“我喜欢孩子”，“我想体验一下做母亲的感觉”，“生过孩子的女人才是完整的女人啊”。看破玄机的年轻人干脆就选择了丁克。“丁克”这个词洋溢着浪漫气息，甚至略带骄傲感，无论如何都与“绝户”两个字完全不沾边儿了。

在无力理解代际交换的时代，人类（那个时候恐怕还不是人类）没有独立于性冲动的生育意愿，孩子只是两性偷欢之后的副产品。为了保证人类繁衍下去，自然选择设计了一个基因圈套，把生育和性行为捆绑在一起，这是一种诱饵策略——考虑生养孩子的任务繁重而艰辛，所以需要事先的奖赏（性快感及其延伸性的浪漫和甜蜜）做诱饵。但科技发展却让诱饵脱钩了，一对男女可以尽情欢爱却不让自己背上生育的负担，怀孕在很多时候是被当作意外事故来处理的。医学科技发明了最有效的避孕药，并且让堕胎变得简单又安全。

失灵的不只是基因圈套，还有人类社会的生育制度。在几十年前的中国社会，只有婚姻才提供社会认可的性机会，婚前同居甚至婚前性行为都会被人指指点点。但现在的情形显然不同了，未婚男女可以正大光明地生活在一起，只不过和已婚夫妇相比，他们会消费更多的避孕药。

最近十几年又有了新的变化，许多前卫的男孩甚至对两性关系也不那么感兴趣了，因为互联网提供了虚拟的快感超市。沉迷于电子游戏和色情的男孩变得越来越“宅”，越来越“高冷”，越来越“佛系”。倘若一个男孩连求约会都嫌麻烦，就更不能指望他去求婚了。网络不仅成了避孕药，而且还似乎成了断欲药。不敢想象，将来性爱机器人逼真到足以替代真人的时候，又会对婚姻和生育带来什么冲击？

4

生育率下降是一道无解的难题。经济增长、科技进步、观念更新和社会稳定，这些人类最珍视的、通过持续努力和奋斗才获得的东西，无一不包藏着抑制生育的力量，**生育率下降差不多就是人类向往美好生活所必须付出的代价**。这简直就是宿命。

只要生育率下降的趋势无法遏制，或者哪怕下降趋势稍缓、但却不能恢复到世代更替的水平，那么数学逻辑就会推演出一个可怕的结论：人类断子绝孙只是个时间问题。当然这个结局肯定不会出现，因为——不妨悲观地假定一下——只要二三十年后我们这一代人老无所养、无依无靠，我们孙子辈的那一代人就会重新评估生育孩子的重要性。这意味着即使国家和社会听之任之，生育率下降到一定水平之后也会触底反弹，只不过其间的代价极其高昂。

如果试图以较小的代价扭转生育率下滑的趋势，国家出面采取一些干预措施就是责无旁贷的，当然挨骂也是必然的。很多人主张生育自由、国家不得干涉，这些说法很动听，但若换个说法——“我们要坐等生育率触底反弹”——就不那么动听了。

只要国家出面干预，则温和的手段无非如下选项：补贴、收税或开放市场，几个手段各有利弊。但生育意愿的惰性实在太强了，即使把补贴和收税组合在一起——这就相当于之前被骂惨了的生育保证金——也难说能起多大作用。

人口减少不完全是坏事，我们应该把人口自然减少当作全面提升人口素质的一次历史性机遇，最好能把计划期间导致的人口智力损失再弥补回来。既然家庭能够采取从重数量到重质量的生育策略转换，那么国家也可以。

国家竞争主要比拼的是人口质量，而不是人口数量，但提升人口质量可不是花钱办教育就能做到的。教育有用，但作用有限。教育可以挖掘人的潜力，但前提必须是确实有潜力可挖。大家都在讲创新，决策者迷信管理和考核，但智力才是创新的基础。智力是一种战略资源，人才掠夺的更深层面是基因侵略。**高智力基因不同于美貌基因，后者会集中流向资本密集的区域，但前者除了追逐资本，还对环境有额外的挑剔**。

补贴、收税或开放市场，几个手段看似简单，但怎么用、用到什么程度、往哪些人身上用，都需要合理规划、全局统筹。我们应该把鼓励生育政策当作整个国家人口发展战略的一个组成部分，力争以最小的代价获取最好的效果。

5

如果我足够明智，说话就该到此为止，可书生气发作起来就会口无遮拦。下面要讲的即使不算谬论，也难免有失分寸。

和西方国家不同，中国经历了几十年的计划生育。再去谴责过去的政策过激已经没什么意义，世上没有后悔药，但无论吸取教训还是借鉴经验都是当务之急。

在曾经严格执行计划生育制度的年代，执行差异主要不在地区之间，而在城乡之间。农村“独女户”经过一段时间间隔就可以申请第二个生育指标，而城市户籍夫妇却只能生一个。制度如此设计虽属迫不得已，但其直接后果却造成了农村生育率显著高于城市，间接后果则是阻碍了整个国家人口素质的全面提高。这个结论的依据，除了城乡之间教育水平和教育投入存在巨大差距，还有更为根本的因素，只是大家一直绝口不提。

聪明人总有更多机会从农村流向城市。城市对农村的智力收割——主要途径是高考，几十年的智力收割已经让城市人口和农村人口之间出现系统性的智力差异，曾被媒体热议的“寒门再难出贵子”难说与此不相关。只要城乡之间的生育率差距持续足够长的时间，就势必会拉低全部人口的智力水平。

而如果做个制度改进，允许农村户籍夫妇将其二胎生育指标有条件转让给城市户籍夫妇，并在城乡之间建立一个二胎生育指标的交易市场。情形就会好很多。大量二胎生育指标从农村流通到城市，人口素质就会有很大程度的提高；而大量资金会从城市流向农村，城乡贫富差距也可因此得以缓解。

计划生育时期没有采用市场的手段，至少在我个人看来是个很大的遗憾。但现在要鼓励生育，重新考虑放开市场的可能性也不算异想天开。生育指标的交易显然已经没有意义，但若是放开“代孕市场”和“代养市场”呢？有兴趣的读者不妨做一番兵棋推演。

“电车难题”又有何难？

不同版本的“电车难题”都可以诉诸功利主义的逻辑，而无需求助于康德式的道德律令。

SOCIETY AND ECONOMY

1

“电车难题”(The Trolley Problem)是伦理学和法理学上一个著名的思想实验，它有好几个版本，我们只讨论其中两个，分别称为“效率版”

和“公平版”以示区分。

效率版的电车难题所假设的情形是：一辆有轨电车在前行中刹车失灵，司机没法让电车停下来，但可以拉动拉杆让电车转向。电车行进的轨道前方有5个铁路工人还在施工，若是听任电车前行，这5个工人就要全部被撞死，无一人生还。避免这一惨烈事故的唯一方法是司机拉杆让电车转向，转向后的电车驶入另一条轨道，但这条轨道的前方也有1个工人正在施工，电车转向的后果是此人必被撞死无疑。那么问题来了：如果你是司机，你会怎样做？

——大多数人会选择拉杆让电车转向，以牺牲1个人为代价拯救5个人。这个做法被认为是效率指向的。

将前述思想实验稍作改动，就变身为“公平版”的电车难题：同样是一辆有轨电车刹车失灵，轨道前方同样有5个铁路工人正在施工，听任电车前行的后果是5个工人被全部撞死，无一人生还。没有其他轨道可以转向，司机已无力避免这一惨烈事故，但此时有个人恰好在轨道上方的天桥上看风景，他目睹并完全理解了即将发生的悲剧，并且他还知道，只要把身边的一个胖子从桥上推下去，就能拦住电车前行，拯救这5个工人，但被推下去的胖子必死无疑。那么又问题来了，如果你就是站在桥上看风景的那个人，你会怎样做？

——绝大部分人的选择是不推。这个做法被认为是公平指向的。

如果你此前对哈佛大学教授桑德尔的公开课《正义》（或根据讲义出版的同名书）有所耳闻，就会发现我几乎完全照搬了他介绍的两个版本的电车难题，甚至描述了场景——通过课堂上的提问回答，桑德尔初步展示了人们对两个问题给出不同答案的统计数据。

如果仅仅着眼于怎样采取行动，那么电车难题其实真没什么难的。在效率版的电车难题中，主流意见是允许司机“撞杀”一个人以拯救五个人，反对者属于异类；而在公平版的电车难题中，主流意见是反对旁观者“推杀”1个人以拯救5个人，赞同者属于异类。有分歧很正常，共识从来都是稀缺品，有多数意见就不错了。

“电车难题”的真正难点，是如何解释人们从中展现出来的自相矛盾：为什么同样是牺牲一条性命拯救五条性命，大多数人却会做出相反的选择——同意第一种做法（“撞杀”），却拒绝第二种做法（“推杀”）。桑德尔在其公开课上就是通过连续问答来揭示这个自相矛盾的结果才把大家彻底搞懵的。

有一种解释说，我们的大脑有不同的功能分区，效率脑区别于公平脑，而且不在一个位置，两个版本的电车难题分别激活了效率脑和公平脑，因此在回答问题时出现上述自相矛盾。但这其实算不上解释，充其量是个描述。我们仍可以继续追问：为什么同样是牺牲一个人来拯救五个人，两个版本的电车难题却分别激活了不同的脑区？

如果电车难题确实无解，道德哲学家就会喜出望外，这表明功利主义不能垄断伦理和法律的全部解释权，康德式的道德律令至少在一些边缘问题上有望保留一席之地。因此，关于电车难题的深层追问是，咄咄逼人的功利主义是否也有撞墙的时候？致力于寻找功利主义的理论漏洞，电车难题被设计得如此刻意也算煞费苦心。

但是很遗憾，电车难题其实一点都不难，功利主义可以轻松解释两个版本的电车难题，自始至终都无需求助于公平的概念。为什么同样是为了拯救五个人而牺牲一个人，大家认可“撞杀”却拒绝“推杀”？原因很简单，条件发生了变化，魔鬼藏在细节里，不变的数字只是刻意设计的掩体。

只需将两个版本的电车难题做个比较，就会发现：第一，决策人发生了变化，在效率版的电车难题中只有作为局内人的司机才能决定谁死谁活，但在公平版的电车难题中一个作为局外人的旁观者却掌握了生杀大权。这个变化非同小可，意味着**权力的扩张**。第二，被牺牲的受害人发生了变化，在效率版的电车难题中只有局内人才可能做出牺牲；但在公平版的电车难题中一个局外人也被卷进了事故之中。这个变化同样非同小可，这意味着**危险场域的扩张**。

无论权力的扩张，还是危险场域的扩张，都会引发人们内心深处的恐惧感。如果我想平平安安地过日子，只需远离危险的职业、危险的人物和危险的场所就足够了。可如果允许局外人杀死局外人，那么世界上还有什么人是可靠的？还有什么职业和场所是安全的？

我还敢去医院看病吗？说不定医院里还有好几个等待器官移植的病人，其中一个需要移植肝脏、一个需要移植心脏、一个需要移植肺脏，还有两个需要移植肾脏。如果有个医生决心去拯救那五个病人，一个划算的做法就是把我化整为零。这是个多么恐怖的世界！没有人会认为医生是在大发慈悲，这么做会毁掉整个医疗行业。

效率版的电车难题则不会引发诸如此类的恐怖联想，局内人杀死一个局内人以拯救更多的局内人，这是一个相对封闭的事故场域。“封闭”意味着如果这个做法上升为法律或政策，其适用范围相对固定，不至于造成失控性的外溢。简单地说，在效率版的电车难题中，即使打开“撞杀”的口子，也很容易再堵上；而在公平版的电车难题中，“推杀”的口子一开就堵不上了。在电车难题的两个版本之间，最重要的区别就在这里。但除此之外，我们还会注意到三个细节问题。

第一，虽然被牺牲掉的两个受害人都很无辜，但在我们的感觉中，“推杀”的受害人比“撞杀”的受害人更加无辜。即使这种感觉是荒谬的，只要没法消除，它就会影响我们的判断。更何况这种感觉其实并不荒谬，它只是反映了人们对于两个受害人对于事故风险的耐受度有不同的评估。认为铁路工人比站在桥上的局外人更能耐受风险，应该算是合理的判断，因为通常情况下，高风险的从业者在其职业收入中就包含了对事故风险的补偿。

第二，相比之下，公平版的电车难题包含了更多的不确定性因素。当然不是思想实验本身不确定，两个思想实验的条件都是被规定好的，所有变化的概率值都被设定为100%，不存在不确定性。但实验条件的设定是一回事，人们的想象是另一回事。但了解了公平版的电车难题之后，估计会有很多人犯嘀咕，站在桥上看风景的那个人真有那么强悍的判断力吗？他把身边的那胖子推下去真能解决问题吗？哪怕是下意识的怀疑，都会影响人们对问题的判断，因为怀疑意味着观察者改变了实验条件中已经设定好的概率值。

第三，“推杀”和“撞杀”的行为区别并非没有意义。一个人敢于对另一个人的肉身直接下手，属于生性残忍，其人身危险性要比“撞杀”者高得多。而人身危险性高，则意味着他未来继续作案的概率更高，作案成功率更高，且作案后更难以被抓获。

说到这里，答案就很清楚了。电车难题的两个版本貌似相同，其实差距甚远。并且**两个版本的难题都可以诉诸功利主义的逻辑，而无需求助于康德式的道德律令**。功利主义解释不仅足够融贯，而且有能力揭示其中的因果关系。

2

但到此为止,我们没有真正检验功利主义本身的合理性。仅仅把功利主义的合理性立足于简单的数学加减法是难以服众的。是的,5 比 1 大,法律和道德确实在一定范围内允许人们以为了保全更大利益而牺牲较小利益为代价,效率违约和紧急避险的法律制度就体现了这种利弊权衡。倘若一个人在快要饿死的时候偷走了一条价值昂贵的宠物狗并吃掉了它,那么只要他身上没有足够的钱或即使有钱也买不到(比如狗的主人不在场),那么这个人就可以援引紧急避险的抗辩而主张偷狗是合法的。

但谋杀可否作为紧急避险的有效抗辩就不像偷狗这么简单了。如果杀死一个人可以拯救多个人的性命,那么谋杀可否作为紧急避险的抗辩?这个问题至今没有公认的答案,尽管围绕一个著名案例展开的学术争论已经持续了一百多年。

发生在 1884 年的瑞吉纳诉杜德利和史蒂芬斯(Regina v. Dudley and Stephens)案中,救生船上濒临死亡的几个人杀死并吃掉了其中身体最虚弱的一个船员;有证据表明,受害人无论如何已经接近死亡了,即便他不被杀死,也必定会先于其他几个人而死于严重的饥渴。活下来的几个人提出紧急避险的抗辩,但被法庭否决。

以杀死一个注定要死的人为代价来拯救三个人的生命,完全合乎紧急避险的逻辑,因此这不是 3 比 1 大的问题,而是 3 比 0 大的问题。更何况,该案中的交易成本非常高(即便受害人知道自己快要死了,也不可能以任何价格出售自己的生命)。这个案例之所以引人注目,原因和电车难题一样,不仅提出了谋杀可否作为紧急避险抗辩的法律难题,还涉及了西方两大伦理学传统即功利主义和康德主义之间的激烈冲突。法庭对被告人做出的有罪判决，似乎迎合了“人是目的，不是手段”的康德主义道德律令，这个案例因此被视为功利主义无法垄断所有法律解释的有力例证。然而，仔细分析这个案例却会发现，得出上述结论为时尚早。

如果法律允许人们在濒临死亡的情况下杀死救生船上最弱的一个旅客，就没法避免滥杀，那些还没有真正绝望的人们可能因此提前动手，不该杀的时候提前动手就会导致滥杀。假定滥杀的预期生命损失量是L1，而如果法律禁止人们在濒临死亡的情况下杀死救生船上最弱的一个旅客，那么该杀的时候不动手也会产生一个生命损失量，假定这个生命损失量是L2。只要L1 > L2，法庭就应该否决谋杀作为紧急避险的合理抗辩。事实的确如此，L2是个很小的数值，趋近于零，因为对于那些确实身处绝境的人们而言，法律作为一种激励机制已经基本失灵，通常情况下他们不会仅仅因为惧怕刑事责任而放弃自己的行动。这就意味着，即使法庭否认谋杀作为紧急避险的抗辩，充其量也只导致一个与滥杀相比微不足道的生命损失量。

上述讨论再次表明，过早放弃功利主义是不明智的，无需求助康德式的道德律令照样能够完美解释这个著名案件的判决。实际上，翻阅一下当年的案卷材料，我们会发现，判决该案的克劳瑞奇法官就是按照利弊权衡的逻辑否决了被告人关于紧急避险的抗辩。这个著名的案件就是电车难题和洞穴奇案的原型。对于法律决策者来说，重要的不是处理好眼前这一个案子，而是通过处理好一个案子向社会释放恰当的激励信号。

我们想象一个扩大版的谋杀。假定一列火车上的乘客被确定感染了传染性极强的恶性病毒，感染者的死亡率高达40%，而现有的医疗手段束手无策，而一旦列车上的乘客失控，病毒扩散开来，后果将不堪设想。事态如此紧急，当局是否应该把这列火车上的所有乘客全部消灭？

这就是电影《卡桑德拉大桥》讲述的故事。代表当局的"将军"下了谋杀令，列车被军管、被密封、被强制驶向年久失修的卡桑德拉大桥。虽然电影对当局的做法持批评态度，但批评的基础却是剧情反转，作为男主角和拯救者的张伯伦医生发现病毒其实并不致命，感染者发烧一段时间可以不治自愈。显然，电影对谋杀可否作为紧急避险抗辩的法律和伦理难题采取了回避的态度，对当局的嘲讽也只是草草迎合了政治正确和公众的道德直觉。

电影设想的情形在真实世界中其实并不罕见，法律决策者经常需要对"谁死谁活"的问题做出权衡。近年来最著名的事例，就是"9·11"之后，美国总统布什授权军方可以击落不听指挥的民用航空器。这是授权谋杀，至少在军方发出导弹的那个瞬间，飞机上的旅客都还活着，并且不能排除事态反转的可能——恐怖分子也许会在最后关头改变主意，或者可能有位英雄挺身而出并且获得了胜利。这个授权谋杀令之所以没有遭到太多批评，是因为在现实的危险面前，所有人都清楚这笔账该怎样算。把希望寄托于这种小概率事件是天真的，军方获得授权总体上可以提高每个人的生存概率。

但有时，决策者为了拯救少数人甚至一个人，会不惜牺牲更多人的性命，电影《拯救大兵瑞恩》就讲述了这样一个故事。为了拯救那个被俘的士兵，美国军队先后牺牲了十几个官兵的性命。这是军官昏了头，还是康德式的道德律令绝处逢生了？都不是。即使事后看，拯救大兵瑞恩也是个划算的军事决策。牺牲十几条性命换来的，可不止一条性命，巨额的隐性收益是美国军队的形象分。从征兵广告的角度看，拯救大兵瑞恩是个性价比很高的设计，谁都喜欢在充满人情味儿的军队里服役。当然，牺牲必须是有限度的，没有哪个军事指挥官会为了拯救一个普通的士兵而准备牺牲一个师的兵力。从征兵广告的角度看，这个创意很糟糕，一个战友被俘就要那么多人陪葬，谁还敢于加入如此疯狂的军队。

都是著作权人，为何差别那么大？

如果遇到法律疑难问题，不知如何分配权利义务，或者难以判断孰是孰非，那么最好的思路就是回到当时的语境中，用假想的方式为当事人还原一份合同。

《著作权法》是为了保护著作权的吗？如果你的回答是肯定的，那么，恭喜你明白了一个很聪明的道理；如果你还不肯定，也同样恭喜你，因为你有机会明白一个更聪明的道理。

曾经引爆网络舆论的那起关于“红色经典”的著作权纠纷案，看似迷雾重重，但若撇开意识形态和历史变迁的诸多干扰项，仅从法律视角透视，就发现纠纷的要点不过是个合同解释的小问题，至于著作权的归属、许可、使用、报酬等，反倒处于纠纷的外延。但恰恰是外延涉及的法律逻辑更有意思，也更值得讨论。对这起纠纷本身，我尽量避而不谈，感觉时机还不成熟。但热点可以回避，与热点相关的法律逻辑却是不容回避的。

著作人可以大致分成两类：一类人在乎自己著作权，尤其关心其中的经济利益，例如这起案件的原告；另一类人却不怎么在乎，对于署名权之外的利益漠不关心，例如本文的主角——“我们”，一群生活在高校里的教师们。为什么我们不在乎著作权？我想围绕这个话题展开关于著作权法律逻辑的讨论。这算是另一种形式的“蹭热点”吧。

1

我写过不少短文，通常是交给某个微信公众号——多数就是“中国法律评论”——推送，后来又被很多自媒体转发，有时还会进入某个网站，包括门户网站。我在期刊上发表的学术论文也经常被自媒体和网站转发。但是，这些网络平台却从没经过我的许可，连个招呼都没打过，更别提给我支付报酬了。至少在 2015 年年底微信平台推出原创文章转载白名单功能之前，这种现象是司空见惯的。我熟悉的那些同行朋友，也大都和我有同样的经历。可问题是，我们被侵权了吗？

根据《著作权法》的有关规定，尤其根据 2013 年《信息网络传播权保护条例》第 2 条，我们确实被侵权了——网络平台转发我们的作品，要先获准后付费，天下没有免费的午餐。但有意思的是，身为侵权受害人,我们无动于衷,从没打算拿起法律武器来保护自己的合法权益。

你也许会说,在微信平台推出白名单机制以后,转发原创文章的侵权现象就基本消失了。但这不是关键,关键是我们的态度。有没有微信白名单,我们根本不在乎,事实上我们更怀念白名单出现之前那种乱哄哄的局面。为什么我们不在乎自己的著作权?

答案似乎很简单——“嫌麻烦”。**嫌麻烦意味着以任何方式保护自己的著作权都会让我们觉得不值得,这是利弊权衡的结果**。说白了,我们每个人心里都有笔账。我们并不反感,而是欢迎,甚至感谢那些转发我们作品的网络媒体,它们免费传播我的作品,我们名气变大了,还因此圈了粉。若是翻脸去打官司,以后还有谁敢转发我们的作品,总不能为了一点钱我们就去“求封杀”吧,更别提钱也未必能拿到。倘若因此遭到诸如“斤斤计较”“忘恩负义”“恩将仇报”“占了便宜卖乖”之类的嘲讽和指责,我们的名声就不好听了。网络媒体自然明白这个道理,所以它们转发起来才会有恃无恐。

可是如果哪天,我们或我们中的一部分人,由于各种无需列出的原因,突然就不嫌麻烦了,也不顾忌名声了,非要闹上法庭,争个是非曲直,要求转发者支付报酬,赔偿损失(哪怕是虚构的),法院该怎么办?法院当然要受理,也会判我们胜诉。但在如今的网络自媒体时代,尤其在微信白名单机制推出之前,像我们这样的“受害人”多了去了,要是法院受理这类纠纷,知识产权庭的法官们非累到吐血不可。

法院之所以没有这个顾虑,是因为国家版权局解决了一个关键问题——出台《使用文字作品支付报酬办法》,明确了赔偿的标准。法院按此标准确定赔偿,我们提起诉讼的念头就被打消了,因为赔给我们的那点钱太少了,连诉讼成本都覆盖不了。但我们并不觉得可悲,更不怨天尤人。相反，我们感到庆幸，庆幸这个安定团结的大好局面。如果哪天国家版权局提高了报酬标准，导致一部分同行纷纷起诉维权，法院受理纠纷做出判决，我们这个群体就会被撕裂，麻烦也会接踵而至。

我们之所以会摊上麻烦，是因为网络平台摊上了麻烦，它们转发我们的作品不再无所顾忌了——赔点钱当然不是大事，关键是应诉太麻烦。如果需要转发，它们一定会设法提前通知我们，还要索取同意转发且放弃报酬的书面承诺。这就连累了我们，且不说回复邮件需要时间，关键是作品传播受到了抑制。实际上，整个社会的知识传播和信息传播都会因此受到抑制。当然，目前这个问题通过微信白名单机制已经基本解决了，但解决问题的不是法律，而是技术。讨论法律的逻辑，我们暂时忽略这个技术因素。

说到这里，大家就发现了一个看似荒诞的逻辑。不是说，制定《著作权法》的初衷，就是通过保护著作权人的合法权益来鼓励创作、促进传播的吗？怎么到头来立法的初衷反而是通过违背初衷来实现的呢？没错，目前这个让人庆幸的局面，恰恰就是法院和行政机关联手放弃了对我们著作权的实质性保护才得以勉强维持的。

其实这个逻辑一点都不荒诞，这就是市场的法则。**法律的逻辑必须服从市场法则，否则法律就只会添乱，而阻止法律添乱的方式，就只能是让它在实施过程中休眠或变形**。立法者必须谦恭地面对市场的交易形态，否则法律和司法都会遭到市场的无情嘲弄。这种例子太多了，数不胜数，我只举一例。《著作权法》规定出版商出版我们的学术作品时应该支付稿费，但据我所知，我们中的大多数人从出版商那里获得的稿费是个负数——稿费变成了倒贴给出版商的“出版费”。这种出版费是如此常见，以至于在国家或学校资助的科研项目预算中，就有“出版经费”这一项。看到了吧，这就是市场的力量。

2

难道《著作权法》的功能不是用来保护著作权的吗？当然是，但不是最重要的功能。判断重要与否的标准，是看这个功能在多大程度上可被替代。越是难以被替代的功能就越重要。

理论上，在理想的条件下，保护著作权可以通过合约的方式，而无需诉诸法律。各类当事人可以通过签订谨慎而复杂的合同来约定作品的使用方式以及相关的利益分配，且分散的合约机制远比统一的法律制度——就实施结果而言——更可能接近于实质正义。但障碍显而易见，要让不同类别且彼此陌生的当事人签订合同，实在太麻烦了；而法律，却可以节省签约的费用。

由此，一个看似奇怪、但其实没什么奇怪的结论就出现了——**《著作权法》最重要的功能，不是保护著作权，而是降低交易费用**。之所以说这个结论没什么可奇怪的，是因为所有民事商事法律制度的功能都可以如此简洁描述。之所以说这个结论看似奇怪，是因为国内民商法学界太习惯于从权利保护的思路来理解法律了，这是个思维硬伤，其典型表现是无视市场法则，更看不到法律背后那些隐蔽的交易和潜在的合约。分析问题也就没法深入，很难鞭辟入里。

从发生学的意义上，《著作权法》只是提供了一种统一的、规模化的合约机制。就节省交易费用而言，其功能类似于一种格式合同；两者的区别似乎仅在于，格式合同是甲方设计的，而法律却是由国家制定的。倘从合约而非从权利保护的角度看待《著作权法》，就发现制定法律的工作类似于设计格式合同。而要把格式合同设计好，就需要了解市场的交易形态，后者可以被简化为一种统计学的描述。

为了说明这个道理，我已在前文留下了伏笔，在推演法院判决赔偿损失的后果时，我有意夸大了判决给当事人各方和社会带来的麻烦。实际上，即使没有微信白名单，这些麻烦也不会出现，我们会提前发明出新对策：在作品首次发表时，附加上一个弃权声明："任何网络平台都可以不经许可免费转发"。如果我们中的大多数都会发出弃权声明，那么这个统计学的结论就要求法律做出修改——把我们的作品列入"法定许可"的范围。

著作权的法定许可通常被理解为对著作权的限制，列入法定许可范围的作品，任何人可以不经许可而免费合理使用（fair use），法律只保护著作权人的署名权。我呼吁修改法律，就是主动"求限制"。《信息网络传播权保护条例》第 6 条——"通过信息网络提供他人作品，属于下列情形的，可以不经著作权人许可，不向其支付报酬：……"——就是关于法定许可范围的条款。我建议在这个条款中添加一项，把我们的作品囊括进去。如果立法者怕引起部分高校科研人员的不满，只需加上一个但书——"另有约定的除外"——就可以了。

法律作此修改，只是改变了承担声明责任的主体，或者说，只是改变了沉默的含义。与其将我们的沉默推定为"不许可"，不如推定为"许可"；或者说，与其让我们中的大多数人承担声明许可的责任，不如将声明不许可的责任强加于我们这个群体中的少数派。

这种修改法律的方式就是改变缺省规则（dcfault rule），其结果只是降低了相关各方的交易费用，并没有压缩或弱化对著作权的保护。当然这个改变缺省规则的建议，依据的只是我个人的统计直觉。如果严格的统计结论否定了我的直觉，就说明我的建议是错误的。但即使建议错了，道理也还是对的。统计结论描述了市场的交易形态，这正是《著作权法》的立法依据。还是那句话，法律只是一个统一的、规模化的合约机制。

3

限制著作权当然是为了公共利益，为了便利知识和信息的传播和交流。但不能忽略的是，这些被限制著作权的作品，当其被合理使用时，都有个共同特点，那就是很难变现。即使法律解除上述对著作权的限制，著作权人也很难通过许可他人使用而获得报酬。简单地说，这个权利本身卖不出钱来。

对于著作权人而言，法律限制其使用一项无法变现的权利，不仅无损，而且有益，这会让作品被更多人使用。使用就是传播，作品传播得越广，著作权人的名气就越大；而名气，在某个适当的机会或以某种适当的方式是可以变现的。这意味着，即使法律解除对著作权的限制，著作权人也会主动发出弃权声明，并尽可能广而告之；而法律对著作权的明文限制，却节省了著作权人的广告费。由此看来，法律限制著作权就不是禁止交易，而是促进交易。确切地说，是通过禁止那些没有价值、也不可能发生的交易，来促进另一些有价值、也可能发生的交易。

我们之所以不介意被“侵权”，甚至期望自己的作品列入法定许可的范围，原因就在于此。我们并非高风亮节，也并非对利益漠不关心。这里还有一层原因——我们心里都很有数，知道自己的作品其实不能给那些“侵权人”创造多大的利益。当然，如果“侵权人”把我们的作品收集起来，建成一个庞大的数据库，也能创造巨额利润。但我们中的任何一位，对“侵权人”的利润贡献都微乎其微，这意味着我们缺乏和“侵权人”讨价还价的筹码。

4

但如果哪天我创作了一个电影剧本，那就不一样了。当有制片人要把剧本拍成电影时，我就有了讨价还价的筹码，当然前提是剧本足够好，有了稀缺性。《著作权法》尊重了这种交易形态，赋予我不受限制的著作权，允许我向制片人坐地起价。著作权中的许可使用权通常是和获得报酬权捆绑在一起的，因为对于著作权人来说，前者是后者的谈判筹码——不给钱就不让用。

这种保护产权的方式被称作“财产规则”（property rule），这个规则的好处是，产权人借助自己的力量就可以获酬，因此不会动辄闹到法院。在著作权人不可能敲竹杠的条件下，采用财产规则是《著作权法》的首选。

但在特定条件下，尤其在特定历史时期，例如1991年年初制《著作权法》时，保护著作权采用“财产规则”是行不通的。因为在那之前已有大量作品已经被拍成电影，编成戏剧、歌剧或舞剧，如果著作权人以许可使用作为获取报酬的谈判筹码，敲竹杠的现象就在所难免。为了遏制敲竹杠，当时的《著作权法》第35条规定：“表演者使用他人已发表的作品进行营业性演出，可以不经著作权人许可，但应当按照规定支付报酬”。

这种将许可使用权和获得报酬权分割开来的产权保护方式被称作“责任规则”（liability rule）。“责任规则”的好处是，著作权人不再能利用许可使用向表演者敲竹杠；坏处是著作权人在敲不成竹杠的同时也失去了谈判筹码，此时表演者付费多少就完全看心情了，给著作权人一块钱也算支付了报酬。如果著作权人不想被剥削，就只能向法院起诉或以起诉作为谈判筹码。但法院也犯难，因为赔偿的依据不好找。毕竟作品使用权属于特定物，不容易出现统一的市场价格。幸好国家版权局及时出面，1993 年颁布了《演出法定许可付酬标准暂行规定》，定价难题才得以解决。

尽管 1991 年《著作权法》确实不能无视“历史遗留问题”，但既然是法律，就更需要面对未来。前引第 35 条附加了一个但书——“著作权人声明不许使用的不得使用”，这就给未来的著作权保护采用“财产规则”预留了空间，因为能够事先发出这个声明的，只可能是立法以后或接近立法的时候；以无法改变的既定事实来敲竹杠的问题，到那个时候就已经基本不存在了。

5

最后谈一下“职务作品”的问题。假定中国海洋大学资助我开展了一个关于疑案裁判的科研项目，那么我完成的作品就属于职务作品。职务作品的著作权归谁？法律给出的答案是个缺省规则——通常归我，除非学校和我另有约定。为什么法律不反过来规定？——通常归属学校，除非学校和我另有约定。

回答这个问题的方法是“还原合同”。所谓“还原合同”，就是假想一下，倘若回到当初，学校同意资助我开展这个科研项目时，学校和我会怎样签合同，合同会怎样约定利益分配。是投资就要追求回报，我们都清楚学校需要的回报是什么。但显然，在学校的所有预期回报之中，肯定不包括作品发表或许可他人使用带来那点微薄的经济利益。如果上述约定模式占了全部职务作品著作权归属约定的较大比例，《著作权法》用于确定职务作品归属的缺省规则就有了合理性。

但若投资很高且预期经济利益很大，情形就不同了。假定中国海洋大学投了很大一笔钱让我搞科研，预期的科研成果是工程设计图、产品设计图、地图或计算机软件，诸如此类的科研成果可以卖出很大一笔钱。那么假想一下，如果学校和我事先签合同，还会允许我独吞著作权项下的经济利益吗？说到这里，你就明白了为什么法律规定，对于这类作品作者只享有署名权，其他权益归投资者。

总之，《著作权法》的背后是合约的逻辑，而不是权利保护的逻辑。**如果遇到法律疑难问题，不知如何分配权利义务，或者难以判断孰是孰非，那么，最好的思路就是回到当时的语境中，用假想的方式为当事人还原一份合同**。纠结概念无济于事，因为当你纠结的时候，概念就已经不清晰了。概念不重要，重要的是逻辑。概念绑架思维，是法律人的悲剧。

“红色经典”的著作权究竟属于谁？只需诉诸还原合同的办法，答案自然揭晓，不信你试试？也许你会质疑说，在那个年代不可能签合同。但这个质疑不成立，因为还原合同只是个思想实验，实验目的就是想搞清楚，假定当事人获得了签合同的机会和条件，合同会被签成什么样子。

为什么“公然”从重、“透明”从轻？

原则上，相对透明的犯罪可以仅仅因为透明就获得较轻的处罚，这等于创造了一种边际威慑——如果犯罪是既定的，那么法律就激励罪犯以相对透明的方式去作案。

1

上课时偶尔发现有同学看手机，我通常是装作没看见的。课堂上少不了轻微的违纪，当老师的犯不着小题大做，这点人情世故我懂的（当然更可能是傲娇)。不过确实有一次,我被刺痛到了。看手机的同学毫不掩饰,他把手机抬到了桌面以上,虽然没正对着我,但偏离角已不足30°了。我心想,你偷着看也就罢了,非得看得这么"明目张胆"吗?不过很快我又自我安慰,**心想他也许不知道我看到了他正在看手机**,毕竟他坐在教室离我最远的角落里。这等于说,虽然他看手机是故意,但明着看则是认识错误(属于过失的一个类型)。请注意,同样是上课看手机,我已经讲了**三种**不同程度的违纪。

但由此我却想到了一个现象,有些事偷着做可被宽恕,而另有一些事摆在桌面上就可以大事化小。可是问题来了,为什么"公然"从重、"透明"从轻?同样是暴露自己的行为,为什么我们分别创造了贬义和褒义两个词汇?不止两个,而是两批。与"透明"相关的,还有"直率""率真""坦荡""心直口快""开门见山""光明磊落""正大光明"等一众褒义词;与"公然"相关的,除了"明目张胆",还有"明火执仗""无所顾忌""毫不掩饰""冠冕堂皇""招摇过市"之类的贬义词,还有以描述环境来衬托"公然"的,比如"众目睽睽之下""大庭广众之下""光天化日之下"以及"昭昭日月、朗朗乾坤"等。英语中对于暴露自己的行为也有褒贬不同的一大堆形容词,我估计任何语言都会区分"公然"和"透明",因为区别对待两种暴露的需求是跨文化的。

在意识到这个问题之前,我还没有留意这两个词汇所描述的行为有什么差别。当然差别肯定有,魔鬼可能藏在细节里。可是如果差别不出在行为上,那就一定出在环境上。同样是暴露自己的行为,场合不同,性质就不一样。此外,"透明"的意图是只把伤害行为暴露给受害人,而"公然"的意图则是把伤害行为暴露给众人,但当两种暴露的人群范围相同时,强调意图不同就没什么意义了。**因为意图不可观察,我们只能通过观察一个人的行为去推测他的意图。**

我当然可以说，“公然”是恶意的暴露而“透明”是善意的暴露，或者说“公然”是危险的暴露而“透明”是安全的暴露，但这么说没有回答问题，而只是置换了问题，你仍可以继续追问——哪些暴露是恶意的或危险的？哪些暴露是善意的或安全的？善意/恶意，安全/危险，这些词汇都是形容词，用形容词区分“公然”和“透明”固然容易，但没什么意义，我们并不缺少形容词，况且“公然”和“透明”本身就是形容词。

可否说“公然”的暴露危害大而“透明”的暴露危害小呢？当然可以，但同样没意义，因为危害大小是结论，所有从重处罚的行为都是危害较大，所有从轻处罚的行为都是危害较小。用结论替代因果关系就相当于用一个点吃掉一条线。我问你：“今天为什么穿了一条红裙子？”你告诉我：“为了最大化社会总体福利。”我没法说你答错了，只能说你志向远大。

至此，**通过犯罪构成理论（“三阶层”或“四要件”）去寻求问题答案的道路就被我堵死了，这条路要么通向循环论证，要么通向同义反复**。

“主观恶性”“人身危险性”“社会危害性”之类的概念都是伪装的指标，它们其实都是形容词。把形容词名词化可以造出一些伪指标，比如“凉爽度”或“炎热度”就是伪指标，真正的指标是温度。同样地，一旦有了价格作指标，再去造“珍贵性”或“便宜性”这样的概念就很多余了。

用指标替代形容词可以使描述更精确。形容词的描述很难客观，经常只是描述了一种感觉；也就是说，形容词的描述很难将认知对象从主客观的相互纠缠中独立出来。采用指标就好得多，哪怕只是相对的好，而不是绝对的好，因为世界上没有绝对客观的指标。即使物理学上的指标也不是绝对客观，但若没有指标，只有形容词，那就没有物理学。**成熟的学科必须摆脱“形容词依赖”**。

“公然”从重、“透明”从轻，搞清楚这个问题有意义吗？要看从哪个角度说。理解不是做对事情的前提，即使不知道问题的答案，我们也很少犯错误，不至于把该谴责的“公然”夸赞为“透明”，也不至于把应该宽恕的“透明”妖魔化为“公然”。只为应对生活所需的话，知其然就够了，知其所以然就多了。但我提出这个问题，不单纯是因为好奇。

我们的头脑中有根尺子，用以衡量伤害行为的罪责轻重。比如，打牙和打眼、故意和过失、蓄谋和冲动，也包括“公然”和“透明”，我们用这根尺子一量就知道轻重。搞清楚这根尺子的工作原理是为了造出一根可以衡量罪责轻重的尺子吗——就像搞清楚听觉的工作原理就可以造出测量音量大小的分贝测试仪一样？我没想这么多，对于替代人类司法的人工智能，我暂时不感兴趣。

搞清楚这根尺子的工作原理，主要是为了讲道理，讲对道理有助于做对事情。

很多时候，行为要诉诸语言表达才得以正当化，法律决策尤其需要以理服人。道理讲不好，原本不讲道理也能做对的事情，可能会因为非要讲出道理而做错。这样的例子不少见，我曾专门讨论过一例，古人都懂得转化型抢劫是比抢劫更安全的犯罪，但我们的刑法却将两者同罪同罚，可是为什么古人没有犯下同样的错误？我给出的答案是，古人不懂犯罪构成理论，他们根据头脑中的尺子去衡量罪责轻重，因此幸免了形态学思维的污染，没有被比对构成要件的套路给带偏了。

2

回到正题，我先讨论“透明”。所谓“透明从轻”，是说如果受到伤害，我们通常更容易宽恕那些相对“透明”的伤害；换个说法，如果伤害是既定的，那么我们就会鼓励加害人尽可能采用透明的伤害方式。

当冲突不可避免时，正面对抗就显得光明磊落，而偷袭或背后袭击则是阴险邪恶的。据AI总结，东西方的文学影视作品在这方面分享了相同的价值观，但凡涉及战争题材，都会或明或暗地谴责偷袭或背后袭击，冷兵器时代尤其如此。没有什么场景比决斗或决战更显英雄气概的了。

在现代国际法中，《日内瓦公约》等战争法明确禁止背信弃义的袭击。最不能容忍的是假意投降后又发动攻击，这是“战争欺诈”（perfidy）。《海牙公约》反对不宣而战，偷袭要比“公然入侵”罪加一等（这里的“公然”应该换作“透明”）。很多大名鼎鼎的人物，比如华盛顿和丘吉尔，都强调正面作战的美德，鄙视偷袭，谴责暗杀计划。对于日本偷袭珍珠港，罗斯福在谴责中强调了耻辱，他说那一天是日本人“将永远活在耻辱中的日子”。

在国际关系中，宣战可被视为对战争本身的一个弱约束，因为宣战可以提高被军事打击的国家在此之前做好反击准备的可能性。但在人际关系中，“透明”是对伤害行为的一个强约束，因为“透明”可以提高加害人被惩罚的概率，执行者可以是受害人，也可以任何第三方（首先是国家）。当惩罚概率变大时，惩罚的严厉程度就有条件变小，因为惩罚的威慑效果相当于两者的乘积。

那些百分之百可被惩罚的伤害行为，原则上是不被当作犯罪来处理的，因为对于受害人，损一赔一就是完美赔偿。而只要赔偿是完美的，原则上法律决策者就无需担心伤害行为的失控，也不需要规定额外处罚去阻止潜在的伤害。违约和侵权属于透明度最高的伤害，虽然不能百分之百地被惩罚，但可以百分之百地被侦破，并且受害人可以自侦自诉，无需借助警方和检方的力量。这是现代法律将违约和侵权区别于犯罪的主要原因。

但与违约和侵权不同，犯罪不能百分之百被侦破，更不能百分之百被惩罚，这意味着损一赔一阻止不了犯罪行为。同样是非法占有他人的财产，抢夺主要靠身手，跑得快就能降低被抓获的概率；盗窃追求犯罪信息零泄漏，不只靠身手，还得靠脑子；诈骗则是主要靠脑子，以虚假信息掩盖真实信息。就降低抓获概率而言，这三种犯罪的努力方向是一致的；就降低侦破概率而言，盗窃和诈骗的努力方向是一致的，都是降低作案的透明度。侵占的透明度近乎侵权，受害人可以自侦自诉，所以名为犯罪，实与侵权更相似，同样是不告不理。

虽然“透明”不是一个法定的从轻处罚情节，但“透明”从轻或减轻处罚的原则实际上分布于很多法律之中，区分侵权与犯罪、危险行为与危险犯、侵占与盗窃、违约与合同诈骗，行为的透明性都是最重要的依据。原则上，相对透明的犯罪可以仅仅因为透明就可以获得较轻的处罚，这等于创造了一种边际威慑——如果犯罪是既定的，那么法律就激励罪犯以相对透明的方式去作案。

3

但透明从轻是有条件的，以下三个条件中的任何一个不具备，“透明”就会演变成“公然”。

第一，犯罪不能因为透明而提高作案成功率。从特定犯罪延伸到潜在犯罪，就是犯罪不能因为透明而降低作案的门槛。盗窃和诈骗的透明度很低，但作案门槛较高，不是每个人都能做得成窃贼和骗子。倘若单靠蛮力去抢占别人的财产，作案的门槛就降下来了，而这意味着拓宽了犯罪的渠道和边界，结果是增加犯罪的数量。

电影《天下无贼》里葛优的那句台词讲出了罪犯群体中的歧视链："最讨厌打劫的，一点技术含量都没有。"但这话的格局还是太小了，要论技术含量，诈骗可比盗窃高多了。说诈骗是最有前景的犯罪毫不夸张，毕竟诈骗家族的犯罪占了刑法的半壁江山。

职务犯罪的门槛很高，因为职务本身就是门槛，这意味着普通人的作案成功率为零。小官受贿 1000 万元和大官受贿 1000 万元，虽然在刑法上被一视同仁，但只要你用头脑中的尺子量一下，就会觉得前者更加不可饶恕，什么原因呢？答案是，前者降低了作案的门槛（也提高了作案成功率），同时也提高了作案的频率。虽然受贿是隐蔽的犯罪，但若受贿的次数足够多，就让人感觉有点"公然"的味道了。

第二，犯罪不能因为透明而提高作案频率。犯罪的频率是指单位时间内的犯罪次数，犯罪的统计频率表示当一个机会窗口打开时的犯罪可能性，这两个指标是等价的。不担心暴露的罪犯，通常是对自己的作案能力或脱逃能力相当自信，无论盲目与否，他们在未来继续作案的概率或频率肯定更高。

在根据真事改编的电影《逍遥法外》里，弗兰克·阿巴戈内尔反复行骗，他高度自信，不担心暴露，甚至有点儿享受这种公开挑战的刺激，于是作案频率持续上升。另一个典型的例子是美国著名连环杀手泰德·邦迪，他在 20 世纪 70 年代频繁作案，同样高度自信，甚至在被警方通缉和调查的情况下继续作案，毫不在意暴露的风险，似乎沉迷于挑战法律和社会规则的刺激感；直到被捕前，他的犯罪频率都在持续上升。

第三，也是最重要的，犯罪不能因为透明而造成更严重的损失。很多损及人格尊严和声誉的伤害，如果发生在公开的场合，就会给受害人造成更大的损失，所以当众侮辱、当众诽谤或当众性侵都要罪加一等。此外，考虑到犯罪还会连带损害国家信用和法律尊严，所以有时公开犯罪是对国家信用和法律尊严的更大挑衅，正因如此，偷税与抗税、私下焚烧国旗与公开焚烧国旗，暗杀与恐怖袭击，都是轻重悬殊的违法犯罪。

拿破仑在巴黎圣母院举行加冕仪式时，当众从教皇手中夺过皇冠，亲自为自己加冕，如果这一挑战教皇权威的行为发生在一个隐蔽的场合，教皇感受到的冒犯就会轻很多。权力就像股票，人们追涨杀跌，拿破仑的做法等于以世俗权威背书去公开做空“宗教股”。

2001 年的“9 · 11”恐怖袭击中，恐怖分子劫持飞机撞击世贸中心和五角大楼，不仅造成了大量人员伤亡，还通过全球直播的方式向全世界公开挑战美国的国家安全和法律权威，损害其国家形象以及公众对美国政府的信任，其性质与后果均与普通的暗杀行为迥然不同。

4

至此，我已经讲出了“公然”和“透明”的区别所在，但自始至终没有使用任何形容词。

我们的头脑中用以衡量罪责轻重的那根尺子，不是根据形容词工作的，而是根据指标工作的。作案可能性、作案成功率、犯罪实际损失以及侦破概率，都是指标而非形容词。尽管我们头脑中的尺子是根据这几个指标衡量罪责轻重的，但当我们搞不清楚其工作原理时——知其然而不知其所以然——就只能用形容词做出描述，但形容词只描述衡量结果，而不能描述衡量的过程和根据。使用形容词时说明我们的内心早已有答案了。这就是为什么刑法学如果不能摆脱“形容词依赖”就永远无法摆脱循环论证或同义反复的原因所在。

“公然”和“透明”本身都是形容词，但要解释为什么“公然”从重而“透明”从轻，就需要把形容词还原为指标。

“公然”的意思是，虽然罪犯提高了作案的透明度，但却同时引起了其他指标的联动效应——或是提高了犯罪可能性，或是提高了作案成功率，或是增加了犯罪的实际损失，或是降低了破案率。而“透明”的意思比较单纯，罪犯提高作案透明度的同时，并未引起其他指标的联动效应。

同学上课“公然”看手机，却误以为老师没有发现，为什么对于老师来说是一种相对意义上的安慰？简单的解释是，看手机是故意，“公然”却是过失；进一步的解释还要将意图还原为指标——虽然这位同学未来上课看手机的概率仍然很高，但却不太可能“公然”去看了。

为什么不是所有的事故都要追责？

不是所有的事故都要追责，这是个法律常识，也是个纯粹的法律技术问题。对于事故追责，我们一方面要防止追责缩小化，另一方面还要警惕追责扩大化。

SOCIETY AND ECONOMY

不是所有的事故都要追责，这是个法律常识，也是个纯粹的法律技术问题。有些事故属于意外事件，意外事件是没法预防的，或者至少是不能以合理成本预防的。这种事故发生之后，不需要追责，也不应该有任何人为此承担任何法律责任。

追责的法律依据是当事人有过错，无过错则无责任，但事故发生并不意味着当事人有过错。过错如何确定？法律经济学提出的判断标准是“汉德公式”。假定事故一旦发生，造成的实际损失是 L，事故发生的概率为 P，则事故的预期损失为 PL；再假定预防事故需要支付的成本为 B，那么，当 $B > PL$ 时，事故就可以被界定为意外事件，没有人有过错，也无需启动追责程序。

如此确定追责范围，目的之一是阻止当事人为预防事故投入过高的成本，否则就会造成社会浪费，乃至引发一系列恶性连锁反应。汉德公式的边际分析表明，预防事故需要投入成本，当事故预防成本追加到一个最优均衡点时就应该停下来，过犹不及。在这个均衡点上，事故预防成本和事故预期损失在边际上恰好相等。事故追责的经济学目标是最小化事故预防成本和事故预期损失之和，而不是单纯减少任何一种成本，否则就会“按下葫芦起来瓢”，事故的数量和成本倒是降下来了，但预防事故的成本却无度攀升了。

理性的法律制度应该容忍适度数量的事故。“容错纠错”的理念与此吻合，而“零事故”以及“零容忍”之类的说法，却只可作为口号，不能作为决策目标，也不能作为考评标准。再认真负责，干得再好，也杜绝不了事故。如果一有事故就追责，并努力把事故降至零值，那么预防事故的成本就会趋向于无穷大。在这个意义上，“零事故”非但不是决策的目标，反而会是决策的陷阱。孔子讲“尽人事，听天命”就是这个意思，以事故预防的最优均衡点为界限，在这个界限以下，应该“尽人事”；可一旦越过这个界限，就要“听天命”了。

即使需要追责，也要合理确定责任人的范围。确定追责范围的标准依然是“汉德公式”，只有那些能以合理成本预防事故的当事人或领导，才应该在追责的范围之内。“领导责任”的概念太宽泛了，不适合作为追责依据。事故追责的范围太小，就不能有效避免事故；但如果事故追责的范围太大，就会造成另一种形式的社会浪费。

因此，对于事故追责，我们一方面要防止追责缩小化，另一方面还要警惕追责扩大化。追责扩大化会造成很多恶果。首先，会导致事故预防的过度投入以及对事故发生的过敏反应；其次，会导致相关机构和人员的不安全感。如果每个人都为安全而奋斗，整个行政管理系统就会严重缺乏效率。只要管理者发现，安全的最佳策略莫过于以形式性工作替代实质性工作，那么官僚主义和形式主义就必然变本加厉。为什么会议增加了，考核增加了，检查增加了，评估增加了，留痕增加了？很重要的原因是这些工作绝对安全，既不会犯错误，也不会引发任何事故。管理者缺乏安全感，就会努力开发最安全的工作，而不是致力于性价比最高的工作。

倘若过敏反应只发生于行政管理系统内部，那还算不幸中的万幸。但“城门失火，殃及池鱼”，行政机关的过敏反应一定还会波及个人、企事业单位乃至整个社会。行政机关有检查权，但多搞一次检查，则不仅会让检查者追加检查成本，也会迫使被检查者追加应对检查的成本。这不是说，检查工作不重要或检查工作不应该，而是说无论做什么都要有分寸。一切皆有法，一起皆有度。执法要严，但不是越严越好。行政执法也有个最优均衡的问题，并且同样隐含着过犹不及的风险。

界碑的底色是血红的

有昂贵的信号才能传递有价值的信息，行动之所以比语言“更响亮”，不只因为行动比语言更容易被观测，还因为行动比语言的成本更高昂，因此具有更强的认证功能。

1

我的老家在济南郊区，如今算是城乡接合部，但几十年前还是不折不扣的农村。1982 年开始实行家庭联产承包责任制，在我的记忆中，是那年冬天开始分地的。推算一下，那年秋天小麦播种时，还是人民公社时代；到了来年的麦收时节，土地连同即将收割的小麦，就已经分给农户了。

父亲在外地工作，家里缺少男劳力，所以麦收比别人家晚了几天；那时我年纪还小，顶多算半个劳力。等到父亲从外地回来，我和他一起去收割小麦时，大片麦田上就只剩我家的那一小块还长着庄稼了。放眼望去，收割后的麦田里错落有致地矗立着许多深色的大块石头，埋了半截，也依然抢眼，这可是人民公社时代没见过的景观。这些石头，就是界碑。

紧邻我家麦田南侧的，是周大爷家的那块地，小麦早已收割得干干净净。像周大爷这种老实谨慎的勤快人，赶上收麦子这等天大的事情，那是一天都不会推迟的。但出乎意料的是，周大爷居然犯了个错误——他少收割了一垄麦子。

两家的麦田以石为界，但紧贴石界却有一垄小麦尚未收割，这垄小麦分明是周大爷家的，他居然忘了收割。不会是他搞错了两家麦田的界限吧？可石界就矗立在那儿，清清楚楚，纹丝不动。

带着迷惑，我把这个意外发现告诉了父亲，不料父亲却说："你周大爷没搞错，他只是遵守了三十多年前的老规矩。"这话让我更加迷惑，经过继续追问，才弄清楚所谓"三十多年前的老规矩"究竟是咋回事。

原来，在人民公社时代之前，土地归农户私有，那时相邻两家的田地也是以石为界。若是两家土地相邻，提前收割庄稼的那户人家，在收割时就通常不会把自己家的庄稼收割殆尽，而是把紧贴石界的一垄庄稼暂时保留，等邻家收割完毕，再来收割这最后的一垄。当然，后收割的那户人家也不能把邻家暂时保留的庄稼收割为己有。这就是父亲所说的“三十多年前的老规矩”。

搞明白之后，我的感觉是，这个老规矩实在太麻烦了，耗时费力，属于旧社会的繁文缛节；另一个感觉是，周大爷做人可真是讲究，人民公社刚刚解体，就身体力行地复活了旧社会的老规矩。

但多年后我回忆起这段往事，却不禁陷入了沉思。旧社会的农村怎会发展出成本如此高昂的“收割规则”？这条规则的目的，显然是避免收割庄稼时可能引发的冲突和纠纷，但若只为达到这个目的，规则完全可以简化为“收割庄稼不得越过石界”，何须如此烦琐？换个角度提问，如此烦琐的收割规则何以能够创造出来并延续下来？

2

想到这里，不由得倒吸一口凉气。因争夺土地和庄稼，旧社会的农民不知发生过多少次血腥的冲突，才可能创造出如此烦琐的收割规则！“界碑的底色是血红的”，吴思先生说过的这句话，一下子进入了我的脑海。

这是用“汉德公式”就可以理解的道理。只有冲突非常频繁或 / 且后果非常严重，防范冲突的成本才可能被推高到这个地步。倘若冲突只是偶尔发生，或即使发生冲突后果也不严重，则只需确立“收割庄稼不得越过石界”的规则就足够了。相对于这条简单的收割规则，旧社会如此烦琐的收割规则应该属于“加固防火墙”的做法。理论上，“加固防火墙”只用来避免频繁发生或 / 且后果严重的灾难和事故。

正因为旧社会的农民因争夺土地和庄稼发生过太多的流血事件，心有余悸的农民们才不得不选择与冲突保持一段安全的距离，而不是只与冲突擦肩而过。遗留下的那一垄小麦就是界碑延伸的缓冲地带。

生活中有许多类似“加固防火墙”的做法，当然包括“加固防火墙”本身。

假定市内交通限速 60 公里 / 小时，但法律对超速的处罚是死刑，那么我们的应对就不是把车速降到 60 公里 / 小时以下，甚至不是降到 40 公里 / 小时以下。超速的后果太严重了，我们必须“加固防火墙”，因此最佳选择更可能是放弃开车。

部队里有个关于使用枪支的规矩：空枪不能对准人，枪口要么朝上，要么朝下。倘若刚服役的新兵不明白这个规矩，把空枪瞄准战友，哪怕只是开个玩笑，也会被视为严重的冒犯，若是被班长看见，那是少不了要吃一记耳光的。“空枪不能对准人”的规矩，就是为了防范枪支事故而加固防火墙的举措；班长的一记耳光也是要“加固防火墙”，目的是避免新兵遗忘这条规矩。

3

再仔细一想，旧社会那条烦琐的收割规则还有“证据法”的含义。

只要相邻两家未能同时收割，那么先收割者的行为就无法被邻家全程监控。倘若邻家发现其庄稼有任何异常，都可能会首先怀疑到先收割者的头上；且人心叵测，即便没有异常，也保不准邻家会虚构损失而对先收割者实施讹诈或诬陷。而如果先收割者遗留了一垄小麦在那里，就不仅可以打消邻家的怀疑或误会，还能防范其可能采取的机会主义策略。

如果过程监控的信息成本过于高昂，用结果监控取代过程监控是一种常见的法律策略。刑法上的“巨额财产来源不明罪”就体现了这个逻辑。对贪腐犯罪采取过程监控是很难做到的，但若国家工作人员拥有明显超出其合法收入的巨额财产且无法解释其来源，就可以推定他已经触犯了贪腐犯罪。

反过来，倘若结果监控的成本过于高昂，过程监控也同样可以取代结果监控。人类学家马克斯·格拉克曼发现了初民社会中的一条证据法规则：只要一男一女独处了一段时间，就被当作通奸既遂的结论性证据。尽管这条证据法规则的真实目的只是阻止通奸，但由于通奸是否发生是难以观察的，所以该规则在实施过程中就延伸成了阻止一对男女单独相处。这同样属于一种“加固防火墙”的规则。

4

再次回到那条烦琐的收割规则。周大爷复活这条旧社会的收割规则，留给我的最初感觉，是他做人讲究。其实周大爷这么做的主要目的，也无非是表明他做人讲究而已。毕竟 20 世纪 80 年代的农村，已经不像旧社会那么贫困，农民对庄稼和土地也不再像从前那样斤斤计较，更何况周大爷深知我们家也是同样的老实人，只要收割小麦不越界，他丝毫不会担心引起任何纠纷或冲突。

这条旧社会的收割规则具有认证的功能，主动遵守这条规则可以为周大爷的人品强力背书，周大爷可以借此向他人（尤其向我家人）释放其为人讲究的信号。麻烦是少不了的，但麻烦是必需的。只有昂贵的信号才能传递有价值的信息，因为成本是对实力、意图和品性的认证。行动之所以比语言“更响亮”，不只因为行动比语言更容易被观测，还因为行动比语言的成本更高昂，因此具有更强的认证功能。

生物学家用“障碍法则 / 累赘原理”（handicap principle）解释动物世界中许多过度奢侈的器官（如孔雀的长尾巴或公鹿的大犄角）以及某些看似徒劳无益的行为（如瞪羚的跳跃及人类的探险活动）。进化人类学家也曾用这个逻辑解释宗教在个体和群体层面的进化适应性。复杂烦琐的宗教仪式就是一种“昂贵的信号”，信仰者可以借此向他人传递信息，以表明自己是个诚信的合作伙伴。这与孔雀用长尾巴向异性证明自己的优秀基因（因此是很好的生育伙伴），或瞪羚用快速跳跃向其天敌狮子或猎豹证明自己的奔跑能力（因此不适合作为它们追逐的猎物），或企业家通过从事登山探险或热气球旅行来证明自己的体力、毅力和冒险精神（因此可以成功担任一些超乎想象的角色）等，都是一样的道理。

言情小说家深谙此道，他们要描写惊心动魄的爱情，就一定会为爱情设置各种惊心动魄的障碍（想想金庸是怎样难为杨过和小龙女的吧）。甚至古代诗人也懂得这个道理，他们之所以为诗词创设苛刻的格律，不是为了作茧自缚，而是通过作茧自缚来炫耀他们的智力和才华。现代诗人不再接受格律的约束是件令人遗憾的事情，他们似乎忽视了“戴着镣铐跳舞”所制造出来的那种不一样的惊奇感。

5

还是要回到那条烦琐的收割规则。从这条收割规则的制度功能，我又想到了繁文缛节的起源和延续。

一个未必不合理的猜测是，世界上很多繁文缛节之所以会被创造出来，可能就是为了防范某种灾难或事故，繁文缛节具有“加固防火墙”的初始功能；而在其初始功能丧失之后，这些繁文缛节之所以还能继续存活，则可能是因为其附加了昂贵信号的后续功能。

如果这个结论能够成立，那就再次印证了，野蛮是文明之母，过度文明是对过度野蛮的矫枉过正。

我们都知道英国人在提出异议或批评的时候，说话总是特别委婉含蓄，尽可能减少冒犯，且很少开门见山，绕来绕去才发表自己的真实看法。虽然如今看来，这套过度礼貌的语言禁忌给英国人提供了认证其教养和风度的机会，但其初始功能也许只是为了防范冲突。如果一言不合就要拔剑决斗，时间久了，为防范那些无谓的伤亡，过度礼貌的语言禁忌作为加固防火墙的举措就势必应劫而生。

其实一言不合拔剑决斗原本也是“加固防火墙”的做法，在国家无力提供充分安全的条件下，自我保护就显得尤为重要。动辄拔剑决斗，虽行为过激，却十分有助于为自己塑造凛然不可侵犯的形象，从而将许多潜在的挑衅防患于未然。至于决斗带来的伤亡风险，就只能被视为“加固防火墙”和传递昂贵信号的合理代价了。

然而，无论是“加固防火墙”，还是传递昂贵信号，都会产生额外的成本。此一时，彼一时。险情解除之后，繁文缛节在“加固防火墙”方面的功能也就不复存在，此时一部分额外成本就变成无谓的浪费。如果人们仍然利用繁文缛节发送信号，那么收益是私人的，成本却是外部的。倘因相互攀比而导致“军备竞赛”，就会造成更大的浪费。不能排除过度的绅士风度是“军备竞赛”的产物，在铺张浪费方面，它和整容手术的性质是一样的。

写到这里，我又忽然觉得，周大爷遵守旧社会的收割规则，目的也许不止于证明自己做人讲究，其深层的心理冲动，没准儿还包含着挑起一场“军备竞赛”企图呢！

似乎孔子很早就意识到了问题的复杂性，所以他才说：“质胜文则野，文胜质则史。文质彬彬，然后君子。”孔子尚礼，但对繁文缛节却心有芥蒂，他的理想依然是中庸之道，既能解决问题，又要避免浪费。按孔子的标准衡量，周大爷复活旧社会收割规则的做法，虽脱之于“野”，却失之于“史”，因此遗憾地越过了“文质彬彬”的最优均衡点。

做事无愧于民，就不怕舆情

舆情不应该是个负面的词语。舆情只是舆情而已，暴露问题总比掩盖问题要好得多。

SOCIETY AND ECONOMY

2021 年 10 月 28 日，“九派新闻”官方账号曾推送过一则报道，标题格外醒目：“村民申请公开征地补偿信息被收费 15 万元，当事人：卖血卖肾都付不起。”我忍不住点了进去，一看才知道事件居然发生在我的老家——济南市历城区。

事情很简单。一位老乡向街道办事处递交了信息公开申请书，要求公开本村所有拆迁户的拆迁补偿协议，打算以此作为向法院申诉提交的证据。几经周折，大半年过后，老乡收到了街道办事处的回复，但让他诧异的是，回复通知书居然要求他先交 15 万元信息处理费。老乡告诉“九派新闻”，这份天价收费单让他“既震惊，又绝望”，然后就说出了被记者用作新闻标题的一句话：“我一个农民，在厂里打工，就算让我卖血卖肾都凑不够。”

倘若新闻就此打住，那确实是令人震惊的，甚至令人愤怒。什么样的信息处理费能高达 15 万元呢？！这不明摆着就是欺负人嘛！老实说，读到这里，就连我这个学了几十年法律的行家，心里都不免咯噔了一下。

不愧是专业新闻机构，记者接着解释了天价收费的法律依据。根据 2020 年《政府信息公开信息处理费管理办法》第 2 条之规定，街道办事处确实可以向申请人收取信息处理费，目的是“调节政府信息公开申请行为、引导申请人合理行使权利”。简单说，就是避免申请人滥用权利。

该《办法》第 5 条又规定了累进的收费标准：30 页以下的，不收费；31—100 页的部分，10 元 / 页；101—200 页的部分，20 元 / 页；201 页以上的部分，40 元 / 页。如此算来，街道办事处收取超过 15 万元的信息处理费还真是于法有据，这位老乡申请公开的信息大约有 4000 页（全村 600 多户，平均每户 6—7 页），累进计费确实超过了 15 万元。

记者还了解到，此前这位老乡还曾申请行政复议，历城区政府督促街道办事处履行信息公开的行政复议决定，且认定其要求公开的信息属于《政府信息公开条例》中“应当公开”的范围。之后，在历城区政府督促之下，街道办事处向这位老乡公开了 8 户拆迁补偿材料，但仍拒绝提供涉及所有村民的全部信息。

于是，这位老乡就把街道办事处告到了法院，但被告（街道办事处）在法庭上却提出了很过硬的抗辩理由：申请人要求公开的信息数量巨大，明显超出了合理范围，并且这些信息涉及个人隐私。而根据《政府信息公开条例》的相关规定，涉及个人隐私的信息不应公开，除非当事人同意公开或不公开会危及公共利益，而向几百户村民分别征询是否同意，客观上是难以实现的。

然而，这位聪明的老乡却用“归谬法”向记者提出了两个问题：第一，既然街道办事处已经公开了 8 户村民的拆迁补偿材料，为什么不能继续公开其余 600 多户的全部信息？言下之意，既然是为了保护隐私，那街道办事处凭什么区别对待其中的 8 户和其他村民？第二，如果街道办事处拒绝公开是为了保护村民隐私，那为何又收取 15 万元的信息处理费？这不就等于说，只要申请人花够了钱，就能买下别人的隐私权吗？

两个问题都不是强词夺理或胡搅蛮缠，也正因如此，“九派新闻”报道的是一则很有意义的新闻。借老乡之口，记者把这两个法律问题暴露出来了，暴露问题就是新闻的价值。记者没有回答，但这不是记者的责任，也不是媒体的责任，提出问题就已经很好了。

但据我猜测，尽管新闻报道的立场是大致中立的，自始至终没有明显谴责任何一方，但街道办事处的领导和相关工作人员仍可能把这则完全正常的新闻报道视为“舆情”。舆情是个大事，让人心惊胆战。如今在人们眼里，谁引发了舆情，谁就摊上了麻烦。为了避免舆情，控制舆情，恐惧之下，动作变形，舆情的压力已经严重影响了正常的工作；反过来,“谈舆色变”的氛围也影响了正常的新闻报道。作用力和反作用力总是对称的。

这种现象不正常,舆情不应该是个负面的词汇。**舆情只是舆情而已,暴露问题总比掩盖问题要好得多**。“九派新闻”披露了一个很有价值的法律问题,值得我们法律人和公务人员去关注,去思考,去探讨。

这起事件引发的问题应该如何定性?我的答案倒是很简单——其实没有问题。在这起事件中,没有任何人、任何单位犯了实质性的错误,没有任何人、任何单位需要承担法律责任,也没有任何人、任何单位需要写检讨或需要说抱歉。一切正常,岁月静好,只是发生了一件小事,仅此而已。恰恰相反,无论是街道办事处、历城区政府,还是媒体,其所作所为都体现了足够的慎重,体现了对法律、对社会、对相关村民高度负责的态度。自始至终,我没有看到公共机构和公务人员有丝毫的懈怠、草率和傲慢。

当然,这不等于说所有的工作都毫无瑕疵,瑕疵还是显而易见的(我就不具体罗列了),只不过这些瑕疵都在正常的范围之内,远远达不到“错误”的程度。并且,导致工作瑕疵的原因,很可能就和担心舆情有关。

要正确看待这起事件,首先要了解信息的属性。信息积累到一定程度,其性质和功能就可能发生超出普通人想象的变化。比方说,某个人的行动轨迹只表明这个人在某段时间内经过了哪些地方,披露行动轨迹至多侵犯了他的隐私,尚不至于给社会和国家造成多大危害。但若某个网络平台掌握了关于个人行动轨迹的海量信息,那么经过专业的大数据分析的结论,就会远远超出个人隐私的范畴。而该网络平台的海量数据一旦泄露,损失可能超乎想象,甚至可能威胁国家安全。就像一桶水只是一桶水，但积少成多的洪水却是形同猛兽。

这话也许有点危言耸听，但信息公开从量变到质量、从建设性到破坏性的变化却是完全可能的。公开 8 户村民的拆迁补偿协议，充其量引起 8 户村民不满，不至于出现严重后果，但若全村 600 多户村民的拆迁补偿协议全部被公开，那后果就可能很严重，甚至无法排除酿成一场群体性事件的风险。毕竟补偿款的数额不菲，很少有人愿意公之于众。

街道办事处显然是因为感知到了这种风险，所以才顶着上级的压力，拖延乃至拒绝这位老乡的申请。要求交纳 15 万元的信息处理费，不过是个借口而已，目的就是让申请人知难而退。并且，考虑各种约束条件，街道办事处拿出这个借口也算顺理成章，毕竟有法可依。

《政府信息公开信息处理费管理办法》的相关规定，同样是因为立法者考虑了信息公开从量变到质量的潜在风险。所有村民的拆迁补偿协议都存储在政府机关的电脑里，按说不需打印，只从网络上公开电子文档，成本应该十分低廉，但该《办法》规定的累进计费之所以涵盖了电子信息，其原因就在于此。且由于很难在从量变到质变之间划出一条清晰的界线，所以立法者采用了累进计费的制度设计。要知道，很多立法意图是不便明说的。

难道街道办事处不应该遵守《政府信息公开条例》的规定吗？当然应该。但问题是，对于是否应该公开全体村民的拆迁补偿协议之类的具体事项，该《条例》没有明确的规定，这不奇怪，任何法律法规都不可能规定到事无巨细、面面俱到的程度。这起事件表明需要修改或细化《政府信息公开条例》吗？我觉得没有必要，立法者的深谋远虑永远不可能完全取代执法者的切身经验，再细致的法律法规也只是一些固定下来的条条框框，但总有些事件发生在其中的灰色地带。

但凡发生于灰色地带的法律事件，就几乎肯定会引起不同的理解，分歧总是难免的。历城区政府和街道办事处对该《条例》相关规定有不同理解，这很正常。上级要通盘考虑一个面，下级则会着力聚焦一个点，上下级之间不同侧重隐含了一种富有成效的社会分工。上级要求下级要认真对待申请人的诉求，这理所当然；下级顶着压力拒绝申请人的诉求，也没什么问题。遇到特殊事项，上下级之间需要沟通信息，然后才能协商一致，但这需要时间。即使没法取得共识，在上下级之间保持适度的张力也不是坏事，甚至是制度设计的题中之意，不然干脆取消街道办事处好了。

上级不可能了解下级面对的具体情况，下级思考问题也很难像上级那样从全局出发，上下级之间的张力恰好形成了互补，认识上的分歧和决策上的妥协可以保证基层政府机关健康运转且长期充满活力。**上下级之间有分歧是正常的，没有分歧反而不正常**。当然，在国家利益和社会利益的大目标上，上下级的立场会永远保持一致。

在更高的层面上，媒体和政府执法部门的立场也是一致的，但这不妨碍媒体暴露执法过程中存在的问题。舆情是个中性词，媒体的批评是免费的监督和智力援助。媒体不能保证其报道永远保持中立，更不能保证其批评永远不犯错误。有则改之，无则加勉，把心态放平，就没什么可抱怨的，也没什么可担心的。

我甚至觉得，舆情之所以被人们视为负面消息，一个重要原因，还是舆情太少。舆情越少，就越扎眼；舆情多了，大家反而容易对舆情脱敏。我相信，只要大家普遍摆脱了舆情恐惧，媒体也会变得更加真诚。毕竟有时当局者迷，旁观者清，媒体有能力为社会和政府执法部门提供更多的信息、批评和意见。

社会就像一个大家庭，吵吵闹闹才会生机勃勃，有烟火气，也往往很和睦。如果家庭关系很僵，氛围很压抑，就没什么架可吵了。我经常鼓励学生挑战我的学术观点，学生不挑战老师，就说明学生一直生活在老师的阴影里，连独立思考的能力都没有，还指望什么青出于蓝。

在我看来，那位老乡也在事件中扮演了一个建设性的角色。他虽然性格有点执拗，给街道办事处和地方政府惹了些麻烦，但他确实没犯什么错误，他维护自己的利益都是通过合法的渠道。街道办事处也许会把他看成一个刺头，但我们应该认识到，刺头对整个社会也是有好处的。首先，他在努力争取自己利益的同时，也让其他村民搭了便车，等于保护了其他村民的利益。其次，他一次次地提出申请或申诉，这在客观上就形成了一种针对政府执法部门的监督力量，而监督可以帮助政府执法部门少犯错误。

当然，少犯错误不等于杜绝错误。**社会是个生态，不可能没有错误、瑕疵、噪声、麻烦和乱子，除非这个社会的所有行为、所有思考和所有言论都是高度格式化的**。容错机制是必需的，创新和错误需要一个共同的空间，因为创新本身往往就包含了多次试错的过程，创新的成果就是批量错误中的偶然正确。容不下错误就别指望创新。此外，错误和担当也需要一个共同的空间，容错是担当的前提，而追责过度却会扭曲激励机制，后果必然是形式主义大行其道。

我对生态多样性有种特殊的迷恋。在我的想象中，一个社会的所有人、所有事以及所有行为，都可以被描述为一条钟型曲线。正常人、正常事和正常行为的数量最多，这是钟形曲线的峰值；而所有的反常则组成了钟型曲线的两个尾巴，一边的尾巴是建设性的反常，另一边的尾巴是破坏性的反常。但两种反常是相互依存的，切掉一个尾巴，另一个尾巴也就没有了。切掉尾巴的钟型曲线被压缩成“n”形曲线，此时整个社会就变得相当拘谨，缺乏多样性，甚至高度格式化了。

当然，过度放任多样性也是危险的，很多国家在应对突发事件中就掉进了“多样性陷阱”。但多样性终究是个中性词，它既制造陷阱，又能创造红利。科技创新、管理创新、商业模式创新、组建复杂产业链以及建设世界一流大学，都需要收获“多样性红利”。如何避开“多样性陷阱”却要收获“多样性红利”，对于我们国家的现在和未来的制度设计而言，这是个严峻的挑战。

我承认我的观点也许代表了一种偏颇，但我的偏颇能对抗、消解另一种偏颇。凡人不是圣人，更不是上帝，世界上没有绝对完美的人和事，但各种各样的缺陷组合在一起，一个超大型的国家就可以创造出难以复制的生机盎然、生动活泼和丰富多彩。旧的错误消失了，新的错误又接踵而来，我们不断试错，不断纠错，这不就是社会环境和法律制度的自然演化嘛！

当然，我不会为错误唱赞歌，我只是呼吁大家对可能发生的错误要有种包容的心态。什么叫作“战略定力”？按我的理解，就是面对各种意外和各种冲突，要淡定，不要慌张，不要听风就是雨，不要拿着鸡毛当令箭，不要对各种所谓的舆情神经过敏。对于政府执法机关而言，做事只要无愧于民，舆情就不是毒物，而是营养。

超级计算机能解决供需平衡吗?

市场不仅是人类社会的产物，而且是自然选择的延续，它可以被视为生态系统中的一个演化速度最快的子系统。

SOCIETY AND ECONOMY

1

我们知道市场的力量很强大,也知道超级计算机的力量很强大。现在的问题是——超级计算机能否替代市场去解决供需平衡？如此提问意味着我们想知道计划经济在信息技术的加持之下有无复活的希望。为了直观地呈现这一问题，我们给超级计算机安排一个不大不小的任务——为 10 人分配 10 种食物，我们姑且把这个任务命名为“中央菜篮子工程”。

作为对比，我们先看看市场怎么完成任务。

市场本质上是一个分布式的信息处理系统。消费者和生产者在各自的偏好、资源和约束条件下独立决策，通过价格信号在市场中相互作用。价格体系实时波动，持续校准供需关系，最终形成供需关系的动态平衡。这种平衡不是静态的终点，而是系统持续适应环境变化的效率表征。

在一个经济系统中，假设有 N 个消费者，每个消费者 i 的效用函数为 $U_i(x_i)$，其中 x_i 代表其消费的商品组合；另有 M 个生产者，每个生产者 j 的成本函数为 $C_j(y_j)$，其中 y_j 代表其生产的商品组合；商品的价格向量为 $p=(p_1, p_2,\cdots, p_k)$ ，其中 k 是商品的种类数量。市场的供需平衡可以表述为以下优化问题：

（1）消费者的最优决策是在预算约束下最大化其效用函数 $U_i(x_i)$，但其消费支出 $p \cdot x_i$ 不能超过其收入；

（2）生产者的最优决策是最大化利润，也就是最大化其销售收入 $p \cdot y_i$ 和成本 $C_j(y_j)$ 之差；

（3）供需平衡条件为：

$$\sum_{i=1}^{N} x_i = \sum_{j=1}^{M} y_i$$

这个公式很简单，意思就是总供给和总需求相等。价格体系在此过程中扮演着动态调节器的角色——当需求过剩时价格上升，同时抑制消费意愿并刺激生产扩张；当供给过剩时价格下降，同步释放消费潜力并压缩无效产能。这种机制本质上是一种分布式优化过程，通过局部信息迭代渐进逼近全局均衡。

现在轮到超级计算机了。要让超级计算机求解供需平衡，需要处理以下优化问题。

$$\max_{x,y}\left[\sum_{i=1}^{N}U_i(x_i)-\sum_{j=i}^{M}C_j(y_j)\right]\quad subject\ \ to\quad \sum_{i=1}^{N}x_i=\sum_{j=1}^{M}y_i$$

这个公式看似复杂，但道理却不难理解。简单说，超级计算机要在供需平衡的约束之下最大化社会福利，即最大化消费者总效用与生产者总成本之差。然而，**这个看似简单的公式却承载了人类最宏伟的野心与最深刻的无力**。假定超级计算机的算力为 10^{18}FLOPs/s，由它负责解决“中央菜篮子工程”。要知道这个任务有多么艰巨，我们要对计算复杂度作逐层分解。

第一层：基础计算海啸

在基础计算层面，“中央菜篮子工程”面临维度爆炸的困境。超算系统每日需处理 100 亿个动态变量，这相当于追踪 10 亿人口每人每天对 10 种食物的精确摄入需求。单次优化过程需要完成 100 亿次浮点运算，其计算强度相当于实时渲染 1 万部 4K 超高清电影的数据量。更严峻的是，根据优化算法特性，系统需要经历约 3.2 万次迭代计算，才能逼近可行解。若以每天不间断进行 360 次优化计算的速度推进，完成单日供需匹配就需要持续运转 89 天。这种计算时延与实时需求之间的矛盾，构成了集中式系统无法逾越的基础障碍。超级计算机单日最多完成 8.64×10^{24} 次运算，但单日实际需求就已高达 3.2×10^{13} 次运算。理论上看似可行，但现实还有其他的麻烦。

第二层：信息失真漩涡

在信息真实性的战场上，系统遭遇双重夹击：需求端存在 5% 的居民（约 5000 万人）出于利益动机虚报饮食偏好——糖尿病患者谎称嗜糖、健身群体隐瞒蛋白粉使用等行为，每日制造 5 亿条虚假需求信号；供给端则面临更隐蔽的博弈，养猪场通过注水增重使猪肉成本数据失真 20%，盐场又利用运输损耗名义隐藏 30% 实际库存。为了甄别污染数据，每项信息需进行 10 次交叉验证（区块链溯源 + 供应链审计 + 消费者抽样），这就导致每日新增 1000 亿次验证运算。其结果是，即使系统算力消耗较基础模型直接翻倍，仍无法完全消除数据噪声。但除此之外，还有更严峻的挑战。

第三层：动态博弈黑洞

当突发性自然灾害触发系统性震荡时，动态博弈的链式反应将彻底摧毁集中式计算的可行性——2000 家农场在 24 小时内形成价格联盟，产生大约 10^{301} 种定价策略组合；与此同时，10 亿消费者中 15% 因恐慌性囤盐导致需求函数发生阶跃突变。这种双重冲击引发灾难级连锁反应。白菜短缺迫使 3 亿人转向土豆消费，系统需重新计算 10 亿人 ×9 种替代食物的交叉弹性；运输资源争夺战则会扭曲其他 9 种食物的配送网络拓扑。最终，**单日新增运算量达到 10^{311} 次，这个数字不仅是可观测宇宙原子总数（10^{80}）的 10^{231} 倍，还意味着即便将整个银河系转化为量子计算机，耗费超过宇宙当前年龄的时间，也完不成一次供需链上的危机推演**。

2

对于解决供需平衡而言，市场机制相对于超级计算机简直就是“降维打击”。**面对中央系统需要处理的 100 亿维度消费者需求偏好和 1000 万维度生产成本数据，市场价格体系仅用 20 个核心指标（10 种零售价 + 10 种批发价）就完成了信息承载**。将 110 亿维度数据压缩至 20 维度，让信息处理效率直接提升 5 亿倍，相当于把整个大英图书馆的内容压缩成一首十四行诗。市场完成了信息结构的革命性重组。

这种压缩机制在危急时刻尤为耀眼。当猪肉零售价突然上涨 15% 时，分布式计算网络瞬间启动：3 亿家庭自发减少 20% 猪肉消费，1.2 亿老年人转向鸡蛋补充蛋白质；供给端 10 万养猪场立即增产 30%，2 万农户转而养殖生长周期更短的肉鸡。整个系统在 6 小时内完成价格信号传导，18 天内实现供需再平衡，而同等规模的超算模拟至少需要 2 年才能得出近似结论。市场的敏捷性源于每个消费者和生产者都是独立的计算单元，2300 万个菜市场构成了实时更新的分布式处理器。

然而，这种高效调整的背后隐藏着残酷的数学悖论：当中央系统试图精确控制 10 种基础食物的分配时，每减少 1 种食物（如取消食盐管制），复杂度虽然降低 10 倍，但必然导致营养结构失衡；若增加 1 种食物（如纳入深海鱼类），复杂度将指数级增长 10 倍，很容易使超算系统彻底崩盘。随着系统复杂度的增长，可控性通常以幂律下降，而当复杂度超过某一阈值（如 10^{20} 个状态自由度）时，集中控制的实际效果可能退化为随机分配。

既然如此，我们不妨再做个看似无聊且不靠谱的尝试，“推算”一下当前最顶尖的超级计算机能解决多大规模的“中央菜篮子工程”。基于算力极限和算法约束，我们可以从三个关键维度推演集中式分配系统的可行性边界。

假设每人每日需跟踪 10 种食物的供需数据，其优化算法的复杂度将呈 $O(N^{1.5})$ 增长。每日最大处理量约为 9.5×10^{23} 次运算，理论上最多支撑 1.2 亿人口规模。但现实场景中，算法效率损失与突发算力预留使得实际承载能力要打个 3 折，骤降至 4000 万人。

当系统服务 5000 万人口时，实时需求数据将膨胀至 60TB，生产网络拓扑数据更达 600TB。虽然前沿超算拥有 9.2PB 内存看似充裕，但跨节点数据同步延迟会突破 15 毫秒阈值，导致优化窗口关闭前无法完成全局状态更新。这种“内存墙效应”使系统响应速度随规模扩张呈指数级衰减。

最致命的制约来自动态环境的响应失效。当遭遇区域性旱灾时，市场价格机制能在 2 小时内启动调节，而超算系统需要至少 6 天才能完成新供需模型的构建。面对动物瘟疫暴发，市场在 3 天内可以重构供应链，而超算却需耗费 4 个月进行灾后推演。至于突发的国际制裁，市场价格信号可在一周内形成新平衡，而集中式系统将永远困在无限迭代的计算迷宫中。**诸如此类的时间悬崖，本质上宣告了任何超大规模集中调控系统的不可行性**。

综合来看，现有技术条件下集中式系统仅能在 4000 万人规模内维持脆弱平衡，且必须满足需求绝对静态、数据完全真实、环境零扰动三大理想条件。更为残酷的现实是，即使“中央菜篮子工程”规模被严格控制在千万级人口的阀值之下，只要突破这个临界点，系统将遭遇复杂度超新星爆发——每新增 1% 的人口，所需算力将增长 3.16 倍，超算系统最终在指数爆炸中走向崩溃。

3

市场机制的高效性早已镌刻在现代文明的基因之中。亚当·斯密提出的“看不见的手”，不仅是经济学的隐喻，而且与分布式计算的底层逻辑惊人契合。数以亿计的市场主体自主决策，通过持续动态博弈，将海量信息压缩为价格信号。这种自发调节机制展现出分布式系统的独特优势，远非集中式计算架构所能比拟。

哈耶克洞见了价格机制的深层本质：它是分散信息的浓缩表达。价格不仅反映供需关系，还承载了市场主体对资源稀缺性和未来预期的动态调整。当一个新能源汽车工厂每秒协调 5000 个零部件的准时交付时，供应链的复杂性通过价格信号得以简化和传递，碳酸锂期货价格的波动反映了市场对关键资源的供需预期，而这种动态调整机制使复杂的供应链能够高效运转。在高频交易环境中，个体决策的响应时延可以缩短至毫秒级，而这种快速反馈机制使市场能够实时适应供需变化，与生命系统中的自组织现象极为相似。

市场的精妙性还体现在将个体的认知局限转化为系统的整体韧性。每个参与者基于有限信息做出局部决策，多样化的个体偏差不仅可以相互抵消，而且可以不断修正，局部的失误非但坏不了全局，反而可能成为全局迭代的契机。市场拥有强大的自修复能力和自适应能力——错误是有代价的，代价会减少未来的错误；一些人的经验会成为另一些人的教训。这意味着错误本身就是避免错误的防火墙，失败可以播下成功的种子，甚至死亡也能够创造新生的机会。正如生态系统的生死相依和枯荣相继，市场的生命力源于其包容试错与自我更新的底层逻辑。

然而，当代信息技术的突破正重塑人类对“可见之手”的想象边界。

如今的电商平台可以实时分析数亿级交易数据，抖音通过用户行为构建了数千维消费特征图谱，微信支付记录能够精准映射数亿人的饮食偏好，阿里云的“城市大脑”实现了日均 PB 级数据吞吐，京东物流智能系统则在秒级时间尺度上完成百万级别的包裹路径规划。还有算力革命，当前 AWS 云服务的计算密度较 20 世纪 90 年代提升了 10^{12} 倍，顶级超算算力相比 1946 年 ENIAC 提升了 10^{14} 倍。这些技术突破似乎在暗示，也许再等若干年，当神经经济模型的参数量达到 10^{18} 级别、量子计算机突破算法瓶颈、神经形态芯片达到人脑突触密度之际，“算法计划经济”的设想就不再遥不可及了。

然而，技术乐观主义始终伴随着物理法则的冰冷凝视。试图捕捉单个消费者 24 小时内的完整决策轨迹，其数据维度就已远超现有计算架构的承载极限。时间约束如同“紧箍咒”：金融市场的混沌本质将高频交易预测窗口压缩至 3 秒，自动驾驶系统面对突发路况时，200 毫秒的决策延迟就可能导致灾难。更根本的算力桎梏在于，系统规模每扩大 10 倍，集中计算的能耗便呈百倍级增长，这种指数膨胀最终会撞上热力学第二定律的能耗悬崖。要让超算澄清供需平衡的混沌迷雾，不仅要跨越算力鸿沟与数据黑洞，更是在挑战熵增定律铭刻的宇宙铁律。

4

既然市场如此高效强大，那么计算机科学家和工程师为什么没有仿照市场模式去设计计算机呢？事实上，在某些领域，计算机系统已经部分模拟了市场机制。

在云计算领域，资源调度系统正在复刻商品市场的运行逻辑。当用户通过竞价机制争夺 CPU 算力时，虚拟机的分配过程成为数字化的市场交易所，每个出价信号都在重构计算资源的供需曲线。区块链网络则更进一步，其 GAS 费机制不仅实现了计算优先级的市场化定价，而且通过矿工群体的算力竞争，在去中心化架构中再现了市场经济的核心特征——自利行为驱动下的资源优化配置。

这种跨界融合催生了计算经济学的前沿探索。在研究者构建的“人工市场”模型中，数百万智能体在虚拟环境里展开博弈，其决策树演化轨迹竟与真实市场的价格波动曲线高度吻合。强化学习算法中的“探索—利用”困境，恰似企业在创新投入与路径依赖之间寻求最大交换值，每个智能体都在试错中积累“经验值”，正如市场主体在盈亏波动中调整策略。

市场的演化逻辑既可以用计算机语言描述，也可以用生态学语言解释，反之亦然，这一事实本身就隐喻了不同学科和不同领域之间的深度关联。

当生态学家观察非洲草原的捕食关系时，看到的其实是自然版的市场经济。草木的光合作用如同初级生产，食草动物转化生物质能恰似加工制造，顶级掠食者则负责资源再分配，不同生态位类似市场分工。物种数量的周期性波动，正是生态系统自发的“价格调节”机制。不同的是，自然选择用百万年完成的演化试错，在现代市场中可能只需一个财报周期。科技公司的迭代速度，使商业生态的演化速率比生物进化快了 6 个数量级。

这种加速演化源于市场独特的信息传导机制。价格信号如同神经突触间的电脉冲，将局部信息瞬间传递至整个经济网络。企业的基因不再是缓慢变异的 DNA，而是可即时更新的商业模式代码。市场参与者的选择压力替代了自然界的生存竞争，错误决策带来的不是物种灭绝，而是企业破产和财富转移。

由此看来，市场不只是一个资源分配机制，它还是嵌入人类文明的一个超级计算系统。它以光速传递信息，以试错优化规则，以文化基因快速迭代，以市场竞争塑造适应能力，从而完成了生物进化难以企及的复杂适应。**市场不仅是人类社会的产物，而且是自然选择的延续，它可以被视为生态系统中的一个演化速度最快的子系统**。

5

演化展现的智慧远超人类想象，那些精妙绝伦的复杂系统往往不是设计的产物，而是自然选择雕琢的杰作。可是大自然为什么没能演化出超级计算机？这个问题的答案首先取决于对“超级计算机”的定义。

倘若将“超级计算机”定义为高效处理复杂信息的操作系统，那么生命本身就是自然演化出的终极计算架构。它以分布式网络为基础，通过动态反馈机制实现资源的最优配置。这种生物计算系统的精妙程度，足以让人类构建的市场模型和数字生态系统黯然失色，更让传统计算机的集中式运算模式显得笨拙不堪。

生命的诞生堪称自然应对复杂性挑战的范式革命，每个生命体都是动态优化的活体奇迹。细胞代谢网络如同纳米级交易市场，线粒体精准“结算”ATP 能量货币，核糖体“生产”蛋白质商品，细胞膜智能“调控”物质进出口关税。葡萄糖供给充足时，细胞能够迅速启动糖酵解流水线；遭遇能量危机时，线粒体可以立即切换至高效产能模式。这种实时供需调节机制，与金融市场通过价格波动平衡资源配置具有拓扑同构性。

此外，更令人称奇的是，基因调控系统展现出量子级别的计算精度。DNA 双螺旋如同存储着万亿行代码的生物硬盘，表观遗传修饰则构成动态访问权限矩阵，允许细胞在多变环境中精准调用基因程序。

生命体的器官分工体系也展现出了超乎想象的系统工程智慧。肝脏如同中央银行调控能量储备，肺部构建气体交换的OTC市场，肾脏则像是环保部门及时处理代谢废料。这些器官通过血液中的激素信号进行“贸易结算”，其物质流转效率令人类物流网络望尘莫及。更令人震撼的是系统的鲁棒性，当某个器官功能衰减时，相邻组织会启动代偿程序，如同市场经济中企业破产引发的资源重组。这种自愈特性使生命系统能在累计70亿次心跳中维持动态平衡，而同等复杂度的机械系统早已分崩离析。

进化的本质是自然界的分布式优化实验。基因突变如同算法中的随机游走策略，自然选择则当适应性评估函数，繁殖过程则实现优质解的指数级传播。这种演化机制孕育出令人类工程学绝望的计算架构：由约860亿个神经元组成人脑神经网络，其并行计算能力据估算可达每秒10^{16}到10^{19}次浮点运算，能耗却仅相当于一个20瓦灯泡；免疫系统依靠体细胞超突变机制，在立方毫米级的微环境中生成10^{12}到10^{16}量级的抗体谱系库；线粒体内膜上的呼吸链，不仅展现了生物化学级的高效能量转换，还利用量子隧穿效应优化了电子传递过程。这些历经亿万年淬炼的生物计算单元，其能效比足以令当代最先进的硅基芯片望尘莫及。

自然演化构建的多层级计算架构——从细胞到有机体、再到市场和生态系统——分享相同的元逻辑。倘若用最简洁的语言做个概括，那就是老子所说的“无为而无不为”——无需中央调控，万物自化而生。或许正是这种去中心化的演化智慧，使生命系统在长达38亿年的试错历程中，找到了应对复杂性的终极答案。

写完这篇文章，我叹了口气，对计划经济残存的最后一丝执念，也随着细胞呼吸间ATP分子的流转洪流，黯然消散在生命演化的长河里。

心中无围栏，何处跨学科？

法律并非封闭自足的系统，因为法律决策只是人类理性决策的一个子集。只要认知标准足够高，认知驱动力足够强，理解法律的认知必然跨学科。跨学科的动力来自认知本身，不需要额外的跨学科动力。

SOCIETY AND ECONOMY

“跨学科”的说法暗含了一个比喻，不同学科被想象成界限分明的知识领地，彼此之间有“围栏”，因此有时需要“跨”过去。但其实“围栏”原本就是想象出来的，只要心中无“围栏”，认知就无所谓“跨学科”。

以“疑罪从无”为例，只要你去追问：为什么法律规定“疑罪从无”？答案只能是，因为错误定罪（冤案）远比错误释放（纵案）损失惨重。“两害相权取其轻”，“疑罪从无”与其他领域的理性选择并无二致。但如此回答已经跨越了法学学科的传统边界，起码不属于规范分析了。理性选择理论并无明确的学科属性，它是社会科学的通用分析工具包。

如果你继续追问：法律决策者是真的比较了冤案和纵案的损失之后才做出的选择吗？答案是，这并不重要，重要的是制度背后有强大的演化压力。不服从理性选择的法律制度缺乏适应能力，“疑罪从无”至少在台面上淘汰了曾经与之竞争的“疑罪从有”和“疑罪从轻”。此时，我们已经进入了生态学和进化论的语境。制度是演化的，并与生命演化分享相似的机制。

如果你还要探究演化机制是如何运作的，就要进入生物学、化学乃至物理学的领域。这些领域都没有意识清醒的决策者，但却普遍展现出一种堪称“理性选择”的模式。

自然选择本质上就是一个无意识的权衡机制，那些能以较小代价换取较大生存或繁殖优势的基因变异得以保留。生命演化史上的每一次适应性飞跃，背后都运行着一个隐形的“效用函数”。

这种无意识的“最优化”在分子层面表现得更为淋漓尽致。蛋白质分子的三维构象以及 DNA 分子的双螺旋结构，都没有事先的巧妙构思，前者是系统在热力学法则之下“搜寻”到的能量最低的稳定路径，后者是氢键之间进行能量“权衡”进而自动筛选出的稳定组合。

物理世界的基本规律同样投射出“理性选择”的影子。电子在原子轨道间的跃迁，总是偏爱能量最低的量子态；光子在时空中穿梭，总是青睐费曼路径积分中作用量最小的轨迹。而与此同时，孤立的热力学系统执着地趋向于熵增——据说由此定义了时间箭头。

这些看似盲目、无目的的过程，却令人惊叹地“演算”出了系统最优解，仿佛整个宇宙都在默默执行着“理性选择”的宏大法则。

回到我们最初的提问：法律为什么选择“疑罪从无”？终极答案也许是：因为它留存下来了。看似循环论证，实际上就是循环论证。世界上没有终极意义上的解释，所谓理解，不过是把某个陌生的现象装进某个我们已经确信的模式之中。

跨学科再正常不过了，因为问题本身不分学科，不跨学科才是反常的。因此更值得注意的问题反而是：法律人怎样思考，才能始终蜷缩在围栏之内？

还是以“疑罪从无”为例。如果你试图从法学领域内部回答法律为何选择“疑罪从无”，那么答案无非是：保障人权的需要，司法理性的要求，历史教训的总结，以及法治文明的体现。这些回答都不算错，但却难免引发进一步的追问：为何“人权”被默认为被告人或犯罪嫌疑人的人权，而非潜在受害人的人权？为何司法理性偏好“疑罪从无”？为何“疑罪从无”体现法治文明？又为何其他制度选择会酿成历史教训？面对诸如此类的追问，任何回避理性选择理论的解释路径都是绕圈子。

当然，没有人会沿着“疑罪从无”一路追问到宇宙大爆炸的奇点时刻。通常情况下，社会科学家只需将接力棒交给生物学家或生态学家就算完成了自己的解释任务。不同领域的专家只需跑完自己擅长的一段路程，而不需要跑完全程。这就是划分学科的意义，分科本质上是一种社会分工。

既然分科即分工，那么社会科学内部何不进一步细分？让法律人只跑完法学这段更短的路程不是更好吗？这些疑问不可避免，事实上，所谓“规范分析是法学的专用方法”以及“立法论和解释论界限分明”之类的说法就已经隐含了肯定的立场。果真如此，法学就是一个“自治”的知识体系了。法律人的任务是解释法律或适用法律，而不必再去追问法律为什么如此规定。

这个立场看似合理，但却忽略了一个关键前提——**让法学成为自治的知识领域的关键前提，是法律自身必须是一种“无损压缩”的编码系统**。

“无损压缩”是一个源自信息论的概念，意思是：你可以把大量信息压缩成一段更短的数据代码，而解码时却不丢失任何原始信息。举个例子，ZIP压缩包可以把很多文件压成一个小包，打开后内容毫无缺漏，这就叫“无损压缩”。反过来，如果你压缩的文件在解压后丢失了细节，那就是“有损压缩”。请看下面的诗句：

七八个星天外，
两三点雨山前。
稻花香里说丰年，
听取哇声一片。

这是诗人辛弃疾的一首《西江月》。800多年前的某个晚上，他在看到了一幅田园画面后，心有所感，于是将这幅画面（实际上还有声音和气味）压缩进了短短四个诗句之中。800多年后，当你读到这首诗词时，脑海中也会浮现出一幅画，这就是解压缩。但你脑海中的画面肯定不同于辛弃疾当年看到的画面，这就是一种“有损压缩”。

数学是人类知识中最接近“无损压缩”的系统。它以极简的符号和公式压缩并表达了极其复杂且无限广泛的信息。请看下面的公式：

$$F = G\frac{m_1 m_2}{r^2}$$

这个公式是大家熟悉的万有引力定律，它压缩了宇宙中所有宏运物体的运动轨迹，且解压缩后的信息无损。无论苹果落地、火箭升空，还是潮汐涨落、卫星运行，都可以根据这一公式计算出精确的结果。

商标、价格、成绩单，还有你为申报职称而填完的表格，都是高度压缩的信息，但它们都是“有损压缩”（没法真实还原商品质量、市场动态、学生的知识水平以及你的科研和教学能力），它们更像诗，而不是更像数学。“天下乌鸦一般黑”的全称判断貌似数学，但仍是“有损压缩”，因为世界上确有乌鸦不是黑色的。

以全称判断表达的法律也是一种“有损压缩”。当我们说法律是“以有限应对无限”或“事实判断和价值判断之间存在裂痕”时，就是在描述法律“有损压缩”的属性。然而，除非法律本身就是一套“无损压缩”的编码系统，否则法学不可能是自洽封闭的知识体系。

就“疑罪从无”而言，你可以想象一个疑罪集合 N，且 $N=\{A_1, A_2, A_3, A_4, A_5, \cdots\}$，其中每个 A_i 都是疑罪，法律针对集合 N 一律以无罪论处。这是什么压缩？这不是压缩。它只是无穷多个分流指令，而没有被压缩为一条普遍适用的规则。要实现真正的压缩，就必须定义“合理怀疑”的边界。

定义“合理怀疑”的边界，你可以使用各种形容词或各种名词化了的形容词（它们是法律人常用的伪指标），你也可以归纳其表面特征（它们就是法律人偏爱的“构成要件”）。但“疑罪”的概念很抽象，难以形容，也难以归纳出表面特征，以致曾有人如此定义：所谓“合理怀疑”，就是“并非不合理”的怀疑。这是文字游戏，相当于恒等式，恒等式就是压缩率为零的描述。

其实，很多法律概念（如“违法性”“该当性”）或法律教义（如“请求权基础是当事人一方依法请求他方为一定行为或不为一定行为的法律规范依据”）就是压缩率为零的文字游戏，正确但毫无意义，也缺乏智能，因为智能的本质是压缩。理论和描述的差别就在于前者可以压缩信息，而后者只能简化信息。

你最终会发现，定义“合理怀疑”的边界，最好的办法既不是使用形容词，也不是归纳要件组合，而是使用一个服从理性选择理论的决策函数。法律并非封闭自足的系统，因为法律决策只是人类理性决策的一个子集。只要认知标准足够高，认知驱动力足够强，理解法律的认知必然跨学科。跨学科的动力来自认知本身，不需要额外的跨学科动力。

破除“五唯”，学术怎样评价？

世上没有完美的学术评价。学术竞争最终还是声誉指向的。只要声誉机制能发挥作用，越是高水平的学者就越会珍惜自己的羽毛。

1

教育部部长陈宝生曾在全国教育工作会议上发表了题为“落实、落实、再落实”的讲话，表达了要落实2018年9月10全国教育大会上讲话精神的决心，并做出了相关部署。陈部长表示，要把教育评价改革作为“最硬的一仗”来推进。而“五唯”（唯分数、唯升学、唯文凭、唯论文、唯帽子），是当前教育评价“指挥棒”方面存在的根本问题，是当前教育改革中最难啃的“硬骨头”。

这个判断是高度清醒的。“五唯”之害广为人知，教育工作者体会更深，但之所以成为现行教育评价体制中的“顽瘴痼疾”，原因显然不是其本身难以废除，而是废除之后不好替代。所谓“破旧易，立新难”，而若“立新”的好处遥遥无期，“破旧”的弊病却已排山倒海而来，改革就变成了折腾。教育评价改革既是一场攻坚战，又是一场持久战，作战时间表恐怕至少要以10年来筹划，不可能毕其功于一役。改革需要决心，但更需要耐心。

作为高校教师，我更关心“五唯”中的“唯论文”和“唯帽子”，原因不言而喻，论文和帽子是高校学术评价的重要指标。论文要看数量和级别（ABCD，1区2区，影响因子、引证转载等），不同级别的论文之间还有换算关系。帽子要分大小，从小到大已然竖起了一道天梯。对于理工科的教师，攀爬这道天梯就是人生的旅途。成功的攀爬者必须在规定的年龄爬上相应的横杆，一步赶不上就步步赶不上了。所幸人文社会科学领域没那么多帽子，路子反而要宽阔一些。

虽然“唯论文”和“唯帽子”在扭曲学术评价乃至破坏学术生态方面已经造成了严重后果，但这两个问题的背景都高度复杂，牵一发而动全身。改革需谨慎，搞清楚背景和原因，才好对症下药；若是慢性病，就使不得虎药狼医。

我写这篇文章主要针对人文社会科学领域的学术评价改革，试图探索一种补充性的而非替代性的学术评价体制，同时主张一种侵入式或渐进式的改革思路。最好先行试点，即使新体制确实行得通且有生命力，也不要对旧体制全盘否定；只要能与现行体制形成竞争，就算大功告成，剩下的交给市场。

大家都在说让市场发挥基础性作用，但到了关键时刻却经常忍不住要越俎代庖。要知道并非只有经济市场才是市场，隐性的市场同样是市场，学术竞争和市场竞争的逻辑是一样的，而“五唯”正是导致市场失灵的首要原因。

2

人文社会科学领域的学术评价体系是由各种指标组成的，这些指标包括论文、项目、获奖、专著、荣誉、社会服务及领导评价等。对于高校老师而言，指标就是身价；职称晋升、业绩考核、人才引进以及各种帽子评审，无一不是看指标。对于学院和学校而言，指标就是资产；学科评估、学位点评估以及各种排名，同样都是看指标。

各项指标可以被汇总进一张表格，一目了然。资深评审人深谙本专业内部公认的指标权重和不同指标之间的换算关系，上眼几分钟打量一下申报表格，就能大体做出评价。即使评审人了解申报人的真实学术水平，也必须尊重表格，因此有时会很纠结：这个人水平不错，可惜表格不好看；那个人水平一般，但表格很漂亮啊！

权重最大的指标当属论文和项目，这是职称晋升的两大硬件，缺一不可。但从根源上看，论文才是重中之重。论文发表后可以拿去评奖，可以作为争取项目的依据，攒足了还可以整合为专著出版。千里之行，始于论文。

于是期刊版面成为学术界最珍视的稀缺资源，学术圈里的宫斗剧，拼的就是版面。为啥书号反而不值钱？因为出版是一种商业行为，所以专著在学术评价的指标体系中从来不是硬通货。

倘若所有指标都过硬且占足天时地利人和，就有条件去拼“帽子”了。帽子评审是学术界关注的大事儿，主管部门会牵头组成一个评委会，评审人都是行业内部的资深专家。至于评审人能起多大作用，不好说。之前媒体曝出了某高校某青年长江学者的狗血事件，让很多人惊呼：“她是怎么拿到青年长江这顶帽子的？”不客气地说，凡吃惊的都是外行，内行觉得很正常。评审未必有黑幕，原因很简单，这位年轻人的表格实在是很漂亮。

狗血事件折射了帽子评审过程中的两重尴尬和两重委屈。

制度设计者当然很尴尬，但他们会觉得很委屈：“我们已经最大限度地排除了行政干预和权力寻租，同行评审难道不是全世界通行的做法吗？出事怪不得我们，要怪只能怪评审人太不负责任。”评审人也免不了尴尬，但同样觉得很委屈：“我们收到的评审材料无非几张表格，表格上填满了学术指标的统计数字。虽然评审材料附有申报人的代表作，但谁都知道评审的潜规则要求我们该怎样对待表格和作品。”

按论文质量评，难免起争议；按表格评，谁都没话说。评审的潜规则其实也没什么不可说的。听说曾有位院士在某次评审会上抱怨说：“这活儿用不着我们来干，找个会数数的小学生就够了！”话虽说得夸张，但几分真假，大家心里有数。还有一个流传已久的说法：“国内学术界的帽子归根结底是由期刊编辑们评出来的！”这话说得也夸张，但几分真假，大家同样心中有数。

3

不过坦率地说，现行学术评价体系并非没有合理性，指标和学术水平之间的相关性还是很显著的，没点真本事很难在指标上系统性胜出。指标当然会失真，但系统性失真的概率就没那么高了。狗血事件的发生有马太效应在作怪，一个人发论文越多，就越容易把论文发得更多；个中缘由，大家心知肚明。

即使有马太效应，有运气的因素，也免不了各种交易，但总体而言，只要申报人能把表格填得漂亮，水平就差不到哪里去；在这个意义上，事主是个特例。但表格漂亮也只能说明“水平差不到哪里去”，至于是否真正出色，确实不好下判断。在这个意义上，事主不仅不是特例，而且是常态。

其实，现行学术评价体系最大的危害，还不是评价失真，而是激励扭曲。它会逼迫高校管理者和教师们把主要精力用来拼指标，而不是用来提高学术和教学水平。老实说，做学术研究是需要天分的。知识产出和知识传播是两种不同性质的工作。高校教师是一个庞大的群体，只有少数人有能力创造知识。包括我自己在内的大多数高校老师还是应该致力于做好知识传播。

寒暑假是高校老师集中完成写作任务的日子，这段时间很珍贵。如果连续三天只读书不写作，我内心就充满了负罪感，觉得自己太任性了。何苦逼迫大家都去写论文呢？国家不需要，人民不需要，学生也不需要。真正的赢家，除了垃圾期刊的经营者，就是权力寻租游戏中的玩家们。

逼迫大家都去写论文也倒罢了，毕竟写作还是个技能，随时都能派上用场，可逼迫大家都去申报项目就显得很荒谬了。你写了一本书，花了国家一大笔钱，而我写的书分明比你好，只是没花国家的钱。按理说我为国家省了钱该受到褒奖才对，怎么到头来反倒是你成了赢家？不能装天真，我必须得认输，因为在表格上我只能填一本专著，而你的表格上却可以多填一项指标。更要命的是，按现行学术评价的指标体系，项目才是硬通货，专著是不值钱的。

高校管理者有问题吗？没有，问题还是来自主管部门。主管部门把项目数量、级别和资金列入学科评估、学位点评估的指标体系，学校管理者怎能不把贡献指标的任务分摊给教师们？

搞个项目不容易，从申报到立项、再到结项，其间还有开题和中期检查，每个环节都得扒层皮。搞个大项目更是难乎其难，光是撰写的申报材料就差不多有半本书厚，一大堆研究生非得要折腾上一个假期不可，其他那些麻烦就不要提了。

申报项目是有技巧的，也因此诞生了很多申报专家，他们受邀到各大高校巡回演讲，还办了一些培训班。这些专家指导的不是如何做研究，而是如何提高申报成功率。我们对这些事情都习以为常了，可回头想想不是很滑稽吗？多年前我申报某个国家级项目也是屡战屡败，坚持了很多年终于屈服，换了个大家都能看明白的选题，写了份规规矩矩的申报书，当年就中彩了。

一位朋友曾说："如果你爱他，就让他做项目，因为这里有好处；如果你恨他，就让他做项目，因为这会毁了他。"

这位朋友最近忙着写一本书，他自以为即将写出来的这本书会很有价值，至少比他过去发表的那些论文有价值。但他经常自嘲说："一个人得堕落到什么程度，才会去做这么有意义的事情！"堕落谈不上，奢侈是真的，再怎么潇洒也应该先以这本书的选题申报个项目，等书稿写完再拿去充作结项的成果。但这位朋友却只打算写本书。申报项目太麻烦了，也没什么办法让评审人理解这本书的价值。

自嘲暗藏沾沾自喜，但他之所以能沾沾自喜，是因为他已经基本实现了“学术自由”。所谓“学术自由”，是指一个人在其学术生涯中可以不再为指标而奋斗的境界。达到这个境界，才有资格去做自己认为有价值的研究。

实现学术自由起码要具备三个条件：第一，必须拥有教授职称；第二，必须放弃更高的追求（那些帽子）；第三，所处高校的管理和考核必须足够开明。具足这三条，才能摆脱指标的纠缠，当然，内心还得足够洒脱，脸皮也得有点厚（他不申请项目，就意味着他把申请项目的任务推给了自己的同事们，因为学院需要指标）。

不管怎样，这位朋友还是值得羡慕的，因为在我看来，“学术自由”是一个人学术生涯的真正起点。学术人生可能就是这样，要做一件有意义的事情，就得先做一些无意义的事情。

4

破除“五唯”中的“唯论文”，显然不是要降低论文在学术评价体系中的权重，而是要从注重论文的数量转向注重论文的质量。没人否认论文质量是评价学术水平最重要的指标。但论文质量是不好评价的，哪个评审人敢说我的论文不如你？

学术评价的最大问题，根本不是“评价”，而是控制争议和分歧，防范冲突和麻烦。

电影《一代宗师》中有句台词说：“功夫就是一横一竖。赢了的，站着；输了的，趴下。”如果学术界也有擂台赛，学术评价就变得简单了，失真与否姑且不论，关键是输赢大家都服气。学术评价要做到没有争议，就必须拿出类似“一横一竖”的制度性标准。期刊级别、引证率、转载率或影响因子之类的指标之所以意义重大，原因就在于此。质量和水平不可观察，但指标却是一目了然。数字嘛，总是清晰的。

尽管发表于权威期刊的论文，其质量未必优于核心期刊，甚至未必优于普通期刊，但在制度上却只能如此确认，否则就会引来无穷无尽的争议。不是还有论文盲评吗？没错，如今各大高校普遍实行论文盲评制度，无论职称评定，还是研究生毕业论文答辩，都要经过盲评这一关。

盲评采用“双盲机制”，申报人和评审人双向匿名。但是很遗憾，盲评制度在学术评价中没能发挥出它应有的作用，至少在教授职称的评审程序中已经形同虚设。不管论文质量多么糟糕，评审专家都很难打出“不合格”的评语，原因是多方面的。

首先是不忍心，谁都知道高校老师熬到有资格申报教授得经历多少煎熬；其次是感觉不公平，每个人心里都有杆秤，如果认定眼前这篇论文不合格，那么此前已经评上教授的那些人的论文又有多少能算得上合格呢。更何况，评审专家都知道论文盲审只是职评程序的许多关卡之一，高抬贵手只是把职评的任务留给高校自设的评审会，其潜台词是：“此人上不上教授还是由贵校自己决定吧，在这个问题上，我一个外人可不想说了算。”我猜测，那些打出“基本合格”的评审人心里都是这么想的。评审专家还会进一步想到，盲评的潜规则是“得饶人处且饶人”，如果其他评审人都足够宽容，只有自己较真还有什么用？谁能改变得了制度和风气？

职评程序最重要的关卡还是评审会，评审会由学校人事处牵头组成，评审人都是校内不同学科的资深专家。但到了评审会上，评审人手里的职评材料就只有申报人填写的表格了。没错，最终还是指标说了算。

据我观察，研究生毕业论文的盲评制度也在最近几年呈现出迅速退化的迹象。主管部门搭建了一个研究生毕业论文的盲审平台，每年邀请大量专家评阅大量毕业论文。但出乎意料（其实是不出所料）的是，盲审平台的规模越大，盲评制度就越容易失灵。

评审人越是认真负责，他耗时就越多，而那些不负责任的评审人却可以敷衍了事或干脆让学生代劳。由于评阅论文的报酬是固定的，所以那些认真负责的评审人就更可能选择拒绝评审（不只是因为觉得不划算）。但当这种情形积累到一定程度时，逆向选择就会恶性循环；评审人的总体质量明显下降，而这会让那些认真负责的评审人更倾向于选择退出。

某年夏天，研究生毕业论文答辩期间，我曾看到过一份反馈回学校的令人吃惊的论文评阅书，这份评阅书的奇葩之处是，评阅人连评审意见都懒得写，而是直接抄袭了送审论文的一部分摘要，并且在几乎没有解释任何理由的条件下，就把这篇毕业论文给毙掉了。如此不负责任的评审只可能出现在大规模的盲评平台中。倘若某所高校的管理人员把学生的毕业论文单线送给某个评审人，断然不会发生这等事情。虽然是盲评，但学校的管理人员却有条件知道是谁这么不负责任，哪怕只有这一点点顾忌，评审人也不至于如此无下限。但在大规模的盲评平台上，却没有任何人得知这份奇葩评阅书究竟出自谁手。

5

想必大家已经看出端倪了，盲评制度失灵的关键就在于一个“盲”字，匿名评审变成了“黑箱”操作。制度设计的初衷就是为了打消评审人的顾虑，匿名是对评审人的保护。但结果却是，评审人的顾虑非但没有消除——因为匿名不能保证管理人员不向申报人通风报信，毕竟他们在一所学校工作——“黑箱”操作反而让评审变得毫无约束了。

对症下药的话，学术评价改革就应从打破盲评入手，不仅要公开公布评审人的姓名身份，而且要让评阅书暴露于众目睽睽之下，利用网络平台引发围观，让围观的压力迫使评审人认真负责，进而为高水平且负责任的评审人积累声誉，与此同时，那些缺乏学术判断力的评审人就会主动远离这项工作。

具体做法是由主管部门设立一个网络评审系统，申报人提交代表作，管理人员将作品公布在网络平台上，人人都可下载阅读；然后，官方负责在全国范围内招募同行专家作为评审人，但要求评审人必须对论文写出详细评语之后再给论文评分，评语和评分都要公布在网络平台上。申报人匿名提交论文，评审人实名写出评语，评审由双盲变成单盲。评审制度的其他细节，可以由主管部门继续补充。

例如，评阅人还可以在送审作品的电子文档上详加批注，然后把批注版的论文上传到网络平台，人人都可下载阅读。又如，若申报人对评审人的评语和评分有异议，可以针对评语写出辩解和反驳，但评分依然有效。当然评审人也可以针对辩解和反驳再次作出回应。此外，还可以考虑设置开放的网络评论区，任何人有权在评论区匿名或实名发表言论。不必担心申报人或评审人雇用水军，因为水军的身份从其发言质量一望而知，这种行径成事不足，败事有余。

评审制度如此设计，主要是为了避免“黑箱”操作。但其可行性仍然面临诸多质疑，最重要的是，如果申报人和评审人串通作弊怎么办？回答是不用担心。既然送审论文和评阅书都被晒出来了，任何明显的作弊行为都很容易被围观者识破，至少双方都有这个顾虑。有所顾忌就比无所顾忌要好得多，说得难听点，即便作弊杜绝不了，阳光下的作弊也一定是有分寸的。

单盲将评审人置于一个危险的位置，他因此有了拒绝作弊的过硬理由。设想一下，假定我是申报人，且得知评审人就是我的好朋友，我会不会向他打个招呼，求他“给点照顾”、“网开一面”或“手下留情”？老实说，很难开口。因为我的顾虑很多，并且我知道评审人的顾虑也很多。学术圈对声誉还是高度敏感的，见不得光的事情只可能发生在阴暗的地方。

单盲评审是个很残酷的机制。围观的力量很强大，它能把网络评审系统变成一个擂台：申报人和申报人、评审人和评审人都会暗自较劲，申报人和评审人之间甚至可能会发生一场恶斗。双盲机制下，大家睁一只眼闭一只眼也就过去了；但单盲机制下，谁的眼里都揉不进沙子。学术圈之所以一团和气，是因为很多人选择了独善其身。

假如长江学者采用单盲机制，我猜测无论申报人还是评审人都不会很踊跃。很多人也许会跃跃欲试，但思之再三就会感觉还是选择吃瓜比较好。能有多少人对自己的论文质量、学术水平和学术判断力真正自信呢？

6

世上没有完美的学术评价，同行评审之所以流行，只是因为实在找不到更好的做法。所谓“同行公认”通常都是夸张的说法，行业内部的分歧实际上远超外行的想象，被一部分同行捧上天的学术作品在另一部分同行眼里可能连垃圾都不如，但真相却未必站在多数人一边。评审人的美德和判断力是同行评审成败的关键，遴选评审人的环节因此至关重要，单盲机制恰恰可以有效淘汰不合格的评审人。当然，逻辑上可行不见得实践上可行，我没有绝对把握说单盲一定优于双盲，但至少可以确认，在单盲机制下不可能发生前面提到的狗血事件。

与单盲机制相匹配的是“资格论文制度”。想获得教职、职称或帽子，只需提交相应水平的论文通过评审和答辩就可以过关了，很多真正有才华和天分的年轻人因此能够更早摆脱指标的枷锁。整个学术界的风气会发生变化，令人窒息的权力结构也会被撕开一道口子，山头和派系会受到冲击。学术作品的数量当然会减少，但质量肯定会提升，以数量换质量不正是破除“五唯”的题中之义嘛。

此外，英文论文会减少。很多人踊跃发表英文论文，既不是写给国内同行看，也不是写给国外同行看，而是写给评审人看。这是个信用背书的问题。还可以想得更加乐观一些，如果将来有一天，我们建立起了真正的高水平中文学术圈，那么中文的劣势就一下子变成了优势。中国学者都能读英文，但外国学者却读不了中文。这其中的差异应该是喜不是忧。

然而，即使单盲机制被证明是可行的，也会由于条件有限且障碍太多而无法全面推广。好在尝试的代价并不高昂，尝试一旦成功其收益却是巨大的。

不妨先以评审长江学者为试点，现行评审机制依然保留，只需另辟一条单盲评审的蹊径就足够了。评审采用双轨制，新旧两种体制可以并行，当然也可以给新体制取个新名称，比如“黄河学者计划”云云。若干年后，就有条件观察黄河学者和长江学者的各自表现了。若出现系统性差距，则高下立分。

其实“帽子工程”无非是个激励机制和投资策略。通过把优秀的学者遴选出来，给予资助、待遇和荣誉，就可以形成一个群雄逐鹿的局面；而把有限的经费开支更多分配给“帽子学者”，是为了提高投入产出比。但问题是，“帽子工程”的初衷真的实现了吗？主管部门似乎对这个至关重要的问题并不关心。

许多学者在获得帽子之后依然能够坚持在一线开展学术研究，这已经非常值得敬佩了，是高度自律的表现。因为只要获得长江学者的帽子，他完全有条件选择以组织团队的名义招募雇佣军。

当然，学术竞争最终还是声誉指向的。只要声誉机制能发挥作用，越是高水平的学者就越会珍惜自己的羽毛。更何况时代变了，信息渠道如此广泛，真有水平是不会被埋没的。但“帽子工程”却对学术声誉机制造成了严重的干扰。人为提高了一个信号的音量，就会淹没其他众多有价值的信号。更何况有时帽子不是信号，而是噪声。只有高度清醒和高度自律的学者才会把帽子和声誉区分开来，才会在有了帽子之后依然执着地追求学术声誉。

其实主管部门不必过于操心怎么花钱。分给学院的钱，学院比学校更清楚该怎么花；分给学校的钱，学校也比主管部门更清楚该怎么花。

各大高校曾开展了一次破除“五唯”的自清自查，但明智的高校管理者只持观望态度。这倒不是因为高校管理者担心“五唯”破除之后找不到可以替代的指挥棒（这个问题还远远提不上日程），而是因为他们没法预测后果：你今天一声令下让我们破了“五唯”，明天转脸又拿“五唯”来考核我们并且当作分配资源的依据，徒之奈何？那时候我们哭都来不及了。

学术批评是个元认知的问题

元认知就是关于认知的认知，尤其是关于认知标准的认知。掌握学术评价的标准和规则，对于学术工作者至关重要。

SOCIETY AND ECONOMY

1

学术批评是个重要且严肃的议题，但我更愿意称为“学术评价”。掌握学术评价的标准和规则，对于学术工作者至关重要，否则你甚至写不出一份像样的审稿意见。我收集了很多堪称“奇葩”的审稿意见，虽千奇百怪，但共性是结论武断，只扣帽子，不讲道理，更说不出理由。

学术批评属于元认知（metacognition）的问题。元认知就是关于认知的认知，尤其是关于认知标准的认知。孔子说：“知之为知之，不知为不知，是知也。”他意识到了元认知的重要性——学习的关键不是理解，而是知道自己是否理解。反之，学习的最大障碍不是不理解，而是误以为自己已经理解了。认知是有标准的，认知的标准就是理论评价或学术评价的标准，因为理论是认知的工具。

在法律人的圈子里，最容易被接受的学术评价标准莫过于“自圆其说”，认为学术作品只要能做到自圆其说就算达标了。但“自圆其说”的标准并不清晰，而且“圆”本身是个比喻，它也可以比喻循环论证（俗称“套套逻辑”）。自圆其说和循环论证之间的界限是模糊的。短距离的循环论证不难分辨，比如我说：“因为 X_1 所以 X_2，然后又说因为 X_2 所以 X_1”，你立刻能看出这是“套套逻辑”。但若把这个套套加长，我说：“因为 X_1 所以 X_2，因为 X_2 所以 X_3……直到因为 X_{n-1} 所以 X_n，然后又说因为 X_n 所以 X_1”，就很容易蒙混过关，因为貌似可以“自圆其说”，尽管这仍是“套套逻辑”。

这种情况在法学学术作品中其实很常见。倘以严苛标准审视，刑法上的“违法性”和“该当性”之类的概念、“主客观相统一原则”以及民法上的“请求权基础”，都属于循环论证，但绝大多数法律人不会同意这个结论。这并不意味着法律人降低了认知标准，而是因为误把“套套逻辑”当成了“自圆其说”。倘若只绕一个小圈子，就很容易发现自己每一步都在拐弯，但若是绕一个大圈子，难免会觉得自己一直都在走直线。

孔子意识到了认知标准的重要性，但他没有提出具体的认知标准。也许孔子觉得没必要，认知标准是相对的，不能要求儿童的认知标准和成年人一样高（所以我们教育孩子要“一贯诚实”而不是“适度诚实”，就像我们不会给陌生人指引一条虽然距离更近、但却更复杂的道路）。认知标准是相对的，也意味着可以通过比较来发现自己的认知水平。如果你发现我对某个问题的理解更通透，你就能意识到自己的理解还很欠缺。但糟糕的是，只有当你的认知水平和我比较接近时，你才可能发现我的理解比你更通透；如果相差悬殊，那你可能把我的真知灼见视为胡扯。

苹果从树上掉下来，经典力学和广义相对论给出了非常不同的解释。尽管很少有人能够理解广义相对论，却没有人指责爱因斯坦胡说八道。这不是因为广义相对论在 100 多年前的一次日全食天文观测中已经获得了验证，而是因为科学已经成功建立了一个层级分明的权力结构。倘若没有这个稳定的权力结构而由大家投票，牛顿肯定会获得多数票，甚至亚里士多德也不乏支持者。

2

可验证是衡量理论能否成立的标准，此相关的解释力和预测力也因此被视为评价理论优劣的指标。如果你的理论只能解释部分事实，而我的理论能够解释全部事实，那么我的理论就优于你的理论。这是广义相对论能够战胜经典万有引力理论的原因所在。因而，学术批评关键在于发现挑战既有理论的例外情形。如果你说“天下乌鸦一般黑”或“世上天鹅一样白”，那么我只需找到一只白乌鸦或一只黑天鹅，就足以颠覆你的命题。

在法律领域同样如此，学术批评应致力于发现传统法学理论无法解释的例外，以寻找拓展或修正理论的机会。正因如此，疑难案件是开展学术批评的竞技场。我举两个例子：

第一，关于盗窃罪的构成要件

早期的刑法学理论将“秘密”窃取视为盗窃罪的构成要件。但后来发现，有些盗窃并不“秘密”，于是创造了一个“主观秘密”的概念以放松“秘密”要件。再后来又发现，有些作案方式既不主观秘密，也不客观秘密，但依然构成盗窃。“明偷”是完全可能的，这等于不再将“秘密”窃取视为盗窃罪的构成要件。

上述理论随事实不断修正的过程看似顺理成章，但很少有人据此怀疑刑法学理论的思路出了问题。“明偷”之所以是盗窃，不是因为“明偷”从性质上就是盗窃，而是因为把“明偷”定性为盗窃是最不勉强的。对于非法侵占他人财产，刑法规定了好几个罪名，这好比设置了好几个篮子，“明偷”之所以被扔进盗窃的篮子，是因为它不能被扔进其他的篮子。如果刑法规定一个新罪名，叫“明偷罪”，那么“明偷”就不再被扔进盗窃的篮子里了。这个道理法理人都能接受，但这进一步又意味着什么？意味着刑法学理论只是个“半截子理论”——它只讲了半个故事（怎样根据要件去定性），而对另一半故事（根据什么去设置要件）漠不关心。

第二，关于建设工程优先受偿权

1999 年《合同法》规定了建设工程优先受偿权，这一条款的初衷是保护农民工的利益，却完全忽略了市场反馈，以致在长达接近 20 年的时间里，给建筑施工市场和金融市场带来非常多的麻烦，也在一定程度上引发了司法混乱。直到2018年，最高人民法院出台《关于审理建设工程合同纠纷案件适用法律问题的解释（二）》，将这一条款事实上架空，才算基本解决了问题。

上述立法过程说明什么？显然，建设工程优先受偿权是个立法失误，但至今我还没看到相应的学术批评。我和我的学生查阅了不少论证建工优先权合理性的学术文献，其共同特点是，论证薄弱，缺乏市场分析。其实，诸如此类的立法失误在整个民法体系中并不罕见，若进一步深究，就不难发现这类立法失误实际上反映了民法学研究思路的先天不足——过度依赖道德直觉做出判断，一厢情愿地调整市场主体的利益分配，而不顾及市场反馈，并最终让法律干预变成了违背立法初衷的“回旋镖”。因而，建工优先权与其他国家曾经出现过的糖税和奢侈品消费税属于同一种类型的立法失误。

3

对于学术批评而言，仅仅找出例外还不够，进取的学术批评要在发现理论软肋之后拿出修补理论的方案。在法学领域，常规做法是创造一个新概念（如“主观秘密”）或增加一条新教义（如“明偷以盗窃论处”），但这种做法是有代价的，因为新概念和新教义增加了理论本身的混乱性（请注意不是复杂性）。最有价值的学术批评不是修补原有理论，而是提出一种替代性理论，当然，这个理论必须足够好。

法律实践中并不缺乏例外，而恰恰是因为例外太多了，反而导致法律人对例外脱敏。虽说一个例外就可以证伪一个命题，但在法律人眼里，例外只是例外而已。虽然已经遭受了大量例外的冲击，但传统法学理论的地位依然稳如磐石。这不是因为尚未出现足以替代传统法学的新理论，而是因为受助于学习成本，法律人也不会轻易接受新理论。认知的变化和升级都是有惰性的。

19世纪初，天文学家发现天王星的轨道存在异常偏差，这是牛顿万有引力定律无法解释的现象。但当时人们并未因此怀疑牛顿的理论，而是推测太阳系中可能存在某种未知的引力来源。几十年后，天文学家果然观测到了新的行星——海王星，从而证实天王星轨道异常的原因确实是海王星的引力干扰。这一发现进一步增强了人们对牛顿理论的信心。

到了19世纪中叶，类似的情况再次发生。天文学家发现水星轨道的近日点进动也存在异常。有了天王星事件的经验，人们自然推测太阳系内侧还有一颗未知行星，甚至给这颗尚未观测到的行星取了名字，称为“祝融星”。但这一次情况却与天王星事件截然不同，这颗假设中的行星始终未被找到。事实上，水星近日点的进动异常最终被证明确实无法用牛顿理论解释。直到半个多世纪之后，1915年爱因斯坦提出的广义相对论才彻底解决了这一谜题，给出了与观测高度吻合的新解释。人们由此认识到，万有引力定律的适用范围仅局限于远低于光速、引力场较弱且时空弯曲效应不显著的情形。

那么，法律领域是否也经历过类似的认知革命呢？答案是肯定的。自20世纪60年代末开始的二三十年间，法律经济学的兴起为整个法律体系提出了全新的解释。这种新理论不仅拥有更强的解释力，而且能够与经济学等其他领域直接对接，从而打破了法学作为“知识孤岛”的传统状态。

然而，相比于物理学，法学领域的知识革命并未进行得那么顺利。广义相对论问世后，虽然尚未得到实验证实，却已在理论物理学界迅速引发强烈反响。那么，为什么两个领域的知识革命在影响力上存在如此明显的反差呢？原因自然是多方面的。除了两个领域在权力结构上的差异，至少还有以下两个因素：

其一，法律领域中例外现象司空见惯，不像物理学领域的例外现象那样引人注目。因此，即便法律经济学的解释力已经得到了数不清的验证，但验证次数越多反而越显得平凡普通，缺乏震撼力。与此形成鲜明对比的是，1919 年爱丁顿通过日全食观测对广义相对论的一次成功验证，却震惊了整个物理学界。

其二，物理学家倾向于用数学表达和思考，而数学的严谨性和优雅性极易进行比较，这使广义相对论在尚未被验证之前便已展现出强大的理论吸引力。而法律是一个面向大众而非仅面向专家的领域，说理和论证绝大多数时候只能用文字表述，这种表述方式在很大程度上掩盖了传统法学理论中存在的逻辑裂痕，也客观上降低了法律人自身的认知标准。

在 20 世纪中叶之前，哈耶克曾断言：人类并不真正理解法律，对法律的认知只是“知其然而不知其所以然”。难道他不知道法学是个非常古老的学科吗？当然知道。但在他看来，人类所拥有的法律知识远未达到他心目中的认知标准。哈耶克曾抱怨道，没有人能够明确地阐述“公平竞争”的含义。我曾多次思考哈耶克的抱怨究竟意味着什么。显然，他所抱怨的并非真的从未有人阐述过“公平竞争”的含义，而是大量对“公平竞争”的阐述都未能达到他所期待的认知标准。那么，这个认知标准到底是什么呢？我猜测，是能够揭示“公平竞争”背后的数学结构。

数学拥有强大的整合能力，原本彼此孤立的知识借由数学的桥梁联结起来，共同汇入人类数千年积累的知识洪流之中，就像飘零的树叶终于找到了它们的根基。数学并非遥不可及，我们就生活在数学之中，思考本身就是一种运算。当你判断明天太阳仍会升起时，你使用了统计学；当你决定“两害相权取其轻”时，你使用了比加减法更简单的数学；当你用汉德公式理解过错责任时，你运用了乘法和概率，并发现其根基仍然是“两害相权取其轻”的逻辑。如果你能够理解疑难案件裁判的数学逻辑，你就会发现这并非孤立问题，而是与事故预防、金融投资乃至赌博共享相同的内在逻辑。当你学会对事故损失和预防成本进行动态考察并进行边际分析时，你头脑中便已有了微分的观念；如果你早生两千多年，或许也能讲出“过犹不及”或“大成若缺”的道理。

融会贯通就是这么简单，不是吗？其实并没有那么简单，否则法律与经济学的融合运动早就发生了。理解法律的数学结构并不需要很多的数学知识，但却需要很强的数学意识——一种以数学方式思考法律问题的认知进取心。在我看来，法律经济学并不是一个简单的交叉学科，它就是法学。与传统法学的不同之处在于，它明确揭示了法律背后的数学结构。如果非要指出它与经济学之间的联系，我认为主要是借用了经济学的一些概念和术语，而这些概念和术语本身已经成为整个社会科学领域的通用语言。

那么，传统法学理论能够跳出数学的范畴吗？显然不能。三段论推理本质上就是一种简单的集合运算。然而，三段论的先天不足之处在于其大前提的可靠性难以保证。归纳法只能得出或然性或局部肯定性的判断，一旦将这种判断误认为全称命题，就必然会遭遇反例的挑战——一个反例就足以颠覆一个全称命题。如果现实世界中的案件都是高度格式化的，严格按照预设的构成要件发生，那么传统法学理论就是完美的认知工具了。

法律经济学是否会遭遇例外的挑战呢？当然也会，但与传统法学相比，法律经济学遭遇例外的概率要低得多。这是因为它所揭示的是法律的深层逻辑，因此具备更强的包容性。打个比方来说，当你用叶子的形状去定义一棵树时，例外情况就会频繁出现；而当你深入细胞或基因层面去定义一棵树时，你所做出的定义就会稳定得多。与传统法学所强调的“构成要件”不同，法律经济学关注的是法律决策背后的利弊权衡，这种利弊权衡才是法律的深层逻辑，也是构成要件的支配性力量。当构成要件出现失灵时，我们更应该及时切换理论范式，而不是在原有的认知框架内不断兜圈子。

4

理论最重要的功能并非提供绝对真理或揭示终极真相，而是使人们的思考更加经济。借助理论去认知世界，未必总比细致研究每一个具体事物更可靠，但理论的确可以极大地提高认知效率。

在这个星球上，只有人类才依靠理论去认知世界，而没有理论的动物照样生活得很好。人类与理论共存的时间绝不会超过一万年。在漫长的理论缺席时期，人类与鸟类和其他哺乳动物一样，依靠的是统计经验去安排自己的生活。这并不是说动物或早期人类很早就掌握了贝叶斯定理，而是贝叶斯模式已经通过基因编程，内化为哺乳动物和鸟类大脑中的隐性认知。

当一只猫拍打一条蛇时，它会根据自己以往的经验（统计结论）选择一个既安全又高效的角度。猫不能辨认镜子里的自己，而大象却可以。这意味着大象能依据经验（同样也是统计结论）意识到镜子里的大象就是自己的影像，因为镜中大象的动作和自己高度同步。这表明，动物越聪明，其统计学习的颗粒度就越精细，越容易按贝叶斯模式动态调整自己的行为。

而理论则可以部分地替代统计，并且理论给出的答案往往比纯粹统计结论更加可靠。举个例子：如果你是一个木匠，你会从经验中发现边长分别为 3、4、5 的三角形恰好是直角三角形，这组数字被称为勾股数。随着经验的积累，你或许还会发现同比例放大的其他数字组合（如 6、8、10 或 9、12、15）也都是勾股数。你花费了大量精力去发现并记忆数以千计的勾股数，然而，有一天你学会了勾股定理，顿时意识到过去掌握的零散知识已不再具有多少价值。勾股定理不仅替代了你原先的认知，还大幅拓展了你对直角三角形边长关系的理解。

理论就像一个抽屉，可以有效地把零散的知识进行整合和压缩，让认知和决策变得更简单、更精准。因此，评价理论优劣的首要指标就是理论的包容性或解释力（压缩能力和整合能力），看看它能容纳多少事物。解释力越强的理论，越少遭遇例外。勾股数只是一系列确定的数字组合，但勾股定理能容纳所有勾股数，包括无理数。而比勾股定理更大的抽屉则是余弦定理，它能解释所有三角形边长之间的关系，勾股定理仅仅是它的特例。再比余弦定理更大的抽屉是向量内积公式，余弦定理只是内积公式在二维空间中的特例；而向量内积公式本身又只是欧几里得度量定义的特例，后者进一步又只是黎曼度量张量的特例。

你可以理解：抽屉越大，就越能发现事物的逻辑深度，也越容易与其他领域的知识建立联结，进一步实现知识的有效压缩。因此，掌握理论不仅能提高认知的效率，还能拓展认知的维度。正如一首歌词所唱："他大舅他二舅都是他舅，高桌子低板凳都是木头。"这句话体现了知识的整合，但如果再深入几步，进入细胞层面或分子层面，"他舅"和"木头”也就没有了本质的差别。

5

在广义相对论获得验证之后，牛顿的万有引力定律并未退出历史舞台，它仍然出现在中学教科书中，并且仍具有巨大价值。至今，无论是天宫一号对接、弹道导弹拦截，还是航天飞机的发射与回收，工程师依然在使用牛顿的理论进行计算。在远低于光速、引力场较弱因而时空弯曲效应不明显的领域，万有引力定律是广义相对论的简单近似，而对于工程师而言，这个理论已经完全足够了。

广义相对论再高级，也难以直接指导我们日常生活中的大部分决策。此外，学习或掌握理论需要投入精力与时间。一个人是否需要学习更高级的理论，完全取决于他的工作需要与认知需求。如果你只是一个木匠，那么掌握勾股定理已经足够；如果你是一名机械工程师，则需要掌握余弦定理。只要我们生活的时空不明显弯曲，学习黎曼几何对大多数人来说就没有多大实际意义。因此，是否学习某个理论，取决于你使用该理论的频率，只有频繁地使用理论，才会逐渐摊薄其学习成本。

理论本质上只是一种认知工具，作为工具，其价值自然要看性价比。这意味着，除了理论的解释力，评价理论优劣的另一个重要指标——“简洁性”就凸显出来。如果两种理论具有相同的解释力，那么更为简洁的理论仅仅凭借其简洁性就可以胜出，这正是著名的“奥卡姆剃刀原则”。在更深的维度上，理论的简洁性和解释力是可以统一起来的，解释力越强的理论，其整合、压缩知识的能力也越强，从而使认知本身变得更加简洁。

“简洁是智慧的灵魂。”莎士比亚这句名言在数字时代被赋予了更为科学化的诠释。我们可以引入一个与现代信息论相契合的新概念——“知识熵”，以此衡量知识的有序程度。高熵的知识零散混乱，低熵的知识则简洁清晰。从离散的勾股数中抽象出几何定理，或从混沌的自然现象中提炼出物理方程，都是知识实现熵减的典范。知识本身未必能产生力量，只有组织良好的知识才能真正产生力量。

人工智能领域的科学家提出了一个足以告慰莎士比亚的深刻洞见：“智能即压缩”（Compression is intelligence）。无论是人脑还是机器，智能的本质都在于从经验中提炼模式并对世界进行高效编码的能力。人脑依托模式识别和抽象概念，将复杂的感知转化为可迁移的认知框架；而人工智能则通过数据训练与算法优化，将海量信息压缩为高度概括的模型。无论在哪个领域，认知的突破本质上都是一种“化繁为简”——以更简洁、更强大的模型，拓展我们理解世界的深度与广度。

6

对法律人而言，好的学术作品首先要讲出“有用的道理”，既能解决一般性问题，又能应对各种例外（疑难法律问题）。但必须是一以贯之地应对，不能“打补丁”（创造新概念和新教义）。为什么要有这个限制？因为理论就像一个抽屉，可以容纳很多杂乱的东西，而“打补丁”则相当于为装不下的例外另造一个小抽屉，貌似解决了问题，但抽屉却变多了。增加一个抽屉，理论的复杂性就会翻倍。而如果世界上的每个事物都被量身定制一个抽屉，那就无所谓理论，我们得到的只是无穷无尽的描述。

法律教义学为什么会显得很深奥？原因很简单，抽屉太多、补丁太多、概念太多、教义太多，理论变得混乱了——我称为“理论熵增”。认知负担随理论熵增而加重，于是形成了“深奥”的错觉。把道理讲好的关键就是避免“理论熵增”，甚至要避免“深奥”。道理都讲不好，严谨又有何用？皮之不存，毛将焉附？

传统法学的核心范式基于归纳法，通过观察行为表面特征的相似性，建立分类标准，形成一般性命题，确定要件组合，再依托要件识别去完成三段论推理。只要法律人足够清醒，一眼就能看穿其方法论上的先天不足，这是中学数学都能解释的理论裂缝。你说“天鹅是白色的”，通常没问题，但黑天鹅终究会出现，而“白色”却并非天鹅的“构成要件”。

理论是个认知工具，仅此而已。我不主张用博弈论重塑法学理论，也不主张将法律经济学升级为行为主义法律经济学，原因不是我对这两种理论有偏见，而是觉得“性价比”不合理。就像用游标卡尺去丈量布料，当然比皮尺更精确，但这种精确性毫无意义。理论要看“性价比”，认知工具要与认知目标相匹配。比方说，如果要解释为什么等价赔偿会让人感觉公平，我会借助一点演化博弈论；但若要解释为什么法律对盗窃的处罚重于侵占，我用“成本—收益”分析就足够了。至于要解释为什么许霆盗窃金融机构且数额特别巨大却可以在法定刑以下减轻处罚，传统刑法学实际上无能为力，因为要件已失灵。当黑天鹅出现时，还有必要再去纠结“白色”是否为天鹅的构成要件吗？

每种理论都会产生认知误差，但关键要看误差对应于认知目标是否可容忍。这需要你足够清醒，最好多掌握几种认知工具，否则无从比较或鉴别。如果你只会使用锤子，就会把所有问题看成钉子。

传统法学的核心范式是一种形态学思维。在处理常规案件时尚可游刃有余，但在应对疑难案件时却难免漏洞百出，后者是统计学上的例外，它们会让要件失灵。而传统法学的修补策略却是不断创造新的概念和教义去打补丁，最终导致整个理论体系凌乱不堪，曾经的简洁性优势被挥霍殆尽。从信息论的视角，传统法学的知识体系已经陷入“高熵态”；而用计算科学术语描述，则可以说它“不够智能”。衣服破了可以打补丁，但要是补丁太多，就不如干脆换件新衣服了。

祝福与忠告

法律人跑的是马拉松，

但跑得更远就会看到更多的风景。

Blessings and Advice

我们的惶恐与自信

/

（2018 年开学致辞）

法律正是因其复杂，而非因其深奥才成为一个极具挑战性的行业的。

同学们好！见到你们我很开心——谁见到自己的学生会不开心呢？何况还是突如其来的这么一大群，何况还都这么年轻，这么有活力，这么朝气蓬勃！

当然年轻也意味着心智还不够成熟。你们不缺少思考，但缺少做一个成熟的法律人所必需的明智、审慎、有深度和有分寸的思考。法律不是一个深奥的领域，但与法律相关的决策却经常是高度复杂的。

很多法律问题没有唯一正确的答案，因此有时需要像赌博那样碰运气；很多法律问题需要深思熟虑，哪怕只是为了提高赌赢的概率；还有很多法律问题是深思熟虑也解决不了的，因此，最好的选择也许只是拖过去或糊弄过去；而对于那些不容拖延的问题就需要尽快解决，有时错误的解决也比不解决的结果要好。

法律正是因其复杂、而非因其深奥才成为一个极具挑战性的行业的。你们不仅要学会像个法律人那样思考，而且要懂得法律人的思考是有边界的。有所为，有所不为，有时候还需要在所为和不为之间寻求妥协。

不过今天跟你们说这些话，显然是为时过早了。

你们现在的主要任务还是学习知识，更多的是学习书本上的知识，至于那些作为一个成熟法律人所必备的经验、智慧和技能，则需要你们在未来几年的学习过程中，乃至几十年的职业生涯中，慢慢地去体会、去领悟。知识需要学习，但技能需要训练。大学期间，你们的心智会逐渐成长，而我们的任务，则是帮助你们尽快地成长，健康地成长。

我们很幸运，幸运地参与了塑造你们心智的过程，幸运地捕捉到了你们一生中生命力最旺盛、心灵最开放的时段。我们因为成为你们的老师而幸运，不仅你们的身上要贴上我们的标签，而且你们的思想还要打上我们的烙印。

我们真的很幸运！

我承认，说这话时我多少有点沾沾自喜；但除此之外，隐藏在沾沾自喜下面的，是战战兢兢，是深度的惶恐！惶恐是因为，我深知我们身上的担子很重。

你们大多远道而来，并且大多是父母送来的，开学报到就是一个交接仪式，父母把你们托付给了我们。其实把你们托付给我们的，又何止你们的父母——还有这个国家！

作为21世纪出生的一代人——“00后”，你们彻底告别了20世纪中国曾经经历的那些艰难曲折，但新时代的挑战却可能比以往更为艰巨，我们必须帮助你们去迎接未来的挑战。

我们惶恐，是因为我们生怕辜负了这份重托。

就在几天前，学校调整了建制，昨天上午的揭牌仪式宣告了新的法学院正式成立。你们填报志愿的时候，甚至直到入学的那一天，还是法政学院的建制，但现在你们已经是法学院的学生了，这当然值得庆贺。建制调整是中国海洋大学法学学科发展史上的里程碑。我们有理由期待，未来的海大法学必将开拓出一片新的天地。但要把愿景变成现实，却容不得我们有丝毫懈怠。

我们惶恐，是因为我们生怕辜负了这份期待。

我们还有更深的惶恐！因为我从来没有像现在这样深切地体会到，在法学教育、法律决策和国家、民族的命运之间，居然有如此紧密的相关性。

我们身上的担子很重，怎样教你们在学会像个法律人那样思考的同时和之后，还能保证你们不丢掉常识？怎样教你们在掌握法律教条的同时和之后，还能让你们的思维又不被教条绑架？

坦率地说，我自己也还不太清楚。而且我感觉，和其他专业相比，法学教育似乎更容易做到误人子弟。这何止是惶恐，简直令人抓狂；但更令人抓狂的，是知道怎样做并不意味着能够怎样做。

教育有风险，入学需谨慎！

不过说到这里，我倒是多少有点，哪怕只是一点点，为你们感到庆幸了，同时也为我们找回了一点自信。中国海洋大学的法学学科，经过此前多年的探索和积累，已经形成了一套分散风险的教育方案。在我们的学院，有风格完全不同的老师，分别教给你们旨趣和方法迥然有异的思维模式。对每一个法律问题，我们差不多都能提供完全不同的解说。我可以负责任地告诉你们，全国很少有几所法学院能像我们学院一样，能让你们真正无死角地领略两种，甚至更多种不同的法学教育模式！

那么问题来了，这就值得你们庆幸吗？

我现在只把问题提出来，把回答问题的任务交给你们，不是现在的你们，而是未来的你们。你们当然知道我的答案是什么，但我的答案没有意义，我说了不算。当然沉默不是低调，我只是不想刻意高调而已，其实除了实力我们也的确没什么可高调的。

不管怎样，我祝贺你们进入中国海洋大学法学院！并代表全院所有老师欢迎你们的到来！尽管不是十分肯定，但我仍然期待——也有理由期待——这个校园，这个新生的学院，就是你们梦想起飞的地方。

谢谢你们！谢谢大家！

祝福和忠告

/

（2019年毕业致辞）

这个世界上一定有件事情是为你准备的，等你来做的，甚至是非你莫属的。

BLESSINGS AND ADVICE

迟早会有这一天，我们在此欢聚为你们送行。四年、三年或两年，校园里的人生交集都有定数，天下没有不散的筵席。这次和我们一起给大家送行的，还有来自美国亚利桑那大学的同事们，他们和我们有一群共同的学生。

亲爱的同学们，送行时刻我知道要跟大家说祝福，但人世间最诚挚的祝福是无言的，所以说出来还不如憋在心里的好。除了默默祝福再说些别的也很多余，虽然过来人懂些高深或貌似高深的道理，懂得“福祸相倚”，懂得“不以物喜，不以己悲”，抑或“是非成败转头空，青山依旧在，几度夕阳红”，但这些人生感悟却不是我说了、你听了，然后你就像我一样淡定了。

更何况淡定也未必有多好，即使对我好也未必对你们好；在某种意义上，淡定更像是衰老的征兆，心态变老了，反应就不再像年轻时那样敏感。从出生到死亡的这段时间叫作人生；其中最光彩亮丽的一小段叫作青春。青春逝去之后，继续活着就得换种心态，换个活法，否则难免力不从心，甚至心不从意。淡泊名利因此成了上了年纪的人的标配，年轻人可没资格说淡泊，年轻人就该激情四射，就该野心勃勃，否则这个社会的活力从何而来？

我不想给你们提供什么人生建议。生活是一团乱麻，各家都有一本难念的经，人生的重大决策需要精打细算，需要量入而出，量力而行。至于那些套路化、模式化的人生指南，虽然我能说出一大堆，但说了非但不顶用，搞不好还会误导你们的选择。

作为你们的老师，我更需要警惕，我的看法很可能只代表了我这个年龄且从事我这个职业的人群所固有的某种偏见。比如我曾想建议你们要保持好奇心，但转念一想还是放弃了；这个建议很可能就是偏见，因为，首先年轻人并不缺少好奇，其次大多数职业也不需要有太多的好奇。好奇是有代价的，谁不想仰望星空，但生活的压力可能迫使你更多关注脚下的路。

当然我也不是没话可说，只是有些话现在说不合时宜。总不至于在这个特殊时刻，我面对大家，正颜厉色道：“从今天起，你们的好日子就到头了。”这话显然是玩笑，玩笑你们也不爱听的，你们爱听我也不会说——作为老师，难道我还不知道有很多实话不便直说、有很多真相是需要遮掩的吗？除非我感觉迫不得已或已经急不可耐。

不过今天，我确实有点急不可耐了，该说的还是要说出来，管你们爱听不爱听，否则以后就不好找机会了，因为，你们就要毕业了。

毕业是个好消息，一段青春的结束是另一段青春的开始。校园外面的天地很广阔，新时代充满了挑战和机遇，我们的国家在披荆斩棘中崛起，年轻的法律人需要肩负应有的使命，干事创业，大展宏图。未来的日子一望无际，容得下各种期待和憧憬。好日子当然不会到头，往后的好日子还多着呢！

但是，无论未来收获怎样的成功，你们一生中最单纯，并且还可能是最欢乐的时光，都永远丢在了这个校园。虽然生活中充满了喜剧，但你们的笑点会提高；生活必定还有悲剧，但你们泪点也会提高。这意味着你们抵御痛苦的能力在逐渐增强的同时，捕捉快乐的能力也在逐渐减退。人生就是有得有失，残缺的青春和褪色的回忆不正是成功的代价吗？

就在过去的几年里，女生变得更漂亮了，男生变得更强壮了，但你们却不能指望这种看得见的变化会一直持续。与此同时，有些看不见的变化已然发生，你们的肺活量在两年前就达到了峰值，如今可能已经回落到入学前的水平；你们的免疫能力总体上比入学前更弱了，而不是更强了。你们脑细胞的数量在几年前就与日俱减了，并且随着年龄增长还会加速减少。三年后你们骨骼中的钙质开始流失，皮肤开始松弛，而皮肤下面的脂肪却开始堆积。等到毕业十年聚会时，你们会发现有接近一半的男生体重超标。

我说的这番话，不是在诅咒你们，而是感慨我自己。27 年前我大学毕业，那时候的我和你们现在一样年轻，甚至比你们更年轻，我说的是心态。我曾经以为时间是均匀流逝的，可当我终于熬到三十岁的时候，忽然发现时间的脚步加快了，十年的时光呼啸而过，四十岁时还没来得及感慨，五十岁就已近在眼前、伸手可触了。

日子越过越好，收入越来越高。奈何韶华易逝，岁月倥偬。当我终于明白这辈子必须干点什么、必须干成点什么的时候，时间已经很紧迫了。年轻时总觉得，很多事哪怕自己不做，也总会有别人去做；可现在觉得，至少有些事，如果我不做，就不知要等到什么时候才会有别人来做。

亲爱的同学们，你们要记住我今天的忠告，想做点什么就得赶紧去做，提前规划，越早越好。未来的十年要规划好自己的职业，虽然法律人的青春期要比其他职业更长一些，但十年后再改行也没那么容易。下一个十年就要开始规划自己的事业，有职业只是为了养家糊口，但要有事业就必须做出点成就来。虽说“人生一世，草木一秋”，可也别忘了“雁过留声，人过留名”；这个世界上一定有件事情是为你准备的，等你来做的，甚至是非你莫属的，可别让它等到你心有余而力不足的那一天！

我要说的话到此为止，没有感慨，更没有诅咒，我只是虚张声势地提醒同学们：一定要珍惜、千万不要错过你们终将逝去的青春。

没有致辞，只有最后一课

/

（2020 年毕业致辞）

你可能抱有某种偏见，但你的偏见会对抗另一种偏见。

BLESSINGS AND ADVICE

同学们好！我们终于见面了！

回到半年前，你们谁也想不到毕业季会变成这个样子吧，有点失望？不过要是回到两个月以前，我还真没想到今天能有机会在这里相聚，给你们送行。至少和你们在网络上已经司空见惯的那些虚拟聚会相比，我们的毕业典礼是货真价实的，这已经超出了预期，所以必须感谢我们的学校、我们的城市、我们的国家那些奋战在防疫前线的工作人员为我们的安全所付出的辛劳和努力！

今年的毕业典礼没有院长致辞，只有桑老师给大家上的最后一课，毕竟你们已经很久没在教室里听老师真人上课了，我也很久没在教室里给学生真人上课了。所以，虽然你们明天就要离开校园，今晚却要被我抓住不放。

我要讲的是最近的一些感悟，如果没有这场疫情，也许就没有这些感悟。我们刚刚经历的，是我们从未经历的，甚至是我们的祖先从未经历的。我们应该从经历中学到点什么，否则对不起我们的经历。

尽管疫情还没有彻底结束，我们的经历也还在继续，现在不是做总结的时候，我也没法保证自己的感悟一定是对的，但对错与否并不关键，有用的谎言胜于无用的实话，只要能让大家多一点思考，多一分警惕，那就比在毕业典礼上只给大家送祝福更有价值。

当然祝福还是要有的，我祝贺你们圆满完成了学业，祝福你们离开校园各奔东西之后都能收获一个灿烂的前程和甜蜜的人生！

不想扫大家的兴，但我还是要从“甜蜜”两个字说起。**世界上有很多甜蜜的陷阱，糖吃多了味道可能会变苦**。大家听说过“荷兰病”、“资源陷阱”或“和平诅咒”之类的概念，这些概念说的就是，如果人们对某种美好的东西过分迷恋，形成依赖，就会失去很多更重要的能力和机会。如果躺着就能把钱给赚了，慢慢地人们就不想站起来了，直到想站都站不起来了。

世界上美好的东西似乎暗中都标注了价格，我们在享用它的时候很少能意识到它的昂贵。古人很早就懂得，财富是个好东西，但由俭入奢易，由奢入俭难，更何况还会树大招风；权力也是个好东西，但上去容易下来难，更何况还有高处不胜寒。

在现代人眼里，科技是个好东西，现代化的交通网络让世界变得超小，成了地球村；人际距离也变得超短，继“六度分离”之后又有了“三度分离”的说法。一个人可以在短短几天之内游历几个国家，一个超大规模的城市可以在短短十几天之内流出几百万人口，这在半个世纪之前是不可想象的。高效的交通网络前所未有地促进了人类的交流、交际和交易，也前所未有地方便了病毒的传播，以致为了阻止病毒传播，我们曾经被迫切断这个网络。

市场也是个好东西，几十年来快速发展的全球贸易网和全球产业链惠及了整个世界，原则上只要参与进来，一个国家只需要生产很少的东西就能换回自己需要的一切。但这场疫情却让我们发现，这个世界依然是个丛林。**谁都知道世上没有免费的午餐，但此前却很少有人意识到，付费能买到午餐的权利也不是免费的**。

文艺创作者和社会科学家早就对科技和市场提出了警告，我们听说过“科技摇篮”、“市场陷阱”还有“财富液体化”。但警惕并不意味着放弃，我们很清楚，科技和市场之所以能在人类文明中获得如今的主宰地位，是因为迄今为止所有替代它们的选项都失败了。**如果每一种抉择都有苦果，那么只要认准了一种抉择，就得咬着牙把苦果给吞下去**。拒绝苦果有时就意味着逃避一种抉择。

好在苦果吃多了味道就会变甜，我有个乐观的执念，**我相信人世间的苦难还有看不见的回报**。天道酬勤，多难兴邦，老天不负苦心人。过去几十年我们付出了勤劳和汗水，把物美价廉的商品运往世界各地，如今我们拥有了一套完整的工业体系，这是大国安全的坚强后盾。疫情让我们清醒了许多，甚至改变了我们对国家能力的评价尺度：一个国家是否成功，首先要看它能否给自己的国民提供足够的安全感。值得庆幸的是，我们的国家拥有这个能力。

即使我们还要再次经历风雨，我也依然相信风雨之后是彩虹。

不过，当我说起“隐蔽的陷阱”或“看不见的回报”的时候，就像古人说起福祸相倚、治乱相循或枯荣相继那样，只是描述了一种现象，还没有完全厘清其中的头绪。这也难怪，这个原本已经非常复杂的世界如今变得更复杂了，以至于很多时候我们必须承认自己的无知。

疫情呈现出的复杂因果链，已经让世界上的很多顶级专家茫然失措。中国的超大规模优势，曾经突然间变成了超大规模劣势，然后又突然间恢复了超大规模优势。群体免疫的话题，一度火爆，一度冷淡，然后再度火爆，再度冷淡。**我估计在过去几个月的时间里每个人的认知都发生过反转，甚至反转了不止一次。谁敢说以后就不再反转了？**

太多的疑问没有确定的、唯一正确的答案，以致引发了各种对立的观点、对立的情绪和对立的立场。很多人抱怨说，网络空间里平添了许多戾气，社交媒体仿佛被撕裂了一样。但我不觉得这是多大的问题，相互争吵很正常，发表不同的观点，宣泄各自的情绪，一个保持多样性的社会不就是这个样子吗？一个健康的大脑在面对新奇刺激时不也同样是这个样子吗？负责情绪记忆的杏仁核和负责理性思考的新皮层不也经常会吵起来吗？

我曾经说过，林子大了什么鸟都有，但也只有什么鸟都有的林子才能算得上大林子。应对不确定性的最优选择,就是保持足够的多样性,而一个超大规模的国家,最有条件创造出难以复制的丰富多彩。

自然界有很多这样的现象,它是反你的,但却与你共生。人世间又何尝不是如此呢?彼此敌对又相互成就的例子,可以是“苏张纵横”,也可以是“江山如画,一时多少豪杰”。一个健康的社会需要某种内在的张力,有人追忆往昔,有人憧憬未来,有人看到光明,有人看到阴暗,他们表面上彼此对立,但实际上互利共生。

“君子和而不同”。整齐划一不见得是什么好事,而表层结构的杂乱无章,却可能代表了深层结构的和谐有序。所以赏心的未必悦目,悦目的未必赏心。

每个人都应该是独一无二的,这样的社会才能分布着不同的想法和行动;如果所有人都是从一个模子里刻出来的,那很可能就是一场生态灾难。**你的独一无二本身就是你对这个社会的贡献,因为当你做出自己的选择的时候,就是为整个社会去试错,去冒险,为整个社会贡献自己独特的知识和体验**。**你可能抱有某种偏见,但你的偏见会对抗另一种偏见**。当我说这番话的时候也可能犯了错误,但我的错误也会抵消另一种错误。

当然,谁都有看不惯的人和事儿,有时候我们就是要批评,要指责,要把谁拉黑或删除,这么做通常都没问题,人之常情。但在内心深处,我们还是要努力保持一份最基本的淡定、自信和宽容。这是我给大家上最后一课的最后的告诫。

不过讲到这里,我有点羞愧,当了近几十年的老师了,我居然还是这么好为人师。其实今晚我最该跟你们讲的,不是刚才这番话,也不是祝贺和祝福。我好像应该叮嘱你们几句：在明天回家的路上，还有在以后不知多久的时间里，你们要多加小心，保护好自己，必要时戴上口罩。不要想太多，过去的已经过去了，但未来我们有的是机会来弥补今天的匆忙和缺憾，毕业十年再聚会的时候，我在校园等着你们！

那些法律人的好消息和坏消息

/

（2020 年开学典礼致辞）

法律人跑的是马拉松，但跑得更远就会看到更多的风景。

同学们好！

中国海洋大学法学院欢迎你们，2020 级的博士研究生、硕士研究生，还有 2020 级的本科生——传说中的“生于非典、考于新冠”的一代。

短短十几年，一群非典时期的婴儿，如今居然就进了法学院，居然就要学习法律了！说声祝贺很容易，但我还是有点感慨，不为你们和病毒而为你们和法律的缘分。其实每年新生入学我都会感慨一下，但今天我想把感慨说出来。

如今这世界变化快，计算机和互联网的兴起让我们这些中老年人感觉有点落伍并且有点不自信了，越来越多的行业都成了年轻人的天下。IT 业的一线精英集中在三十岁以前，而电竞玩家据说超过 20 岁就算很老了。即使在那些既不和互联网、计算机沾边儿又不靠颜值和体能吃青春饭的传统行业里，也时不时会冒出些年轻的天才，有年轻的数学家和物理学家，也有年轻的作家和诗人。

但**法律至今仍是个不出年轻天才的行业**，似乎从古至今都一直都是中老年人的天下。在法律人的圈子里，四十岁的年纪也不过刚刚摆脱稚嫩而已。那些耳熟能详的杰出的法官、律师或法学家，好像没有谁在很年轻的时候就取得了非凡的成就。

原因肯定是多方面的，智力分类的说法或许能提供部分解释。据说一个人的智力有流体和晶体之分，流体智力在成年时就已达到峰值，之后逐渐衰退，而晶体智力却能长期保持增长势头。法律行业可能更多依靠晶体智力而非流体智力，但前者不是年轻人的长项。

经验和阅历都需要时间的积累。经验不是书本上的知识，纸上谈兵缺的不是知识而是经验。阅历不等于经历，不幸的经历才是阅历，顺风顺水的经历只是阅历中的水分。在法律这种珍视经验和阅历的行业里，“弯道超车”是很难的，这对你们来说不是个好消息，因为年轻不是资本。

不过反过来看或长远看，这也不是个坏消息。**如果年轻不是资本，**

那么年老就不是累赘。如果现在不能靠着年轻就提前上位,那么将来也不会因为年老而提前出局。当其他行业的同龄人纷纷退居二线的时候,你们的事业巅峰期也许才刚刚开始。只要你看重的不是谁先笑起来而是谁能笑到最后,那么法律对你就是个不错的行业。

法律人的职业生涯很漫长,还有人说越老越值钱,但这个好消息本身就是个挑战,需要你们有更强悍的耐力、更健全的人格、更健康的体魄,并且活得更久。长跑总比短跑更辛苦啊,法律人跑的是马拉松,但跑得更远就会看到更多的风景。如果你能对人性和社会始终保持好奇,愿意了解不同的行业,准备随时颠覆自己的固有成见,并把所有挑战看成充实自己阅历的机会,那么我就恭喜你选对了行业,你的法律人生将会丰富多彩且充满乐趣。

法律人的工作很忙碌——其实但凡有吸引力的工作没有不忙碌的——不过好消息是,法律人每天的忙碌都不重样,不重样就不枯燥。但摆脱枯燥的代价是持续的知识更新,法律人需要终身学习,因此经常要把别人追剧的时间用来追案例,尽管追案例和追剧一样会上瘾,毕竟现实往往比戏剧更狗血。再说了,世界上还有比学习更快乐的事情吗?

理解法律的逻辑并不太难,即使不理解也通常不妨碍我们操作法律,就像使用电脑不需要掌握电脑运行的复杂原理或者学会游泳不需要理解流体力学的数学公式一样。同态复仇是个古老的法律传统,这个操作起来十分简易的惩罚制度,直到几十年前才被我们真正理解,而那时这个制度在全球范围内早已基本绝迹。理解不是做对事情的前提,这对法律人来说是个好消息。但如果你无视这个好消息,非要对法律的逻辑刨根问底,除了“知其然”还想“知其所以然”,那么进入海大法学院就是个不错的选择。

省脑子的行业不省心，省心的行业不省脑子，既省心又省脑子的行业肯定是费体力的，什么都省的行业风险就很大。法律并不深奥但却很复杂，我的意思是说，从事法律这个行业不太费脑子，但却非常不省心，因为我们所面对的法律问题往往不只是个 question，而且是个 problem，前者只需答案，而后者却需要解决的方案。所以法律人只懂法律是远远不够的，并且没人知道除了法律还需要懂些什么，法律这个行业没有确定的知识边界。但我不觉得这是个坏消息，因为如果处理法律问题就像砍瓜削菜那么简单，法律人的职业门槛早被踢爆了。

好消息和坏消息总是纠缠在一起的，到头来究竟是好是坏，很难算得清楚。更何况同样的日子还有不同的过法。人们常说，世界上只有不赚钱的企业，没有不赚钱的行业。这话的意思是，不同的行业不可比较，可比较的只是行业内的不同企业。法律作为一个行业或专业究竟好不好，不同的法律人有不同的答案，但估计更多人根本就没有答案。

我是大学毕业之后才开始学法律的，若从考取律师资格算起，已经过去了 26 年，有时候我也会问自己：如果时光倒流，回到二十多年前甚或三十多年前，我还会选择法律这个行业吗？老实说我不知道。我的职业生涯还在继续，现在还不能以一个过来人的身份告诉你们说：这个行业让我很失望或者很满意，如果重新选择我会另有选择或者一如既往。

没有答案说明我还是很纠结，会考虑很多因素，但也不外乎两个问题：第一，这个行业能给我带来些什么；第二，我能为这个行业做些什么。但市场会把这两个问题拢在一起，因为报酬和贡献就是交易。但一个人的追求肯定要超越市场法则，如果我主要考虑前一个问题，那么法律对我充其量就是个职业，而如果我开始关注第二个问题，那么法律就不仅是我的职业，而且是我的事业了。

事业不同于职业，最大的区别是境界不一样。人一生只关心自己活得好坏是很可悲的。罗素说得对，太强的自我是座牢狱，要享受完美的人生，就得从牢狱里逃出去。逃离自我的过程，既是个自我扩张的过程，又是个自我感知逐渐削弱的过程。自我可以无限扩张，从自己到家庭、到族群、到社会和国家，直到天下苍生。自我扩张的规模越大，自我感知的强度就越小，最高的境界是无我。尽管达到这样境界的人少之又少，但虽不能至，心向往之，至少方向是明确的。

理想的人生应该像一条河流，初时涓涓细流，而后滔滔洪水，最终流向海洋，纵横驰骋却又无影无踪，只留下一段传奇供后人传颂。这不是唱高调，更不是傲娇，这是我们每个人内心的真实渴望。多么美好的图景啊，大家一同起步，然后各奔东西，很多年以后又在终点相遇。

我已经说得太远了。

今天只是你们法律人生的起点，往后的两年、三年或四年，你们大部分时间要在这个校园里度过，每天往返于教室、宿舍、餐厅、图书馆和体育场之间。你们要算计怎样应付考试，怎样争取奖学金，怎样获得保研资格，虽然我觉得这些事情并不重要，但我们的教育制度却迫使你们必须重视这些长远看来并不那么重要的事情。

教育确实会让你们收获颇丰，但也会让你们失去一些东西。虽说没有人能戴着镣铐去飞或在真空中去飞，眼下的路总得一步步地走，但也不妨偶尔停下脚步，抬起头，看看校园上方灿烂的星空。

我就讲这些，谢谢大家！

你相信发生的，可能只是你希望发生的

/

（2021 年毕业致辞）

尊重常识不能保证你不犯错误，但可以把错误压缩到合理的区间，这就足以让你做个了不起的人生赢家了。

今天是给你们送别的日子。在这个难忘的时刻，我特别希望能讲出一番让人难忘的道理，作为临别的赠言，可想来想去，我只想到了一件无关紧要的小事。我想起两年前，我和李晟老师打了个赌。

赌的就是一件无关紧要的小事，输赢当年年底就见分晓。结果呢？我输了，我请他吃了一顿饭。打赌很正常（法律禁止赌博，但不禁止打赌），愿赌服输也没什么好说的。但我要说的是，这场赌局曾在很长一段时间里扭曲了我的认知，削弱了我的判断力。

我把赌注押在了事件的反常方向，好比说赌的是太阳从西边出来；而李晟老师赌的是事件的正常方向，相当于太阳照常从东边出来。不出意外的话，他稳赢，我稳输。如果不计较赔率，那么这场赌局是不公平的，可打赌就是我的提议。当时李晟老师也很迷惑，他问我“你确定要打这个赌吗？”我记得他问这话的时候眼睛里闪着一道光，我说“是的，我确定”，我感觉自己说这话的时候眼睛里也闪着一道光。

我是不是太傻了？那倒不是。我赌的就是意外，意外有意外的效果，富贵险中求，万一我赢了呢，后续的连锁反应是轰轰烈烈的，我要的就是这种轰轰烈烈的感觉。只可惜我的算盘落空了，结局没有意外，太阳没从西边出来，李晟老师赢了，尽管他赢得毫无悬念，也没什么成就感，不过是赢了一顿免费的晚餐。

打赌的这件事和我关系很大吗？不大，无关紧要，但自从打赌之后就变得关系很大了。我并不是特别担心自己输，我只是特别希望自己赢；我也不是特别期待这个世界会出现奇迹，我只是特别希望我能提前预言了奇迹——当然这才是真正的奇迹。我希望在那个见证奇迹的时刻，我无需炫耀，也不用多嘴，而只让事实说话，让李晟老师自己意识到，他身边就有高人出没。

这个强烈的期待起了作用，它影响了我对事件走向的判断，让我大大高估了赌赢的概率。我越是希望自己赢，就越是觉得自己能够赢。曾有几个瞬间我恍然认为自己赢定了，还想好了几句在宣布赌赢的那个美好时刻我要发表的演说词。直到真相水落石出的前一天晚上，我还幻想着事件仍有转机出现。尘埃落定之后我也没有立刻怀疑自己的判断力，我只是觉得自己运气不够好。

自从和他打赌之后，我就有意无意地去捕获一些对我有利的信息，有意无意地去屏蔽一些对我不利的信息。然后慢慢地、不知不觉地，我给自己建造了一个“信息茧房”，因此封闭了我的视野和思考。

你有没有和我一样的经历？肯定有，但你可能意识不到。

参加过辩论赛的同学应该立刻有共鸣。辩题的两个立场本来是随机分配的，可你一旦被规定为正方或反方，就会按照被规定的立场去收集证据，整理素材。而等辩论赛结束的时候，无论输赢，你都会更加坚持自己的立场。这似乎意味着真理非但没有越辩越明，分歧反而因为阵营割据而被加深了。

当你和别人发生争论时，很可能就卷入了一场竞赛或一次赌局。在还不能确定真相的时候，你就选择了一个立场，你没有充足的证据支持你的立场，但你希望自己是对的，希望对方低头认错，希望获得周围人的认可和赞美，希望结局会证明你的远见卓识。但从此你可能走向了一条不归路，浑然不觉这条路引导你通向了一个越来越封闭、越来越阴暗的认知陷阱。

你相信发生的事情，只是你希望发生的事情；你所坚持的立场，只是能给你带来好处的立场，或误以为能给你带来好处的立场。你不相信发生的事情，只是你厌恶发生的事情；你所拒绝的立场，只是会给你带来坏处的立场，或误以为会给你带来坏处的立场。**你的渴望或厌恶都会操纵你的认知，你不是在探索真相，而可能只是在寻找安慰。**

这种情形在认知心理学上被称为“期待偏差”或“证实偏差”。我们知道人类认知有很多系统性偏差，什么风险厌恶啊、损失厌恶啊、晕轮效应啊，还有什么沉没成本谬误啊，其实诸如此类的认知偏差都有演化意义上的合理性——名为“偏差”，实为“矫正”，是基因对大脑的管理，对人类认知倾向系统性偏离最优点的合理对冲。比方说高估风险就是一种认知偏差，但高估风险会让一个人远离危险的处境，因而总体上可以提高他的生存概率。然而，我却不清楚因渴望假相和厌恶真相而产生的偏见有什么演化意义上的利益，难道仅仅是因为它能提供虚假的安慰？

肯定不是。但若原因不在个体层面，那就很可能在群体层面。渴望和厌恶都会成为认知的动机或探索的引擎，即使两者都会制造偏见，但只要不同方向的偏见有机会相互对冲，那么偏见——当然是多样性的偏见——仍会丰富乃至提升整个群体的认知水平。我们可以想象生活在远古时期的一群人，这群人里有几个杠精，这几个杠精经常抬杠，经常打赌，每个人都抱有某种偏见，彼此之间吵得天昏地暗，这很糟糕吗？那可未必，因为其他人仍可以从杠精那里获得额外的信息和知识。

在人类演化经历的漫长时间里，信息一直都是十分匮乏的，生活世界里的信息就像人类食谱中的糖。在制糖成为一个产业之前，我们的祖先要想吃到一点糖是很不容易的，毕竟熟透的野果和触手可及的蜂巢并不多见。但如今我们每天都会摄取大量的糖，以致居然有 1/10 的人口患上了糖尿病。糖尿病反应的事实是，人类面对突如其来的超量糖供应和过度糖摄取还没有做好演化上的准备。

那么，我们的心灵和头脑已经准备好应对一个信息超载和信息爆炸的时代了吗？

要知道信息和真相不一定成正比，信息有真假，有优劣，但真相只有一个，信息太多可能掩埋真相，更别提还有些谣言、谎言或阴谋论扰乱视听。我们不可能成为每个领域的专家，不可能验证每个信息的真伪。面对特定事件，我们很容易遭遇一个信息很多但真相很少的处境。很多时候，我们的认知仍是在赌博，但和以往不同，如今无论我们把赌注押在哪一个立场，都很容易找到支持自己立场的海量信息，而这意味着，我们可能比我们的祖先更容易产生虚假的认知自信。往浅里说，这是个社会学问题；往深里说，这还可能是个生物学问题。

我们当然有些办法提高赌赢的概率，比如查看信息的来源、评估撒谎的成本、推测信息发布者的动机或分析信息背后的利益链条等。但更重要的，还是要以不变应万变，保持开放的心态，学会反思或换位思考，尝试从反对者或不同意见者的视角重新审视自己的立场。

在和李晟老师打赌之后，如果我能经常（哪怕偶尔）换位思考，情况就会好很多。虽然我还是会输，但不至于过度自信或执迷不悟，我可以借助他的经验和知识来对冲我的偏执。不过老实说，我能和李晟老师打赌就已经很不错了，如果我宁愿做一只鸵鸟，只想在微信群、QQ 群或豆瓣小组里去找到那些和我持相同偏见者去抱团取暖，那么，非但我个人的错误丧失了对冲或纠正的机会，我们整个法学院教师的认知水平也没什么改善或提高。说到这里，网络时代的另一个认知风险也浮出了水面，越来越方便的群组割据可能会导致越来越严重的认知分歧。

你们听说过“多样性预测定理”吗？这个术语说的是一群人的预测能力不仅取决于这群人的平均预测水平，而且取决于不同人的预测差异；人际之间的预测差异越大，这群人的总体预测能力就越强，因为有人高估，有人低估，不同方向的预测误差就可以相互对冲。这个多少有点违反直觉的道理可以用数学来证明，股市就是借助这个原理成为反映经济形势的敏感信号的，所谓“钱比人聪明”是说一群反差很大的人加在一起就比绝大多数聪明人更聪明。持不同意见者是友不是敌，李晟老师也可以从我这里优化他的认知，尽管我赌输了，但失败者对于胜利者并非毫无价值——有时，失败的教训比成功的经验更宝贵。

你会经常转发只支持一种立场的帖子吗？你只喜欢和自己见解相同的朋友交流或切磋吗？你曾仅仅因为见解不同或立场不同就把某个朋友拉黑或把某个微信公众号取关了吗？你加入某个微信群的标准是和群友“三观相投”吗？你会下意识地去寻求“抱团取暖”、“英雄之所见略同”或“道不同不相与谋”的感觉吗？如果每个问题都回答是，那你就要警惕了，因为你头脑里的信息可能在输入端就已丧失了多样性。

没有人能未卜先知，面对复杂的事件和事态，有时候我们需要走一步看一步。既然没把握的认知类似于赌博，那么必要时你也许应该把赌注押在不同的立场上。古人说：“对青天而惧，闻雷霆不惊；履平地而恐，涉风波不疑。”这就是要为自己的认知保留足够的回旋余地，甚至要拥有和时代潮流对赌的勇气。**尽管我们的大脑通常容不下两个对立的观念，但还是要设法为相反的可能性保持开放的姿态，必要时还应该为可能发生的认知反转随时做好准备**。

我讲的这番道理并不高深，不过是些常识而已。但常识也拥有惊人的力量，我在课堂上就展示过很多复杂的专业问题是怎样一步步依靠常识来拆解的。校园外面是一片广阔的天地，那里有更艰巨的挑战等你去回应，有更复杂的问题等你去解决。面对生活世界中的一团乱麻，很少需要你出奇制胜或妙手回春，更多需要的仍是尊重常识。尊重常识不能保证你不犯错误，但可以把错误压缩到合理的区间，这就足以让你做个了不起的人生赢家了。但愿你们每个人都能成为尊重常识的人生赢家，这是临别之际我送给你们的真诚祝福——你们听得懂，这个祝福里包含了些许警告。常识应该随身携带，但它却经常在某个关键场合不翼而飞。**不要以为常识只是我们认知的底线，其实很多时候常识就是我们认知的天花板**。

今天要讲的话到此为止，希望你们明天在各奔东西的路上一帆风顺！

生活中很多忙碌不过是伪装的躺平

/

（2023 年毕业致辞）

时间是个魔术师，它能制造错觉。你以为是长跑，其实只是短跑，甚至是决斗。

BLESSINGS AND ADVICE

大家好！又是一年毕业季，送别和告别的模式开启了。告别海大是你们今生头一次，但送别毕业生——对我们来说——却是每年有一遭，有道是“年年岁岁花相似，岁岁年年人不同”。谈不上伤感，只是今年的送别格外沉重，不为你们经历了过去极不平凡的两年、三年或四年，而为一场划时代的变革悄然而至，要和即将走出校园的你们撞个正着。而就在一年前，甚至半年前，我们绝大多数人还浑然不觉，变革的前夜居然没看到一丝波澜。

我是有点固执的，曾以为法律这个古老行业有其独特的坚守和倔强，法律人不用赶时髦，不必理会什么大数据、云计算、人工智能之类的科技概念；至少在可预见的未来，法律的堡垒是坚固的，机器没法染指。但终于现实逼迫我改变了看法，有些措不及防。人工智能带来的惊涛骇浪势必会冲击、重塑每一个行业，它会改变我们的工作、学习和生活，改变法律以及法律实施的方式，乃至重新定义知识和制度的边界，很多领域的游戏规则可能要被彻底颠覆。

我有点茫然，不知道未来会发生些什么，不知道我们的经验对于你们还有多大价值。我只是有个预感，历史的“分水岭”很可能就定位在你们走出校园的这一年。因此，不同于往年的送别，这一次，我心里没底了，不知道该说些什么好。

不想贩卖焦虑，我宁愿老生常谈，讲点励志的东西，比如龟兔赛跑，你们小时候就听过，道理也简单——人生是一场赛跑，一步领先不见得步步领先，松懈和自满要不得，坚持才是王道。据说人工智能领域的关键技术之所以能取得重大进展，就得益于 OpenAI 公司超乎寻常的坚持，或者说超乎寻常的豪赌。

反败为胜、弯道超车或者后来者居上的事例不罕见，少不了坚持，但我们搞不清楚坚持在其中能占多大比重，搞不清楚坚持本身是不是一场豪赌，因为我们观察不到事件的全部背景因素。我们人类就是个成功逆袭的物种，从食物链的中端一跃而成为万物的灵长，不过用了几万年。

但我们靠的不是耐力和毅力，而是突如其来的卓越智力和强大的学习能力。在演化的时间尺度上，“突如其来”这个词用得并不夸张，它提示我们注意人类演化过程中的那些巧合和偶然。

乌龟跑赢兔子，显然是一次偶然的胜利。故事本身就预设了竞赛的规则，乌龟是在既定规则之下才成为赢家的。而若换个规则，比如改长跑为短跑，结局就截然不同了。兔子一开始就赢下了全局，乌龟输定了，它耐力再好也没有反败为胜的机会。

先机很重要，失去先机可能失去一切，过了这个村就不再有这个店。在人类文明史上，仅仅因为抢占了先机就赢下全局或赢下未来的事例实在太多了。每一种技术和知识都会为领先者带来丰厚的红利，“弯道超车”并非不可能，但前提是竞赛采用的是长跑规则，而如果竞赛只是一场短跑，那跑慢一步就可能永久失去翻盘的机会。

短跑比长跑更残酷，参赛者神经紧张，片刻不容松懈。但人世间还有比短跑更残酷、更惊心动魄的竞赛，比如决斗。决斗会让输家赔上性命，命都没了，还谈什么逆袭。最残酷的决斗用的是枪，眨眼间分胜负，输了的倒在血泊里，赢了的扬长而去，还不忘轻轻吹去枪口冒出的一丝硝烟。这样的场景可不只是出现在影视剧里，人世间有多少成王败寇，又有多少你死我活！

时间是个魔术师，它能制造错觉。你以为是长跑，其实只是短跑，甚至是决斗。你以为是先机，但先机之前还有先机。谁都知道要全神贯注去捕获先机，但知易行难，所谓先机不过是事后的描述，是对历史复杂性和非线性的一种想当然的建构。而就在先机呈现的那个时刻，没有人能断定那就是先机，就像当风口出现时没人能断定那就是风口一样。在时间的包裹里，所谓偶然和巧合、先机和风口其实是一样东西。换句话说，**世上没有风口，也没有先机**。

互联网是先机吗？不，计算机才是。计算机是先机吗？不知道，也许蒸汽机才是。早就有大佬说，枪炮、病菌和钢铁都是先机，但更早的先机是掌握大籽粒禾本植物（粮食）的耕种技术，那些最早进入农业社会的人群——他们的子孙后代——至今依然是支配世界的主要力量，真的是一步领先就步步领先啊；可那些孔武有力的猎人们呢，而今安在哉？压缩时间尺度，这场跨越一万年的长跑更像是一场决斗。猎人和农民，最初看是社会分工，回头看则是生态位的分化，hunt or be hunted，做不了猎人就得做猎物，历史的真相很残酷。

我没有兴趣讲历史，我只想借助点滴历史来提醒大家思考、关注自己的命运和人类的未来。越来越多的专家认为人工智能拥有开启一个新时代的潜力，没有人能精准地预测未来，没有人知道猎人和农民的故事会不会再上演，但可以确定开弓没有回头箭。法律人更关心游戏规则，我可以提问——这场可以 AI 命名的技术革命会将人世间的竞争从长跑变成短跑、再把短跑变成决斗吗？这样的问题我回答不了，只是有种不可名状的紧迫感挥之不去。

就在上个月底，数百名科技专家联名发布了一封公开信，声称 AI 威胁人类生存的程度和级别不亚于流行病和核战争。这些专家不是泛泛之辈，其中就有 OpenAI 和谷歌 DeepMind 等几个头部科技公司的首席执行官。我有点纳闷，老实说我觉得这些人有点言不由衷，威胁真的来自所谓硅基生命反超碳基生命吗，抑或恐惧感不过是反映了科技专家对人类本性的深刻不信任？假如未来世界的游戏规则就是胜者通吃，谁能保证自己不是下一场游戏中被吃掉的猎物，哪怕已经身处食物链的顶端？

我讲到这里，你们也许觉得能够猜到我接下来要说些什么了——无非一些告诫：未来的竞争更惨烈，要全神贯注，高度警惕，要忙碌起来，持续奔跑，要只争朝夕，片刻不容松懈；领先了就要努力继续保持，落后了就要拼命迎头追上。谁还没听过龟兔赛跑的故事！

这些话都对，也都该说，但不是今天的重点。我更想说的是貌似对立实为互补的另一番话。我想说人生不是只有一条赛道，生命的意义也不只是奔跑；我还想说人生就像一场旅行，不必在乎目的地，在乎的是沿途的风景和看风景的心情。这话听着耳熟吧？耳熟就对了，不过是几十年前就流行过的心灵鸡汤。心灵鸡汤都流出来了，难道桑老师要教唆大家躺平了吗？当然不会。放松不是躺平，我眼里的放松是一种拼搏的姿势。

紧绷的身体其实外强中干，静若处子方能动若脱兔，至少拳台上的高手深以为然。但不知有多少人晓得，紧绷的大脑同样虚弱无力，冥思苦想经常一无所获，满脑子主意其实是没有好主意，宁静方能致远。好的 idea 经常是灵光一现，它随机生成，没法被计划，没法被激励，不屈从于目标，不受动机支配，你越想得到就越是得不到。灵感和创意更是神出鬼没，它可能来自冥思苦想，也可能来自胡思乱想。世界上很多伟大的创意和发明都是无心插柳的结果。

人生亦如是。越是在紧要关头，就越需要安静和放松。越是在需要透支生命的时代，越应该珍惜生命的价值。生活中少不了闲庭信步，纵情高歌，少不了欢声、笑语和怒吼。古人很早就说过，“一张一弛，文武之道”；请注意，这话的意思不是要在张和弛之间把握合适的分寸，不是后人所说的“张弛有度”，古人的原意是要在张弛之间不断切换，用人生的多样性对赌生活世界的复杂性。**张而无止或弛而无终，都是人生的**

悲剧。

因此，我所说的安静和放松，其实是更高段位的进取；与之相应，生活中的很多忙碌，不过是伪装的躺平。“忙碌”这个词很有意思，很少有人意识到“碌”的意思是平庸。忙碌不等于勤奋，结果也未必就是丰收，忙忙碌碌的后续往往就是碌碌无为——瞎忙。一个人瞎忙是浪费生命，一群人瞎忙是集体自杀。

忙碌只能应对简单的重复性的工作，而要发现新的赛道，完成复杂高维的任务——创造或创新，只在既定赛道上忙碌远远不够。想象力和创造力不可或缺，但这两样东西是非常娇贵的，用钱砸不出来，用鞭子抽不出来，用文山会海也堆不出来，培育它们的土壤，只可能是松软而非紧绷的大脑。**松软的大脑肯定不会奔跑，但关键时刻也许能飞**。

在我小时候熟悉的农村，大人们日出而作，日落而息。只要没有天灾人祸，未来的日子是确定的，一分耕耘一分收获，汗水不会白流。可如今不一样了，即将到来或已经到来的科技革命忽然间却把我们拉进了一片陌生的丛林。我再次强调，我们不知道会发生什么，也不清楚会遭遇什么，甚至不清楚新的游戏规则是什么。面对前所未有的不确定性，我们何以安身？何以立命？何以再创辉煌？

这个话题太沉重了，我还是选择避重就轻——干脆续编一个龟兔赛跑的故事吧。这次的比赛不是一对一单挑，而是团体赛，一群乌龟对一群野兔。乌龟们靠着坚韧的毅力赢下了这场团体赛，虽有几只野兔一开始就冲在了前边，但按规则野兔们又输了。它们组织涣散，精力也不太集中；一会儿东张西望，一会儿四处徜徉；其中竟有一只野兔忘记了比赛，把比赛当成了旅行，但恍然间它发现了一条新赛道，新赛道通向一片满地胡萝卜的桃花源。你们懂得故事的寓意，一个人东张西望可能会偏离轨道，一群人东张西望就可能无意间开创一片新天地。

毕业之后的日子是忙碌的，“五加二、白加黑”都是家常便饭，但忙碌之余也不妨偶尔停下来，歇歇脚，听江上之秋风，看山间之明月，放松一下身体和大脑，没准儿有惊喜。法律人的人生应该是丰富多彩的，有张也有弛。如果你眼里只有案例、案卷、表格、台账、PPT 和申报书，一门子心思全在眼前的苟且，一条道走到黑，又怎能指望峰回路转抑或柳暗花明？更别提还有传说中的星辰大海、诗和远方、飞扬的青春以及爆炸的格局！

临别之际少不了祝愿，送给你们的祝愿既简单又贪婪——希望你们能成就一番事业，赢下一些必要的竞赛，但又不输掉快乐的人生。

谢谢大家！

有些事错过就是一生

/

（2024年毕业致辞）

学习的最大障碍不是搞不懂，而是误以为自己已经搞懂了，这样你就很可能永远错过真正搞懂它的机会。

大家好！毕业季是一段忙碌的日子，终于就要画上句号了。学习当然不会停止，法律人需要终身学习，但一生中在校学习的时段，对于大多数同学来说就算到此为止了——你们毕业了。我也要“毕业”了，不出意外的话，这是我最后一次作为院长作毕业致辞，所以格外重视。

首先，我要祝你们前程似锦，生活美满幸福；期望你们健康成长，成为优秀的法律人或其他行业的翘楚，为国家、为社会、为家庭做出自己的贡献。然后，我讲一点自己的经历和感悟，作为临别的赠言；经历是过去的，但感悟是我最近才有的，我希望自己年轻时就有如今的感悟。

话说十几年前，央视播出了一档音乐节目，叫《流金岁月三十年》。这档节目汇集了过去（2011 年之前）三十年的经典歌曲，分别流行于 20 世纪的 80 年代、90 年代和 21 世纪的 00 年代。当时，也就是在观看这档节目时，我注意到一个现象：20 世纪 80 年代的歌曲我全部会唱，90 年代的歌曲我会唱绝大部分，但 00 年代之后的歌曲我就很陌生了，大多数都不会唱。何以如此呢？我当时的感慨是，果然人生越来越忙碌，从十几岁到二十几岁再到三十几岁，我学习唱歌的兴趣和时间是逐年递减的。但到了去年的某一天，我突然发现这个解释是错的。

我回忆起，十几岁时我其实很少去刻意学唱一支歌，不是没有兴趣和时间，而是没有条件。没有网络和手机，也买不起唱片和录音机，要学唱一支歌就只能求偶遇。要等到电台或电视台偶然播放时，才有机会听上一遍，还往往听不全，但也就是靠着这样东听一句、西听一句地随机学唱，流行于那个年代的歌曲就差不多全学会了，且经久不忘。可是为什么越往后——到了 90 年代、00 年代——学唱的条件更好、我会唱的歌曲反而更少了呢？这个当年已经有答案的问题如今又被翻了出来，我终于明白，不是缺少兴趣和时间，而是我的学习能力下降了，伴随我的年龄增长而下降。每一年都会下降，每十年就会显著下降一个台阶。

想到这一层，我立刻做了个实验：开始学唱一支歌，看看要听上多少遍才能学会它，结果很吓人。我就不说有多吓人了，反正现在我的学唱能力和年轻时已经完全不能比。我还查阅了一些资料，看看年龄对一个人学习能力有什么影响，很快发现神经科学和认知心理学已经给出了相当确定的结论——学习永远不会太晚，但通常还是越早越好。

一般来说，我们的年龄越大，就越需要更多的练习才能熟练掌握某一项技能；而且，我们开始练习的年龄越大，我们所能达到的最终熟练程度就可能越低。熟练程度越低，就越不可能从中获得乐趣；而乐趣越少，就只能越靠意志才能坚持下来，也因此越可能半途而废。我当然可以现在开始练习武术、舞蹈或学拉小提琴，但无论兴趣有多浓，上限都不会很高了。

某些与感知和运动相关的技能存在敏感期，我们需要从小学习、训练才能达到高水平。中国人说的“童子功”就隐含了这个意思，外国人说得更直白：“老狗学不会新把戏”（Old dogs cannot learn new tricks）。驯兽师的经验和动物实验的结果是吻合的，如果幼鸟被剥夺了学习飞行的机会，那么它一生中就永远学不会飞了。

有些事错过就是一生。

有人说，人在活着的时候就应该为迟早到来的死亡做好准备；但更实在的说法是，人在年轻的时候就应该为迟早到来的衰老做好准备。如果我年轻时就有这个紧迫感，那我肯定会多花一些时间用于学习和训练，让自己精通几门外语，熟练掌握几种不挑剔环境的运动技能，让身体更有柔韧性，顺便打开髋关节。年轻时的唾手可得，年长后往往高不可攀。

没有人能永远年轻，但有些事错过就是一生。更何况时间不是均匀流逝的，十几、二十几岁的时候，时间过得很慢；三十几岁以后时间开始加速，四十岁以后继续加速。回想过去的十几年，我感觉时间快得就像一阵狂风。

好消息是我们的大脑具有终身的可塑性。我们永远可以接受新观念、学习新理论，认知可以不断刷新。固然衰老不可抗拒，但脑力比体力下降得慢，晶体智力比流体智力下降得慢。与运动员和围棋手分别在 27 岁和 30 岁以前就达到他们的职业巅峰相比，在那些更依靠脑力而非体力或更依赖流体智力而非晶体智力的行业里，其从业者的职业巅峰期就会来得更晚一些。

但还是比我想象得要早。据说金融操盘手做出最佳业绩的年龄段是 30～46 岁，获得 10 亿美元以上风险投资的企业创始人的年龄往往集中于 20～34 岁。尽管我们倾向于信任老医生，但实际上医生往往在很年轻的时候就达到了他们的职业巅峰；还有研究表明，老麻醉师比年轻的麻醉师制造了更多的医疗事故。

法律人的圈子相对淡定，传说法律是个不出年轻天才的行业。由于严重依赖经验和阅历，法律人的职业巅峰期确实比其他行业晚很多年。作为法律人群体中的一员，我本人就长期生活在“法律人越老越值钱”的自我安慰中；但直到最近我才发现，这个安慰是虚假的，真相并非如此。

一个人的学习最强期和职业巅峰期不是重叠的，就像播种和收获不可能同时发生一样，前者要比后者早得多。且在法律人的圈子里，老年人掌握了更多的权力，但更多的权力并不等于更强的能力，更不等于更强的学习能力。

学习的目标无非是看透一些事或搞懂一些道理，但怎样才算看透了或搞懂了？没有标准答案。你眼里的清澈可能是我眼里的浑浊，不同的眼睛有不同的像素。但不管怎样，当回答某个问题时，只要你感觉答案不是发自内心，而是来自外在的指令——无论是教科书还是权威文献——那就说明你还没有真正搞懂它。孔子说：“知之为知之，不知为不知，是知也。”**学习的最大障碍不是搞不懂，而是误以为自己已经搞懂**

了，这样你就很可能永远错过真正搞懂它的机会，而且年龄越大就越可能错过。

物理学家杨振宁曾多次强调直觉的重要性。他说对任何事情，我们都有一个先天的直觉，当先天直觉和正确知识不一致的时候，就是最好的学习机会，抓住这个机会可以重塑自己的直觉。学习就是一个不断更新直觉的过程。我深以为然，学习的最高境界不是皓首穷经，而是通过不断更新直觉来磨砺自己的头脑。

也许法律人比物理学家更需要直觉。可为什么非得是直觉，而不只是理解？因为直觉存储于心灵深处，而理解只是漂浮在表层，要把理解深化为直觉，才能提高知识的效能。直觉可以减轻大脑的常规性思考负担，保证大脑有余力，有余力的大脑才能超常发挥，才能敏锐，才能想得更深、更全、更远。创造力和想象力都是大脑的余力。直觉还可以节省大脑做出反应的时间，时间的约束无处不在。在法庭上，如果法官不能在几秒甚至一秒之内做出反应，他就不具备控制庭审的能力；如果律师不能在几秒甚至一秒之内做出反应，他就不具备参与法庭辩论的能力。

就此而言，高技能智力行业和高技能体力行业其实差别不大。所有格斗技术的物理学逻辑都是非常简单的，但只有把格斗技术变成肌肉记忆，才可能在现场做出快速反应，仅靠理解是打不赢擂台的。如果你一秒钟之后才知道怎样防守或反击，那你肯定被对手打倒了；如果游泳时你一秒钟之后才决定怎样用手臂去划水，那你肯定要淹死在水里了。

有些事错过就是一生，而在很多场合，错过一秒就错过一生。

在写毕业论文之前，你有没有感觉到选题困难？如果有，就说明你缺少相应的直觉。问题随处可见，但问题意识来自直觉。如果你不能在一秒钟之内觉察到这是个问题，那么很可能你一生都不觉得这是个问题了。

一秒钟，这不就是拍脑袋吗？是的。尽管拍脑袋的决策经常被嘲笑，但其实我们一生中绝大多数的决策都是拍脑袋完成的，精打细算能有几何？问题的关键不在于拍脑袋，而在于拍的是什么脑袋。同样是拍脑袋，有人能拍出创意和灵感，有人只能拍出偏见和教条。

对于法律人来说，把一种与先天的道德直觉很近似的法律理论深化为自己的专业直觉并不困难，难的是用一种反直觉的法律理论来重新塑造自己的专业直觉，后者是心灵深处的知识革命。据我观察，几乎所有法律人都有机会去接触更好的认知框架，但绝大多数法律人都错过了优化自己认知框架的机会。而且年龄越大越僵化，越容易故步自封。**年龄不是理解的障碍，但却很可能是把理解深化为直觉的障碍**。更新理解易，重塑直觉难。

奈何沉睡的人不知道自己在沉睡，不清醒的头脑也意识不到它自身的不清醒；且经验告诉我，当思维退化被意识到之前，退化已经先发生了。于是我开始反省自己，是不是我也开始变得僵化和封闭了？如果是，那么变化是从什么时候开始的？我苦苦思考，内心有了答案。但我不想公布这个答案了，否则我忍不住还要借题发挥。

在话题变得沉重之前，我打算到此为止。今天我和你们分享自己的一些经历和感悟，无非是希望你们能从一个更大的时空尺度来重新审视你们此时此地的选择和规划，帮助你们建立一种连接，跨时空的连接，不是连接你和我或是你和他，而是连接你和未来的你。

我就讲这些，谢谢大家！